Jan Gerchow, Nina Gorgus (Hg.)
100 * Frankfurt

Jan Gerchow · Nina Gorgus (Hg.)

100 Frankfurt

Geschichten aus (mehr als) 1.000 Jahren

Herausgeber und Redaktion: Jan Gerchow, Nina Gorgus
Redaktionelle Assistenz: Lisa Voigt

Autoren: *FB* Frank Berger, *WPC* Wolfgang Cilleßen, *AMF* Anja Fröhlich, *AG* Anne Gemeinhardt, *JG* Jan Gerchow, *SG* Susanne Gesser, *NG* Nina Gorgus, *AJ* Angela Jannelli, *TK* Tom Kronenberg, *DL* Dorothee Linnemann, *MCH* Maren Härtel, *MLS* Marie Luise Schultz, *PS* Patricia Stahl, *JS* Jürgen Steen

Recherchen: Alexander Dappa, Thomas Drerup, Larissa Eichhorn, Bianka Fieltsch, Andreas Franke, Anja Fröhlich, Eva Giegerich, Philipp Groß, Arno Helwig, Lukas Henke, Eliška Pekárková, Hannah Mages, Jana Müller, Philipp Molderings, Luisa Moser, Julius Reinsberg, Luisa Schäfer, Antonia Schilling, Sebastian Steenpaß

2. Auflage
Alle Rechte vorbehalten • Societäts-Verlag
© 2017 Frankfurter Societäts-Medien GmbH
Satz: Julia Desch, Societäts-Verlag
Umschlaggestaltung: Julia Desch, Societäts-Verlag
Umschlagabbildung: Bernhard Hundshagen nach Johann Friedrich Morgenstern: Orientierungsplan zu Morgensterns Panorama von Frankfurt, 1811, HMF.C10306
Druck und Verarbeitung: Westermann Druck Zwickau GmbH
Printed in Germany 2018

ISBN 978-3-95542-262-2

Inhalt

    100 Dinge erzählen Frankfurt   9

Prolog
1. Barsch vom Heiligenstock   21
2. Dachziegel aus Nida   23
3. Frankenfurt   26

Vom Wahlort der Könige zum Fluchtpunkt für Migranten (1219 bis 1562)
4. Modell der Leonhardskirche   31
5. Glasfenster   34
6. Stadtsiegel   37
7. Schmerzensmann   39
8. Schlacht bei Kronberg   43
9. Wappenscheibe der Metzger   48
10. Schlüsselbund   50
11. Domriss   53
12. Kreuzigung   56
13. Marienfigur der Wahlkapelle   59
14. Epitaph und Grabmal von Lupi   62
15. Lavabokessel   68
16. Wappenscheibe der Hellers   70
17. Englisches Monument   74

Das Messezentrum als Krönungsstadt (1562 bis 1806)
18. Willkomm-Humpen   78
19. Geburtszange   80
20. Stadtbotenzeichen   82
21. Tobias und der Engel   84
22. Schandbild   88
23. Richtschwert   91
24. Brautgürtel   94

25	Bäckerpokal	96
26	Frankfurter Schrank	99
27	Pfeifergerichtsbecher	102
28	Medaille zum Brand in der Judengasse	105
29	Brückenhahn	108
30	Kirchenstuhlschilder	112
31	Mozartfenster	115
32	Senckenbergianum	120
33	Ochsenkopf	124

Bundeshauptstadt vs. Zentrum der deutschen Demokratie (1806 bis 1866)

34	Andenken an Catharina E. Goethe	129
35	Verbrennung der Englischen Waren	135
36	Rundgemälde	138
37	Börne-Medaille	151
38	Ariadne auf dem Panther	154
39	Schützenscheibe	158
40	Schnupftabakdose	161
41	Gutenberg-Denkmal	164
42	Goethe-Denkmal	167
43	Prachteinband für Salomon Rothschild	171
44	Struwwelpeter	176
45	Regenschirm einer Revolutionärin	179
46	Frankfurter Zollpfundgewicht	182

Preußische Provinzstadt mit Stiftungsuniversität (1866 bis 1918)

47	Totenmaske	185
48	Kanone	189
49	Classen-Kappelmann-Säule	192
50	Miniatur des Frankfurter Doms	195
51	Vase aus dem Friedenszimmer	198
52	Wäldchestag	202
53	Trambahn	207

54	Apfelweinglas	211
55	Opernhaus	214
56	Wasserklosett	218
57	Ägyptische Ausstellung	221
58	Firmenschild Helios	223
59	Schalttafel Hartmann & Braun	227
60	Alte Eibe	231
61	Zeppelintasche	236
62	Paul Ehrlichs Salvarsan	240
63	Stiftungsuniversität	244
64	Rot-Kreuz-Sammelbüchse	247

Vorposten der demokratischen Moderne (1919 bis 1933)

65	Schreibmaschine	251
66	Leistikow-Adler	254
67	Barrenuhr der Arbeiter-Olympiade	259
68	Frankfurter Küche	263
69	Paul Hindemiths Singspiel	268

Anbiederung an den Nationalsozialismus: „Hauptstadt des deutschen Handwerks" (1933 bis 1945)

70	Römerbergring	271
71	Vogelkäfig	274
72	Rothschild-Stühle	276
73	Raubsilber	280
74	Innungsembleme des Handwerkerbrunnens	283
75	Hakenkreuz als Christbaumschmuck	287
76	Zyklon B	291
77	Kleidung aus dem KZ „Katzbach"	294
78	Stoffherzen	297
79	Glasklumpen	300

Wiederaufbau, Wirtschaftswunder und Auschwitz-Prozesse (1945 bis 1967)

80	Gedenkteller I. G. Farben-Haus	304

81	No parking-Schild	307
82	Zigaretten-Etui Operation Vittles	310
83	Trümmerstein	313
84	Horkheimers Schachtel	316
85	Carlo Bohländers Trompete	319
86	Single „Traumendspiel"	324
87	Pardon 1	327
88	Karteitisch vom Auschwitz-Prozess	330
89	Radio von Giuseppe Bruno	333
90	Boger-Schaukel	338

Stadt der Konflikte (1968 bis heute)

91	Brettspiel „Mai 68"	342
92	Brotkorb	345
93	Schalttableau AfE-Turm	349
94	Stuhl aus dem Hüttendorf	353
95	Mosaikkacheln vom Börneplatz	357
96	Spritzentauschwagen	360
97	Pfennig-Denkmal	364
98	Moderne Moschee	367
99	Betonklotz	369
100	Betongold	372

Literaturverzeichnis	376
Abbildungsverzeichnis	398
Die Herausgeber	399

100 Dinge erzählen Frankfurt

Ergeben hundert Erzählungen eine Geschichte? Dazu noch, wenn die Erzählungen an hundert sehr disparaten Dingen hängen? Können ein 17 Millionen Jahre altes Fischfossil und ein 2011 abgebrochenes Betonfragment sinnvoll zusammenhängen? Das kann man mit guten Gründen bezweifeln: Ihre Erzählungen sind wie ihre Materialität viel zu eigensinnig, um in einer Geschichte aufgehen zu können. Wie ließe sich zum Beispiel das monumentale Grabdenkmal für den Kaplan der Frankfurter Peterskirche Johannes Wolf („Lupi") von 1486, mit seiner prägnanten Darstellung der Zehn Gebote, in einen erzählerischen Zusammenhang mit dem Fenster eines Frankfurter Gasthofs von 1763 bringen, das die Inschrift von W. A. Mozarts Vater trägt? Oder mit dem Brotkorb einer Wohngemeinschaft der Hausbesetzer-Szene aus den frühen 1970er Jahren? Diese Dinge könnten vielmehr Ausgangspunkt eigener, „tiefer" Geschichten sein: etwa über die Reformatoren vor der Reformation in europäischen Kirchen des 15. Jahrhunderts, über das Frankfurter Musikleben des 18. Jahrhunderts oder über die Subkultur von deutschen Protest- und Jugendbewegungen im letzten Jahrhundert.

In einem Museum stehen diese Dinge nebeneinander im Raum, die Betrachter/innen können sich auf ihre Weise einen Reim darauf machen und dabei auf ganz unterschiedliche Dinge achten, wie Farben, Formen, Symbole, Beschriftungen etc. Die bei genauerer Betrachtung wahrnehmbaren Gebrauchsspuren steigern noch das Interesse an der Materialität der Dinge. Schon ihre Präsenz im selben Raum – und die Ausstellungsarchitektur – binden die Objekte zu einem Ensemble zusammen, auch wenn sie aus komplett heterogenen Zusammenhängen und Zeiten stammen. Oft sind es formale Analogien oder aber der ausgeprägte Eigensinn der Dinge, die eine Ausstellung interessant machen. Solche Ausstellungen fordern zu eigenen Deutungen und überraschenden Verknüpfungen auf. Die hundert Dinge dieses Buches sind seit 2017 auch in einem Museumsraum zu sehen: in der Galerie „100 x Frankfurt" der stadtgeschichtlichen Dauerausstellung „Frankfurt Einst?" des neuen Historischen Museums Frankfurt.

Gelingt das aber auch in einem Buch? Bücher leben von roten Fäden, von Geschichten, von aufeinander aufbauenden Erzählungen, die nacheinander gelesen und verstanden werden wollen, um am Ende einen Sinn zu ergeben. Wir wollen es mit diesem Buch aufs Neue ausprobieren. Vorbilder gibt es von Daniel Spoerri und Marie-Louise von Plessen („le musée sentimental") bis Neil MacGregor (A History of the World in 100 Objects). Bis auf ein Fossil aus der Erdgeschichte Frankfurts (Nr. 1) und einen römischen Ziegel (Nr. 2) stammen alle Dinge dieses Buchs aus 800 Jahren Frankfurter Geschichte: von der Stadtwerdung im frühen 13. Jahrhundert bis zur Gegenwart im 21. Jahrhundert. Die hundert Objektgeschichten lassen sich deshalb zu einer Frankfurter Geschichte verbinden.

Nach den vorgeschichtlichen und römerzeitlichen Anfängen setzt diese Geschichte ein mit einem Auftakt, der für uns säkularisierte Zeitgenossen ungewohnt ist: Denn was hat die scheinbar unscheinbare Überlassung von Bauland für eine Kapelle im Jahr 1219 zu tun mit einem so bedeutsamen Akt wie der Gründung einer Stadtgemeinde (Modell der Leonhards-Kirche, Nr. 4)? Im 21. Jahrhundert ist es nur noch schwer nachvollziehbar, dass Kirchen einst die Zentren von Macht, Öffentlichkeit und Kommunikation waren. Im Mittelalter stehen aber Kirchen oft am Anfang einer Geschichte – schon deshalb, weil das Kirchenpersonal, der Klerus und die Mönche, fast ein Monopol auf schriftliche Überlieferung hatten: auf Lesen und Schreiben. Sie schrieben die Geschichte selbst auf, oder sie fertigten zumindest die Dokumente an, anhand derer wir heute noch Geschichte schreiben können. An Kirchen hingen oft großer Grundbesitz und damit wirtschaftliche Macht, ebenso wie bedeutende Rechte, von den Pfarrrechten (v. a. die Wahl des Pfarrers, das Begräbnisrecht und Taufrecht) bis zu Rechtsprechung (Gerichte), Zoll- und Steuerrechten, Wegerechten etc. Die 1219 erstmals erwähnte Marien- und Georgskapelle in der Frankfurter Altstadt (ab 1317 St. Leonhard) ist so eine Institution, an der ganz viele Rechte hingen. Die Urkunde Kaiser Friedrichs II. vom 15. August 1219 beschreibt aber nicht nur diese Rechte, sondern erwähnt auch erstmals die „universitas civium nostrorum": die Gemeinde unserer Bürger von Frankfurt („de Frankinfort"). Die Einwohner des Orts Frankfurt verfügten schon über einen Kornmarkt („forum frumenti") und hatten sicherlich bereits zahlreiche Häuser errichtet, aber erst im August 1219 werden sie als organisierte Bürgerschaft sichtbar, die ein Rechtsgeschäft tätigen kann. Vermutlich hatten sie auch schon schriftkundige Bürger unter sich, denn sie trieben in der Nähe des Mains sicher regen Handel. Typischerweise stammt das erste Schriftstück aber aus der Kanzlei des Kaisers und ist über ein geistliches Archiv (das des Leonhardsstifts) überliefert.

Zeitgleich ist die königliche Siedlung an der Frankenfurt mit einem Mauerring geschützt worden: davon ist heute nur noch ein Stück „Staufenmauer" in der Nähe der Konstablerwache erhalten, sie findet sich in der Nähe des Mains aber auch im Saalhof des Museums wieder und steckt in der Südwand der Leonhardskirche: Beide Gebäude waren Teil der ersten Stadtbefestigung Frankfurts. Für die Errichtung dieser gigantischen Baumaßnahme hat sich die Stadtgemeinde vermutlich sogar gegründet: Wenn eine so große Investition von einer Gruppe geleistet werden sollte, musste diese sich rechtlich als Körperschaft etablieren. Und das wurde in Form einer „universitas", einer Gemeinde oder Genossenschaft getan. Das erste erhaltene Stadtsiegel (das in der Urkunde von 1219 erwähnte Siegel der Bürger ist nicht erhalten) ist erst seit 1253 nachgewiesen, sein Stempel ist aber erhalten (Nr. 6) – was eine große Seltenheit ist: Es war immerhin vom 13. bis zum frühen 19. Jahrhundert im Einsatz! So ein Zeichen kann man mit einem modernen Logo vergleichen: Symbol und Selbstdarstellung einer Institution. Es drückt aber auch die Rechtsfähigkeit einer Körperschaft aus.

Am Ende des 19. Jahrhunderts, als sich die Stadt ihre mittelalterliche Vor- und Frühgeschichte vorstellte, wählte man nicht die erste Bürgergemeinde, sondern das Königtum als Ursprung des Gemeinwesens: Leopold Bodes gemalte „Sagen und Geschichten von Frankfurt am Main und Umgebung" (Nr. 3) stellten Karl den Großen bei der Durchquerung der Franken-Furt auf der Flucht vor den Sachsen in den Mittelpunkt. Die wilhelminische Stadtgesellschaft richtete ihre historische Identität lieber auf den frühmittelalterlichen Ur-Kaiser als auf bürgerliche Selbstorganisation aus.

Dabei ist die Selbstorganisation der Stadtbürger in Gruppen verschiedenster Art ein prominentes und bis in die Gegenwart markantes Charakteristikum der Frankfurter Geschichte. Das scheint von den Patriziergenossenschaften wie Alten-Limpurg (Trinkpokal Nr. 18) über die Gilden und Zünfte der Handwerker (in der Schlacht bei Kronberg 1389: Nr. 8; Bäcker-Willkomm Nr. 25), das Ochsenwappen der Metzger (Nr. 9) und den Ochsenkopf der Metzgergesellen (Nr. 33), die Schützenscheiben der Schützengilden (Nr. 39) bis zum Sportverein Eintracht Frankfurt (Nr. 86), der Wohngemeinschaft der Hausbesetzer in der 68er Zeit (Nr. 92) oder dem Hüttendorf aus der Startbahn-West-Protestbewegung (Nr. 94) der Fall zu sein: Frankfurts Geschichte ist wie kaum eine andere Stadtgeschichte von Vergesellschaftungen ihrer Bürger geprägt, von den Anfängen bis heute.

Auch die markante jüdische Geschichte Frankfurts ist in weiten Teilen eine Gemeindegeschichte, und das bedeutet eine Geschichte der Selbstorganisation. Sie ist so lange zurückzuverfolgen wie die der christlichen Stadtbürger, nämlich bis ins

13. Jahrhundert, als die Jüdische Gemeinde 1260 das Gelände für ihren ältesten Friedhof an der heutigen Battonnstraße erwarb. Das 1460 beschlossene und bis 1462 errichtete Ghetto stellt eine weitere Bedingtheit der jüdischen Selbstorganisation dar. Die Stadt Frankfurt profitierte außerordentlich von dieser großen jüdischen Gemeinde und betrieb dennoch immer wieder Pogrome, antisemitische Verhöhnung („Judensau", Nr. 22) und Vertreibungen („Großer Judenbrand", Nr. 28), ganz zu schweigen von den Verbrechen an jüdischen Mitbürgern im 20. Jahrhundert (Nrn. 71–73). Das steht in markantem Gegensatz zum großen Engagement jüdischer Bürger für ihre Stadt, wie es seit der ersten Emanzipation 1806–1813 und dann wieder seit 1864 möglich wurde (Börne-Plakette, Nr. 37; Rothschild-Buchdeckel, Nr. 43). Gerade bei der Errichtung der wohl bedeutendsten Frankfurter Stiftung, der Goethe-Universität 1914, spielten jüdische Wirtschaftsbürger und Wissenschaftler die führende Rolle (Gründungsplakette, Nr. 63).

Stiftungen zählen zu den typischen Vergesellschaftungsformen der Bürgerstadt Frankfurt. Heute gilt sie quantitativ als deutsche „Stiftungs-Hauptstadt". Das kann aber auch qualitativ gelten, weil diese Eigenschaft der Stadt auf eine nur durch die zwölf Jahre NS-Geschichte gebrochene Tradition bis ins Mittelalter zurückgeht. In den hundert Dingen stehen dafür der „Schmerzensmann" aus der ältesten bekannten Stiftung der Stadt, des von Bürgern vor 1267 gestifteten Heiliggeist-Spitals (Nr. 7), die Wappenscheibe eines der größten Stifterpaares Frankfurts in der Renaissance, Jakob Heller und Katharina Melem (Nr. 16) und das Modell des von Johann Christian Senckenberg 1763 gestifteten Bürgerspitals (Nr. 32). Auch das Modell der Alten Oper von 1880 (Nr. 55) steht für eine Stiftung: Der große Bühnenbau war durch eine Frankfurter Bürgerinitiative initiiert und finanziert worden.

Die Stadt des Geldes und des Handels (vgl. das Heller/Melem-Wappen Nr. 16, das Pfeifergericht Nr. 27; die Verbrennung englischer Waren, Nr. 35; den Rothschild-Buchdeckel, Nr. 43; das Zollpfund, Nr. 46; das Pfennig-Denkmal, Nr. 97) war und ist aber zugleich eine Stadt der Kunst und der Sammler: Das viele Geld in der Stadt und die seit dem 13. Jahrhundert regelmäßig stattfindenden großen Messen, die immer auch Kunstmessen waren, ermöglichten vielen Künstlern eine Existenz und vielen Sammlern einen stabilen Markt. Die Stadt selbst nahm im frühen 15. Jahrhundert mit dem Stadtbaumeister Madern Gerthener einen der führenden Bildhauer in ihre Dienste (Riss des Domturms, Nr. 11). Viele Frankfurter Künstler wie Adam Elsheimer (Tobias und der Engel, Nr. 21), Joachim von Sandrart oder Matthäus Merian d. J. wurden zwar hier geboren und ausgebildet, verließen aber die Stadt in Richtung Rom oder Amsterdam. Frankfurter Bürger erwiesen sich für Jahrhunderte als potente Kunstförderer (z. B. der Bankier und Diplomat Simon Freiherr von Bethmann mit seinem Ariadneum, Nr. 38). Die Frankfurter wussten ihren mit der Stadt hadernden großen Dichter (Goethe-Denkmal Nr. 42, Goethe-Andenken Nr. 34) zu würdigen und schufen auch für ganz andere Talente Entfaltungsmöglichkeiten, wie den Arzt und Publizisten Heinrich Hoffmann (Struwwelpeter, Nr. 44), den Grafik-Designer des „Neuen Frankfurt" Hans Leistikow (Frankfurter Adler, Nr. 66), den humorvollen Zwölf-Ton-Komponisten Paul Hindemith (Spiel, Nr. 69) oder die satirischen Zeichner und Texter der Neuen Frankfurter Schule (Pardon, Nr. 87).

Nicht immer zeigte sich die Stadt von der liberalen und kunstfreudigen Seite. Der Erfinder der Buchdruckerkunst, Johannes Gutenberg, hatte seine Kunst zwar im 15. Jahrhundert auf der Frankfurter Messe erfolgreich vermarktet, er wurde aber im 19. Jahrhundert nur von den demokratisch gesinnten Gegnern des Stadtregiments bzw. der damals in Frankfurt angesiedelten Bundesregierung verehrt (Gutenberg-Denkmal, Nr. 41). Die deutsche Hauptstadt der Druckerkunst und des Buchhandels nahm 1933 ebenso selbstverständlich an der großen Bücherverbrennung der Nationalsozialisten teil, und die 1932 von jüdischen Künstlern initiierten Römerberg-Festspiele wurden ab 1933 von der Nationalsozialisten in ihrem Sinn umgedeutet und propagandistisch genutzt (Römerbergring, Nr. 70).

Seit dem 19. Jahrhundert ringt das von Widersprüchen und Brüchen geprägte Frankfurt um seine Identität: Die Hauptstadt des bei den Demokraten und Liberalen verhassten Deutschen Bundes (1816–1866) war zugleich 1848/49 Sitz der ersten deutschen Nationalversammlung (Regenschirm, Nr. 45). 1866 verleibte das Königreich Preußen sich die stolze Stadtrepublik im Handstreich ein (Totenmaske, Nr. 47, Kanone Nr. 48), was trotzige Gegenreaktionen auslöste (Classen-Kappelmann-Denkmal, Nr. 49; Dom-Miniatur, Nr. 50) und einen volkstümlichen Kommunalpatriotismus förderte (Wäldchestag, Nr. 52, Äpfelwein, Nr. 54), obwohl die Stadt durchaus vom wirtschaftlichen Aufschwung im 1871 begründeten Kaiserreich profitierte (Friedenszimmer, Nr. 51; Trambahn, Nr. 53). Die den Nationalsozialisten suspekte „Stadt der Juden und Demokraten" und ihre so liberale Stiftungsuniversität schalteten sich jedoch besonders schnell gleich und suchten aktiv nach ihrer Rolle im NS-Staat („Stadt des deutschen Handwerks", Nr. 74; Stuhl aus Palais Rothschild, Nr. 72). Dazu gehörten wirtschaftlich starke Konzerne (IG-Farben und Zyklon B, Nr. 76) sowie ideologisch wichtige Institute, wie das für „Erbbiologie und Rassenhygiene" unter Otmar von Verschuer oder das zur „Erforschung der Judenfrage". Eines der mörderischsten KZ-Außenlager befand sich 1944–45 in den Frankfurter Adlerwerken („Katzbach", Nr. 77). Dieser außergewöhnlichen Karriere einer als Vorort der deutschen Demokratie geltenden Stadt im Nationalsozialismus schloss sich in der Nachkriegszeit eine besonders starke personelle Kontinuität in der Stadtverwaltung und der Universität an. Der Frankfurter Generalstaatsanwalt Fritz Bauer fühlte sich außerhalb seines Dienstzimmers hier im Feindesland. Dennoch verhalfen die von ihm initiierten Auschwitz-Prozesse (Karteischrank und Boger-Schaukel, Nrn. 88 und 90) nach der schon in den 1950er Jahren erfolgten Rückkehr des Instituts für Sozialforschung (Horkheimers Schachtel, Nr. 84) der Stadt und ihrer Universität schon bald zu einem anderen Image. Stärker noch wirkte sich die Präsenz der amerikanischen Militärverwaltung (im I.G.-Farben-Haus) auf die Wahrnehmung der Stadt aus (Poelzig-Bau, Nr. 80; Luftbrücke, Nr. 82 ; AFN-Radio, Nr. 81; Jazz, Nr. 85). Ein schneller Wiederaufbau überdeckte hier besonders rasch die Spuren der Kriegszerstörung (TVG-Stein, Nr. 83). Frankfurt wurde zwar wider Erwarten nicht Hauptstadt der Bundesrepublik, aber Hauptstadt des westdeutschen Wirtschaftswunders, nicht zuletzt durch die rasche Konzentration der westdeutschen Banken und die große Attraktivität der Stadt als „arrival city" für die „Gastarbeiter" seit den 1950er Jahren (Giuseppe Bruno, Nr. 89; Moschee Nr. 98). Aktuell kämpft die Stadt mit den Images der kriminellen Stadt (Spritzentauschwagen, Nr. 96), der kalten Bankenstadt (Pfennig-Denkmal, Nr. 97) und der zwischen Spekulation und Geschichtspolitik schwankenden Baukonjunktur („Betongold", Nr. 100; Betonfragment, Nr. 99).

Diese „Frankfurter Geschichte in 100 Dingen" lässt sich alternativ auch als „Deutsche Geschichte" erzählen – genau das macht ja eine besondere Qualität der Frankfurter Geschichte über Jahrhunderte hinweg aus. Das soll hier aber nur mit wenigen Hinweisen angedeutet werden – denn aus dem Fundus derselben Museumssammlungen ließe sich mühelos ein neues Buch mit 100 Dingen zur deutschen Geschichte machen.

Vielleicht stünde Karl der Große als ein vor allem im 19. und 20. Jahrhundert vielberufener Gründer Deutschlands (ebenso wie Frankreichs) am Beginn dieser deutschen Zeitreise („Aus Sagen und Geschichte...", Nr. 3), gefolgt vom Wahl- und Krönungsort des römisch-deutschen Königtums vom 13. bis 18. Jahrhundert (Marienstatue der Wahlkapelle, Nr. 13), dem deutsch-europäischen Messeplatz des 13.–18. Jahrhunderts (Pfeifergericht, Nr. 27), dem

Zentrum der Reichspost im 18. Jahrhundert (Botenzeichen, Nr. 20), dem Ort der deutschen Nationalversammlung in der Hauptstadt des Deutschen Bundes (Regenschirm, Nr. 45), dem Ort des Friedens von Frankfurt 1871 (Friedenszimmer, Nr. 51), der ersten deutschen Stiftungsuniversität (Nr. 63), dem Sitz des für den Nationalsozialismus wirtschaftlich wie technologisch tragenden I. G.-Farben-Konzerns (Zyklon B, Nr. 76) und dem Schauplatz der Vernichtung der zweitgrößten jüdischen Gemeinde Deutschlands (Rothschild-Stuhl, Nr. 72; Raubsilber, Nr. 73). In der Nachkriegszeit spielte die Stadt als Sitz der amerikanischen Militärverwaltung sowie als Ausgangspunkt der Berliner Luftbrücke (Nrn. 80–82) ebenso wie als „vorbildlicher" Wiederaufbauer (TVG-Stein, Nr. 83) eine nationale Rolle, mehr noch aber als Hauptstadt des Wirtschaftswunders (D-Mark, Nr. 97; „Gastarbeiter", Nr. 89), Schauplatz juristischer und geschichtskultureller Auseinandersetzungen mit der NS-Vergangenheit (Auschwitzprozesse, Nrn. 88, 90), Hauptstadt der Studentenbewegung („Mai 68", Nr. 91; Hausbesetzungen, Nr. 92), Keimzelle des Umweltaktivismus (Hüttendorf, Nr. 94), Gründungsort einer neuen jüdischen Identität in Deutschland nach 1945 (Börneplatz-Konflikt, Nr. 95), als Hauptstadt kultureller Diversität (Moschee-Modell, Nr. 98) und nicht zuletzt als Hauptstadt der Satire (Pardon, Nr. 87).

Das Ganze ließe sich sogar als europäische oder als Weltgeschichte erzählen, wozu zwischen einer römischen Ziegelei in Frankfurt-Höchst (Nr. 2) und dem Euro (Nr. 97) zum Beispiel die Rolle der Stadt als Fluchtpunkt in großen Migrationsbewegungen der Frühen Neuzeit zählt (Englisches Monument, Nr. 17), sowie die napoleonische Kontinentalsperre (Verbrennung englischer Waren, Nr. 35), Völkerschauen im Zoo (Nr. 57), eine Weltausstellung der Elektrotechnik als Ursprung des Bahnhofsviertels (Helios, Nr. 58), die erste Weltausstellung der Luftschifffahrt (ILA-Zeppelin-Tasche, Nr. 61), die Entwicklung und Produktion des weltweit ersten Chemotherapeutikums (Paul Ehrlichs Salvarsan, Nr. 62), die erste Internationale Arbeiter-Olympiade 1925 im Waldstadion (Nr. 67), die erste Einbauküche der Welt als Innovation des „Neuen Frankfurt" (Frankfurter Küche, Nr. 68), die „Kritische Theorie" (Nr. 84), die von der Frankfurter Rhein-Main-Airbase aus organisierte Luftbrücke nach Berlin 1948 (Nr. 82) und die international vernetzte Studentenbewegung (Nr. 91) ... Begeben Sie sich hinein in die hundert Geschichten, die Frankfurt ausmachen!

Wie wählt man eigentlich 100 Dinge aus?

Auch wenn 100 erst einmal nach einer hohen Zahl klingt, war es nicht einfach, eine Auswahl zu treffen. Denn die Auswahl fand ja in doppelter Weise statt: Zum einen galt es, unter den vielen Begebenheiten der Stadtgeschichte, den vielen Persönlichkeiten und Geschichten auszuwählen, die die diversen Stadtidentitäten im besonderen Maß geprägt hatten. Zum anderen musste parallel die Sammlung des Historischen Museums genauestens durchleuchtet werden, um zu klären, welche gewünschten Inhalte sich überhaupt darstellen ließen. Darüber hinaus sollten auch die verschiedenen Spuren und Lesarten gewährleistet sein. Bei über 630.000 Objekten in der Sammlung kann indessen aus dem Vollen geschöpft werden; manches Stück konnte durch großzügige Leihgaben ergänzt werden.

Die vorgestellte Auswahl an Dingen ist hier nicht nur im Buch gesammelt, sondern auch im Historischen Museum zu sehen. Während Papier geduldig ist, ist es der Ausstellungsraum nicht immer: Manche Objekte mussten von vornherein schon ausgeschlossen werden, da eine dauerhafte Präsentation nicht möglich gewesen wäre. So sind gerade Objekte aus Papier sehr heikel; sie verblassen auf Dauer zu sehr. Wir haben uns deshalb auf dreidimensionale Objekte und Gemälde konzentriert.

Vielleicht verwundert die Auswahl der 100 Dinge und ihrer Geschichten: Doch oben wurde ja schon dargelegt, was ein Gemälde von einer Schlacht mit einem Regenschirm oder einem Betonklotz zu tun hat. Im Prinzip fehlte nur noch die Nähmaschine – um auf das Zitat des französischen Dichters Lautréamont anzuspielen, der solche Inszenierungen als „schön wie das zufällige Zusammentreffen einer Nähmaschine und eines Regenschirms auf einem Seziertisch" bezeichnete. Das Zitat zogen die Surrealisten als Motto heran, um damit in erster Linie Alltagsgegenstände als Kunst aufzuwerten. Anstelle einer Nähmaschine haben wir eine Schreibmaschine ausgewählt; auch der Regenschirm von 1848 war selbstverständlich in der Auswahl dabei. Doch dem Museum ging es nicht so sehr um ein „zufälliges Zusammentreffen". Vielmehr war das Leitmotiv der Suche nach dem richtigen Objekt, nicht dem Zufall die Bühne zu überlassen, sondern mit vielschichtigen, mehrstimmigen Objekten wichtige Facetten der Stadtkultur zu betonen, um eine dichte Beschreibung zu ermöglichen.

Kuratieren ist in den letzten Jahren ein Modewort geworden – im Museum ist es am richtigen Ort. Das Wort kommt aus dem Lateinischen, von „curare", sich kümmern. Für die Galerie gab es mit Nina Gorgus sozusagen eine Hauptkümmerin, darüber hinaus gab es viele Diskussionen um die Dinge und ihre Geschichten, an denen sich viele der Museumskurator/inn/en beteiligten. Die Auswahl, die dann getroffen wurde, lässt sich in drei Kategorien oder Strategien einteilen. Zum Ersten sollte der Inhalt stimmen: Welche Themen, welche Geschichten sollten unbedingt vorkommen? Welche Ereignisse waren wichtig für die Identität der Stadt? Und was wurde bisher immer marginal behandelt? Ebenso sollte der wissenschaftliche Stand berücksichtigt werden. Zum Zweiten gab es formale, eher pragmatischere Überlegungen: Welche Inhalte, welche Themen kommen an anderer Stelle im Museum zu kurz? Welche Dinge sind besonders schön? Da die Galerie „100 x Frankfurt" am Anfang einer großen stadtgeschichtlichen Ausstellung steht, war es sinnvoll, hier die Highlights des Museums in Szene zu setzen. Als dritte Kategorie spielte auch, neben all den wissenschaftlichen, ästhetischen oder konservatorischen Vorgaben, der subjektive Blick eine große Rolle. Durch die unterschiedlichen Expertisen und Interessen können Blicke auf Dinge gelenkt werden, die vielleicht sonst nicht unbedingt berücksichtigt worden wären. Der Kunsthistoriker wählt anders aus als die Kulturwissenschaftlerin oder der Historiker. Persönliche Vorlieben und individuelle Expertisen werden somit zur Strategie. Oder, anders gesagt, geht es letztendlich auch um die persönliche Beziehung zu Museumsstücken, die jede Kuratorin, jeder Kurator entwickelt. Gerade die Mischung aus verschiedenen Herangehensweisen macht den Reiz von „100 x Frankfurt" aus – wobei es darüber hinaus schon galt, an zentraler Stelle immer wieder von neuem alle ausgewählten Dinge zu hinterfragen und die Auswahl immer aufs Neue zu überprüfen. Die gesamte Erzählung sollte ja stimmen und stimmig sein.

Dazu kommt nicht zuletzt der Mut zur Lücke: Mit Sicherheit gibt es noch weitere Dinge und Geschichten, die unbedingt hätten vorkommen müssen. Manches wurde weggelassen, da es die Objektlage nicht zuließ beziehungsweise auch durch eine Leihgabe nicht zu bekommen war. Anderes wurde wiederum noch nicht für „museumsreif" empfunden. Gerade was die Beurteilung der Gegenwart anbelangt, fällt es schwer, eindeutige Aussagen zu treffen. Im Museum ist die Galerie „100 x Frankfurt" der Auftakt der großen stadtgeschichtlichen Ausstellung „Frankfurt Einst?". Viele Themen werden in weiteren Galerien vertieft. Im Buch konnten wir so manche Objektgeschichten ausweiten und mit Abbildungen anreichern. So ergänzen sich Buch und Ausstellung auf wunderbare Weise.

Jan Gerchow und Nina Gorgus

1
Barsch vom Heiligenstock

Ein Urahn des Barsches, gefunden am Heiligenstock, gibt Aufschluss darüber, wie es in Frankfurt war, sehr lange bevor es diese Stadt und ihre Bewohner gab.

Vor 17 Millionen Jahren war Frankfurt eine subtropische Lagune.

In den letzten Jahrzehnten wurde in Frankfurt ständig neu gebaut. Hochhäuser, Siedlungen, ganze Stadtteile entstehen, Straßen, Tunnel sowie U-Bahnstrecken werden gebaut. Dafür werden

tiefe Gruben und Schächte ausgehoben und Hügel durchstoßen. Man dringt dabei in Erdschichten vor, die Einblicke in die Vorgeschichte oder sogar in frühere Erdzeitalter ermöglichen.

Von 1986 bis 1988 wurden im Zusammenhang mit dem Bau der Schnellstraße B3 im Nordosten von Frankfurt ein Hügel durchstoßen und Erdschichten in neun Meter Tiefe freigelegt. Dort in Frankfurt-Berkersheim, am Heiligenstock, wurden Fossilien gefunden. Das sind Überreste von verstorbenen Lebewesen oder ihren Spuren, zum Beispiel Fußabdrücke. Sie stammen aus einer Zeit von vor etwa 17 Millionen Jahren, dem Erdzeitalter des Tertiär (65 bis 2,6 Millionen Jahre vor unserer Zeit).

Neben einigen anderen Fischfossilien wurden dort am häufigsten Barsche gefunden. Sie sind die Vorfahren der heutigen Barsche. Dieser Barsch ist 18 cm lang und besonders gut erhalten. Außer den Fischen wurden weitere Fossilien gefunden. Mit ihrer Hilfe können wir uns eine Vorstellung davon machen, wie es vor 17 Millionen Jahren ausgesehen hat. Dort, wo Frankfurt heute liegt, befand sich eine Lagune mit sandigen Buchten, Palmen und einem subtropischen Klima. Durch die Funde wissen wir, dass im Wasser Krokodile, Meeresschildkröten, Seekühe, Muscheln, Schnecken und viele Fischarten lebten. Flamingos und Schlangen kamen an Land vor.

Am Ende des Tertiär begann die Abkühlung und Vereisung der Erde. Die frühen Barsche sind ein Beispiel für die Entstehung unserer heutigen Tier- und Pflanzenwelt im subtropischen Klima des Tertiärs. *SG*

Morone offizialis aequalis, Finder: Wolfgang Ott, Frankfurt-Berkersheim, 1986, H.11cm, B. 18,5 cm, T. 1,3 cm

Literatur: Ott 1999

2
Dachziegel aus Nida

Die Römer hatten Gebiete bis zum Rhein erobert und unter Kaiser Augustus diesen Fluss als Grenze mit Militärlagern versehen. Zu diesem Zweck wurde 13 (vor unserer Zeit) die Stadt Mogontiacum (Mainz) gegründet. Kaiser Vespasian ließ ab ca. 75 (unserer Zeit) das Taunusgebiet erobern. Sein Sohn Domitian (81 – 96) begann mit dem Bau einer überwachten Grenze, des Limes. Im Gebiet von Heddernheim wurde ein Militärlager erbaut. Daneben entwickelte sich eine unmilitärische Siedlung mit dem Namen Nida, in der bis zu 5.000 Menschen lebten. In diesem Bereich wurde der Ziegel mit dem Stempel „LEG XIIII" gefunden.

Unter den Dächern von Nida lebten, arbeiteten und badeten in römischer Zeit 5.000 Menschen.

Der Ziegel stammt vermutlich vom Dach der „Westthermen" von Nida. Die Siedlung hatte zwei große Thermen. Thermen waren öffentliche Badhäuser, die fest zum römischen Tagesablauf gehörten. Die Westthermen befanden sich an der Westseite des Marktplatzes. Die Anlage hatte eine Größe von 45 x 60 m mit einem Innenhof von 13,6 x 20,4 m. Die Trakte (Umkleideraum, Kaltbad, Warmbad und Heißbad) waren in doppelter Folge für Männer und Frauen angelegt.

Die Produktionsstätte der Ziegel lag im heutigen Stadtteil Nied. Sie war von etwa 83 u. Z. bis ins 2. Jahrhundert u. Z. in Betrieb und gehörte der 14. Legion. Eine römische Legion bestand aus 3.000 – 6.000 Soldaten, die die Gebiete eroberten und sicherten. Diese Einheit wurde im Jahr 57 v. u. Z. von Caesar für seine Gal-

2 Dachziegel aus Nida

lienfeldzüge gegründet. 48 v. u. Z. zog er sie nach Italien ab und löste sie auf. Eine Neuaufstellung erfolgte acht Jahre später. Sie war von 13 v. u. Z. bis 43 u. Z. und wieder von 70 u. Z. bis 92 u. Z. in Mainz stationiert. In diesem letzten Zeitraum wurde der Ziegel vermutlich hergestellt. 1879 kam der Ziegel in das Historische Museum und wurde 1937 an das damals neu gegründete „Museum für heimische Vor- und Frühgeschichte" abgegeben.

FB

Römischer Dachziegel mit Stempel LEG XIIII, Nida 1./3. Jahrhundert, Fundort: Heddernheim, gebrannter Ton, Archäologisches Museum Frankfurt, H. 43 cm, B. 35 cm, T. 7 cm

Literatur: Fasold 1997; Huld-Zetsche 1994

3

Frankenfurt

„Frankfurt ist eine von den sechzehn Städten, die sich des Vorzugs erfreuen, der Ort zu sein, an dem sich der folgende Zwischenfall ereignete. Karl der Große gelangte, als er die Sachsen verfolgte (wie er sagte), oder als er von den Sachsen verfolgt wurde (wie sie sagten), im Morgengrauen bei Nebel an den Ufer eines Flusses. Der Feind war entweder vor ihm oder hinter ihm, aber auf alle Fälle wollte Karl hinüber, und zwar sehr. Er hätte alles um einen Fremdenführer gegeben, aber es war keiner zu beschaffen. Schließlich sah er, wie sich eine Hirschkuh mit ihrem Jungen dem Wasser näherte. Er beobachtete sie, denn er sagte sich, daß sie gewiß eine Furt suche, und da irrte er nicht. Sie watete durch den Fluß, und das Heer watete hinterher. So wurde ein großer fränkischer Sieg erfochten oder eine große fränkische Niederlage vermieden; und zur Erinnerung an diese Episode befahl Karl der Große, daß an genau der Stelle eine Stadt gebaut werde, die er Frankfurt nannte – die Furt der Franken. Keine von den anderen Städten, in deren Nähe dieses Ereignis stattfand, wurde danach benannt – ein stichhaltiger Beweis, daß Frankfurt der erste Ort war, an dem es sich zutrug."

Frankfurts Gründungssage: Auf der Flucht vor den Sachsen findet Karl der Große die „Frankenfurt" durch den Main.

So machte sich Mark Twain in seinen Reiseerinnerungen „Bummel durch Europa" (1880) über die Gründungssage Frankfurts lustig und befand sich damit in guter Gesellschaft. Wie andere europäische Städte führte auch Frankfurt seinen Ursprung auf eine bedeutende historische Persönlichkeit aus einer mög-

3 Frankenfurt

lichst weit zurückliegenden Epoche zurück. Im 19. Jahrhundert gehörten solche tatsächlichen oder erfundenen geschichtlichen Ereignisse zu den beliebten Themen der zahlreichen Sagenbücher und der bürgerlichen Historienmalerei. Ein gefundenes Fressen auch für den Frankfurter Illustrator Hermann Junker, der das Thema nicht so bierernst nahm wie der am Städel'schen Kunstinstitut ausgebildete Maler Christian Leopold Bode. Der macht die Karlslegende zum Herzstück eines siebenteiligen Zyklus von Sagen und historischen Ereignissen der Frankfurter Geschichte. Es sind einzelne Episoden, die nicht zu einer zusammenhängenden

„Nur haben Forscher angenommen, / Daß einen Schnupfen er bekommen; / Und wer das ob'ge Bild gesehn, / Der wird den Grund gewiß verstehn." Hermann Junker: Carl der Große entdeckt die Furt im Main, um 1889, Federzeichnung; Entwurf für: Vollständiger humoristisch-poetischer Führer durch Frankfurt am Main, Stuttgart 1889, HMF. C43036

Erzählung miteinander verbunden werden. Neben der Schlacht bei Kronberg (Nr. 8) thematisiert Bode zwei Besuche Kaiser Maximilians I. in Frankfurt anlässlich des Reichstags von 1486, auf dem er – entgegen den Bestimmungen der „Goldenen Bulle" – noch zu Lebzeiten seines Vaters zum Kaiser gewählt wurde, und zur Eröffnung des Reichskammergerichts 1495. WPC

Aus Sagen und Geschichten von Frankfurt und Umgebung: 1. Sage von Falkenfurt; 2. Die Frankenfurt; 3. Sage von Cronberg u. Königstein; 4. Friedensschluss nach der Schlacht bei Cronberg 1389; 5. Einzug des Kaisers Maximilian I. zur Wahl 1486; 6. Volksbelustigung auf dem Römerberg bei Anwesenheit des Kaisers Maximilian 1495; 7. Messgeleit 1463, Christian Leopold Bode (1831–1906), Frankfurt, 1888 — Aquarelle in historischem Holzrahmen, 86,6 x 165,1 cm (innerer Rahmen), HMF.C.1975.002.Lg , Adolf und Luisa Haeuser-Stiftung für Kunst- und Kulturpflege

Literatur: Sölter 2011

4
Modell der Leonhardskirche

Die Geschichte der Stadt als soziales und institutionelles Gebilde beginnt nicht mit den ersten Siedlungsspuren oder Häusern, sondern mit der Selbstverwaltung in Form einer Bürgergemeinde: Das ist in Frankfurt erst im 13. Jahrhundert nachweisbar. Das früheste urkundliche Datum hierfür ist der 15. August 1219: Der Kaiser überlässt den Bürgern den Bauplatz für eine Kapelle der Heiligen Maria und Georg. Das setzt eine rechts- und handlungsfähige Körperschaft als Empfänger der Schenkung voraus. Für die frühen Bürger bedeutete dieser Bauplatz viel: Sie wollten sich mit der neuen Kapelle vermutlich unabhängig vom Klerus der Stiftskirche St. Salvator (später der St. Bartholomäus-Dom) machen. Seit 1323 trug die Kapelle den Namen des Nothelfers Leonhard, nachdem dessen Arm-Reliquie erworben worden war.

Die Frankfurter Bürger erscheinen als Körperschaft erstmals 1219: Kaiser Friedrich II. schenkte ihnen den Baugrund einer Kapelle, später St. Leonhard.

Die heutige Leonhardskirche ist im 15. und 16. Jahrhundert umgebaut worden, die beiden Türme und das alte Nordportal stammen aber vom ersten romanischen Bau aus den 1220er Jahren. Das Modell der Kirche versucht, das Aussehen dieser ersten Bauphase anschaulich zu rekonstruieren. Es geht auf die Forschungen des Frankfurter Kunsthistorikers Guido Schoenberger (1891–1974) zurück. Er hatte sich 1926 an der Goethe-Universität mit den „Beiträgen zur Baugeschichte des Frankfurter Doms" habilitiert und wurde 1928 Kurator am Historischen Museum.

4 Modell der Leonhardskirche

Sein Modell entstand 1934 für die neue Dauerausstellung des Museums im Leinwandhaus.

Der jüdische Gelehrte wurde zum ausgewiesenen Experten für den Frankfurter Kirchenbau des Mittelalters. Seit dem Beginn der NS-Herrschaft beschäftigte er sich intensiv mit den jüdischen Kulturgütern der Stadt. Als „Frontkämpfer" des Ersten Weltkriegs blieb er vorerst von der Entlassung aus der Stadtverwaltung verschont und konnte sogar für das Museum publizieren; das Nürnberger „Reichsbürgergesetz" von 1935 bedeutete für ihn jedoch die Entlassung aus dem städtischen Museumsdienst. Schoenberger wechselte zum Museum Jüdischer Altertümer, das von der Jüdischen Gemeinde betrieben wurde. Die Zerstörung des Museums in den Novemberpogromen vom 9. auf den 10. November 1938 und die sich anschließende Verhaftung in Buchenwald bewegten Schoenberger 1939 zur Emigration nach New York, wo er Kunstgeschichte lehrte. Nach dem Krieg besuchte er als Mitarbeiter des JCR (Jewish Cultural Reconstruction Inc.) Frankfurt und kümmerte sich um die Restitution jüdischer Kulturgüter. *JG*

Modell der Leonhardskirche im 13. Jahrhundert, Guido Schoenberger (1891–1974), Frankfurt, um 1930, verschiedene Hölzer, farblich gefasst; Grundplatte B. 35,5, T. 22 cm, H. 35 cm, HMF.X29370

Literatur: Kat. Frankfurt 1991; Kat. Frankfurt 1994; Lexikon deutsch-jüdischer Autoren 2012

5
Glasfenster

„Auch an gemalten Scheiben, merkwürdig durch seltne Dauer und Stärke der Farben, war einst diese Kirche reich. Es ist Schade, daß seit Jahr und Tag, unter dem Vorwande Licht in die Kirche zu bringen, diese unersetzlichen Ueberreste einer verlornen Kunst, aus den meisten Kirchen entfernt worden sind." So klagte der Pfarrer und Stadthistoriker Anton Kirchner 1818 über den Umgang mit den mittelalterlichen Glasmalereien des Frankfurter Doms. Der Dom war wie viele Kirchen im 17. und 18. Jahrhundert dem Zeitgeschmack angepasst und barockisiert worden. Dabei ersetzte man die farbigen Glasfenster durch Weißverglasung, nicht nur aus ästhetischen, sondern auch aus weltanschaulichen Gründen: Das Licht der Aufklärung vertrieb das finstere Mittelalter aus den Kirchen.

Der Dom war im Mittelalter mit Glasgemälden ausgestattet. Nach deren Verlust gaben Mainzer Figurenfenster dem Dom wieder mittelalterlichen Glanz.

Im frühen 19. Jahrhundert verstärkten die Befreiungskriege gegen Napoleon die Rückbesinnung auf die deutsche Geschichte des Mittelalters. Die Gotik galt nun vielen Historikern als Nationalstil, und zahlreiche barockisierte Kirchen wurden im 19. Jahrhundert wieder regotisiert, bisweilen mit Objekten aus zuvor säkularisierten Gotteshäusern.

Drei künstlerisch bedeutende mittelalterliche Glasgemälde im Historischen Museum mit der Geburt, der Geißelung und der Auferstehung Christi gehörten ursprünglich zu einem Bildzyklus, der vermutlich aus der ab 1253 erbauten und 1742 abgerissenen Mainzer Franziskanerkirche stammt. Zu einem unbekannten Zeitpunkt im 19. Jahrhundert setzte man die Glasgemälde in die nördlichen Chorfenster des Frankfurter Doms ein, um ihn wieder in mittelalterlichem Glanz erstrahlen zu lassen. Nach dem verheerenden Brand von 1867 ließ Dombaumeister Franz Joseph Denzinger die wertvollen Scheiben ausbauen und 1879 dem Historischen Museum übergeben. Erst der Wiederaufbau des Doms ermöglichte eine vereinheitlichende, idealisierte Rekonstruktion im Sinne der Gotik. *WPC*

Auferstehung Christi: Glasfenster aus dem Chor des Frankfurter Doms, Mittelrhein (Mainz), um 1250/60, Glasmalerei auf Hüttenglas, H. 105,3 cm, B. 61,5 cm, T. 2,4 cm, HMF.X04217

Literatur: Hess 1998; Hess 1999

6

Stadtsiegel

1219 hatte Kaiser Friedrich II. den Bürgern erstmals eine Urkunde verliehen (Nr. 4), die bereits mit einem Siegel der Bürger beglaubigt wurde. Es trägt die Umschrift „Frankenvort specialis domus imperii" (Frankfurt, besondere Stätte des Reichs), und wird in der Urkunde als „ipsorum civium bulla" angekündigt, als „Siegel dieser Bürger". Vermutlich ging der erste Siegelstempel kaputt oder verloren, es wurde ab 1253 durch das „jüngere" Stadtsiegel ersetzt. Es hat einen etwas größeren Umfang (1 cm größer), ist aber auch mit dem Brustbild des Kaisers mit Krone, Globus und Zepter sowie derselben Umschrift versehen. Bereits ein Jahr danach schloss sich die Stadt dem Rheinischen Städtebund an, 1266 treten in Urkunden erstmals auch Ratsherren als Vertreter der Bürgerschaft auf und 1297 folgte das „Erste Stadtrecht". Damit sind fast alle Merkmale städtischer Selbstverwaltung bereits im 13. Jahrhundert vorhanden. Und all das fängt mit einem Siegel an.

Die Frankfurter Bürger benutzten sehr früh ein kaiserliches Siegel für ihre Rechtsgeschäfte.

Das Frankfurter Stadtsiegel steht für zwei widersprüchliche Eigenschaften mittelalterlicher Siegel: Es ist ein modernes Logo, weil es zu einem vergleichsweise frühen Zeitpunkt eine Körperschaft – die Bürgergemeinde – als handlungsfähige Rechtsperson darstellt. Modern ist auch die Technik: Das Typar (Siegelstempel) konnte beliebig oft in flüssiges Wachs getaucht werden und nahm damit die Drucktechnik von Texten und Bildern auf Papier vorweg. Zugleich ist es antiquiert, weil schriftliche Urkunden noch nicht aus sich selbst heraus, sondern nur dadurch Gültigkeit erhielten. Der Stempel des Frankfurter Stadtsiegels ist darüber hinaus eine große Seltenheit, weil normalerweise nur die Wachsabdrücke, nicht aber die Stempel erhalten blieben. Dieser Stempel wurde kontinuierlich vom 13. bis frühen 19. Jahrhundert vom Rat der Reichsstadt Frankfurt benutzt – er wurde also sehr stark beansprucht. *JG*

Stempel des Jüngeren Großen Stadtsiegels, Frankfurt 1253, Bronze, mit Wachsabdruck, Dm. 6,5 cm, HMF.X09977

Literatur: Kat. Frankfurt 1991/1; Monnet 2015; Römer-Büchner 1853

7
Schmerzensmann

Das Heilig-Geist-Spital war schon im 13. Jahrhundert zur Pflege von bedürftigen Fremden gestiftet worden. Der Schultheiß und die Schöffen – die Stadtregierung – übernahmen 1278 die „Pflegschaft" (Aufsicht und Verwaltung) dieser Stiftung. Hier beginnt die bis heute bestehende Stiftungsaufsicht der Stadt. Sie trug dazu bei, dass in Frankfurt schon früh besonders viele Stiftungen entstanden. 1531 gründete der Rat der Stadt den Allgemeinen Almosenkasten, eine weitere Stiftung, die soziale Aufgaben übernahm, wie die Versorgung von Bedürftigen mit Nahrung, Kleidung und Geld. Die meisten Stiftungen des Spätmittelalters wurden Teil des Almosenkastens, die Heilig-Geist-Spitalstiftung blieb als eigenständige Stiftung bis heute erhalten.

Krankenpflege war im Mittelalter eine fromme Pflicht für Christen. Das erste Hospital entstand als Krankenhaus für Fremde: Pilger und andere Reisende.

Vom 14. bis zum 19. Jahrhundert stand das Hospital zwischen Leinwandhaus und Saalhof in der Saalgasse. Es entsprach Anfang des 19. Jahrhunderts nicht mehr den modernen medizinischen und hygienischen Standards. Die Stiftungsverwaltung hatte deshalb hinter der Stadtbibliothek 1835 bis 1839 einen Neubau errichten lassen und die alten Gebäude zum Abbruch verkauft. Bekannte Bürger wie der Jurist Friedrich Schlosser (1780–1851), der Leiter des Städelschen Kunstinstituts Johann David Passavant (1787–1861) und der Stadtbibliothekar Johann Friedrich Böhmer (1795–1863) setzten sich vergebens für den Erhalt der „im schönsten altdeutschen Baustyl" errichteten Hospital-

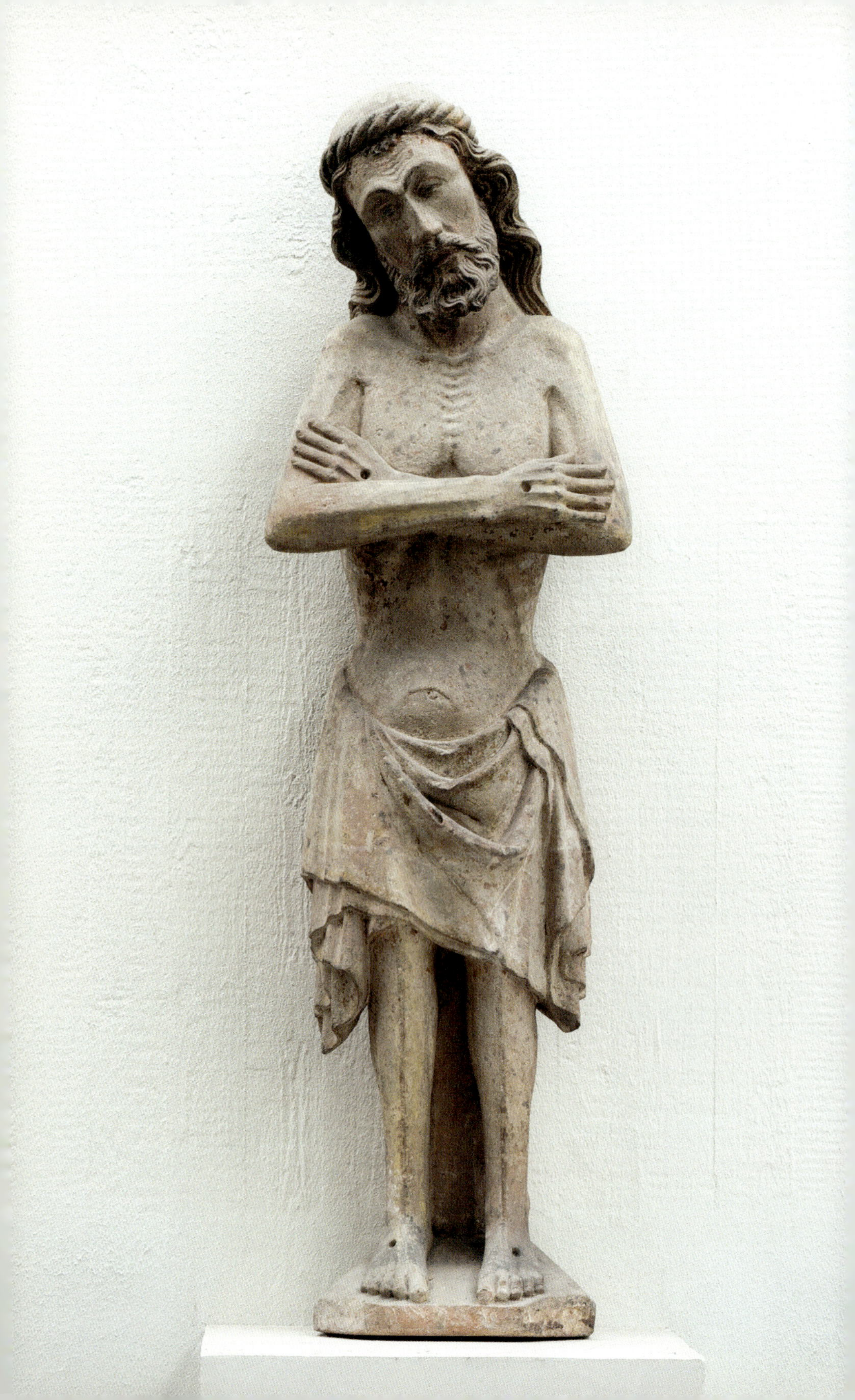

7 Schmerzensmann

Unbekannter Künstler: Abbruch der Heilig-Geist-Kirche, 1840, Lithographie (Frontispiz aus: Johann Friedrich Böhmer, Fürsprachen für die Halle des Heiligengeisthospitals, Offenbach 1840), HMF.C17005

bauten ein und schlugen eine Nutzung als lutherische Kirche, Markthalle oder städtische Gemäldegalerie vor.

Auf Betreiben des Stadtbaumeisters Johann Friedrich Christian Hess (1785–1845) wurden immerhin die bedeutendsten Kunstschätze des Spitals, Epitaphien, Gewölbeschlusssteine und Skulpturen, gerettet. Der Schmerzensmann aus dem 14. Jahrhundert zeigt den leidenden Jesus Christus mit seinen Wunden. Das Andachtsbild war ursprünglich vermutlich für die Halle gedacht und sollte die Kranken trösten und stärken. Später versetzte man es an die Nordwestecke der Kirche des Spitals. Nach dem Abriss 1840 gelangte es mit anderen steinernen Relikten

Carl Theodor Reiffenstein: Altes Heiliggeisthospital und -kirche von Norden, Februar 1840, Bleistiftzeichnung, HMF.R0692

in die Stadtbibliothek und von dort 1878 in das Historische Museum, wo das erste Lapidarium (Steinsammlung) der Stadt entstand. Solch eine Sammlung sollte der historischen Erinnerung an die Stadtgeschichte Dauer verleihen, denn: „Nur die Werke der Kunst und vor Allem die jener wahrhaft historischen Kunst, welche den Ruhm ihrer Zeit in Stein schreibt, vermag zu dem Gesamtgefühl der Volksmasse zu sprechen und jenen edlen Gemeinsinn lebendig zu erhalten, der eben in dem Bewußtsein einer langen Gemeinschaft in Freud und Leid seine Hauptquelle hat." (Hanauer Zeitung, 21.3.1840)

WPC

Schmerzensmann, Mittelrhein, um 1370, roter Sandstein mit Resten alter Farbfassung, H. 142 cm, B. 42 cm, T. 22 cm, HMF.X06575

Literatur: Böhmer 1840; Lerner, Lohne und Krämer 1989

8
Schlacht bei Kronberg

Das monumentale Gemälde zeigt eine Schlacht und ihr Vor- und Nachspiel. Eigentlich sind es zwei Bilder, horizontal getrennt durch ein Schriftband. Unten links sieht man die Vorgeschichte der Schlacht: ein Dorf wird angezündet, ein Wald wird durch „Schälen" von Baumrinde zerstört. Dann folgt das große Schlachtgetümmel im oberen Bildstreifen. Rechts oben im Hintergrund ist die ummauerte Stadt Frankfurt zu sehen. Ein großes Heer mit zahlreichen Fußsoldaten und wenigen Panzerreitern, erkennbar an den roten Fahnen mit dem schwarzen Doppeladler der Reichsstadt, bewegt sich von rechts nach links. Im Vordergrund aber sind bereits die Streitwagen der Frankfurter umgestürzt und die Männer fliehen zurück zur Stadt. Die Überzahl der Bürger wird von den Panzerreitern und Fußsoldaten der Herren von Kronberg besiegt und flieht in kompletter Auflösung: Das ist die Botschaft des Bildes. Im

Frankfurt verlor die große Schlacht bei Kronberg am 13. und 14. Mai 1389 gegen „Raubritter" und Fürsten, mit über 100 Gefallenen und 600 Gefangenen.

unteren Bildstreifen ist der wahre Sieger zu erkennen: das tiefblaue Rautenbanner steht für die Wittelsbacher Pfalzgrafen, es steht dem Banner der Reichsstadt gegenüber. In ihrer Not hatten die Kronberger Ritter das kleine Heer des Wittelsbacher Fürsten Ruprecht von der Pfalz herbeigerufen, die das große städtische Heer vernichtend besiegten. Am rechten Bildrand werden prominente Bürger als Gefangene auf die Burg Kronberg geführt.

Wir wissen, dass Frankfurt am 13. und 14. Mai 1389 bis zu 100 Gefallene (u. a. die gesamte Bäckerzunft) und über 600 Gefange-

Als man zolt 1589 Jahr den 17 mey das ist wahr Als die Herrn mit den Hessen ein dag kriegs hatten theten von d
zwey tausend starck zufuß und roß mit wagen weren und geschoß die Edlen von Cronberg

Etlich hoff und dorff sie do verbrenen die Bawrn bald vor un itzwil schehe Als die von Cronberg das vernamen Hetten dar auß nicht l
zug wider heimfahren So komt des Pfaltzgrafen horst zu handt der zu Oppenheim war Zugerant wol mit anderthalb hundert
mit wol der Franckforter doch mehr war dan gantz Cronberger Schaar der zeit blieb da garbalt und schwind manch Fran

riesbeen wie der im besten hinlegen Zu solcher zeit Franckfurt die statt nicht wenig sich gerüstet hat
zu versuchen und dennten bald sampt andern niemandem und schier mehr zogen also fort mit ihrem heer.

u bald dem feini die spiz, doch gerieth zu wol in erser his, dan die von franckfort garstarck waren und wolten mit
orner und ein gros gethon schlagen sampttlich in die Franckforter frey schlages in die flucht mit groser geschrey
sind. Sechs hundert worden gefangen zu Conberg gefürt zu handen. Also der Franckfurer böst macht Sennder lag in diser schlacht.

Der Rest des Frankfurter Heeres verteidigt das Stadtbanner gegen die Truppen des Pfalzgrafen bei Rhein: Detail aus der „Schlacht von Kronberg", vor 1626

ne zu beklagen hatte, darunter die Elite der Stadt mit Bürgermeistern und Schöffen. Ein gewaltiges Lösegeld in der Höhe von annähernd dem Doppelten der Jahreseinkünfte musste aufgebracht werden, um die Gefangenen auszulösen und Frieden zu schließen. Es war der erste Krieg der Frankfurter; zugleich Ausklang des ersten Städtekrieges im Mittelalter. Die südwestdeutschen Städte hatten sich gegen die aufstrebenden großen Territorialfürsten und die im Niedergang begriffenen Landadligen („Raubritter") verbündet und waren in mehreren Schlachten besiegt worden, hatten allerdings ihre Unabhängigkeit bewahren können – besser als die meisten Ritter, die ihre Herrschaften zunehmend an die wachsenden Territorien der Fürsten verloren. Die Frankfurter unterlagen nicht den Rittern von Kronberg, sondern den Truppen des Pfalzgrafen Ruprechts von der Pfalz, der später deutscher König wurde.

Die Kronberger Herren überlebten dennoch bis 1704. Sie ließen bereits im frühen 15. Jahrhundert einen Bildteppich vom größten Sieg ihres Geschlechts anfertigen. Dieser Teppich wurde im 16. Jahrhundert zur Vorlage von zwei Ölgemälden, eines davon scheint unter dem Mainzer Erzbischof Johann Schweikhart von Kronberg (1604–26) kopiert worden zu sein, vielleicht für sein Schloss in Mainz. Dies ist das Gemälde in der Sammlung des Historischen Museums. Es ist eines der ersten Sammlungsstücke des Museums, aus der Sammlung der Stadtbibliothek, die 1877 zum Grundstock des neu gegründeten Museums wurde. Dorthin war es vom Frankfurter Historiker und Senator Johann Karl Fichard (1773–1829) geschenkt worden. *JG*

Die Schlacht bei Kronberg 1389, Kronberg (?), 17. Jahrhundert, Ölmalerei auf Leinwand, H. 155 cm, B. 218,5 cm, HMF.B.0210

Literatur: Reichel 1978a

9

Wappenscheibe der Metzger

Das Metzgerhandwerk gehört zu den ältesten nachgewiesenen Frankfurter Zünften. Bereits 1254 sind auf dem Frankfurter Markt offene Verkaufsstände der Frankfurter Metzger urkundlich nachweisbar. Diese Stände wurden Schirnen genannt und bestanden aus einer Fleischbank mit Verkaufstisch, Hackklotz und Hakengestell zum Aufhängen der Fleischstücke und Würste. Anfangs waren sie mobil und wurden nur an Markttagen aufgeschlagen. Die Wohn- und Arbeitsstätten der Metzger lagen in der Metzgergasse in der Nähe des Metzgerpförtchens und des alten Schlachthauses. Die älteste Zunftordnung der Frankfurter Metzger stammt aus dem Jahr 1355.

Das Wachstum der städtischen Bevölkerung im 14. Jahrhundert sowie die vielen zusätzlichen Besucher anlässlich der beiden alljährlichen internationalen Reichsmessen, der Reichstage und der Wahl- und Krönungsfeierlichkeiten der deutschen Könige und Kaiser steigerten den Fleischbedarf erheblich, sodass die Zahl der Metzger und ihrer Verkaufsstände in Frankfurt stetig zunahm. Mit dem großen wirtschaftlichen Erfolg wuchs auch die gesellschaftliche und politische Rolle des Frankfurter Metzgerhandwerks. Seit dem 14. Jahrhundert wurde die Zunft durch zwei Metzgermeister als Ratsherrn auf der sogenannten „Handwerkerbank" vertreten.

Die Handwerker mittelalterlicher Städte organisierten sich in Genossenschaften: Die Zunft der Frankfurter Metzger gehört zu den ältesten der Stadt.

Die Glasscheibe stammt aus dem alten Schlachthaus, das 1893 abgerissen wurde. Sie ist die älteste erhaltene Zunftscheibe der Frankfurter Metzgerinnung. In ihrer Mitte ist ein roter Ochse mit gelben Hörnern auf einem blauen Wappenschild abgebildet. Die Darstellung spielt auf den im Mittelalter für das Frankfurter Metzgerhandwerk wichtigen Ochsenhandel an: Die Frankfurter Metzger importierten in großem Stil Ochsen aus Polen und Ungarn, um den steigenden einheimischen Fleischbedarf sicherzustellen. *PS*

Wappenscheibe der Metzger, Mittelrhein (Frankfurt ?), Ende des 14. Jahrhunderts, Schwarz- und Braunlotmalerei auf Hüttenglas, Bleistege, Dm. 43,9cm, HMF.X.2009.2000.Lg, Fleischerinnung Frankfurt

Literatur: Beeh-Lustenberger 1965; Kat. Frankfurt 1984; Kat. Frankfurt 1991; Lerner 1959

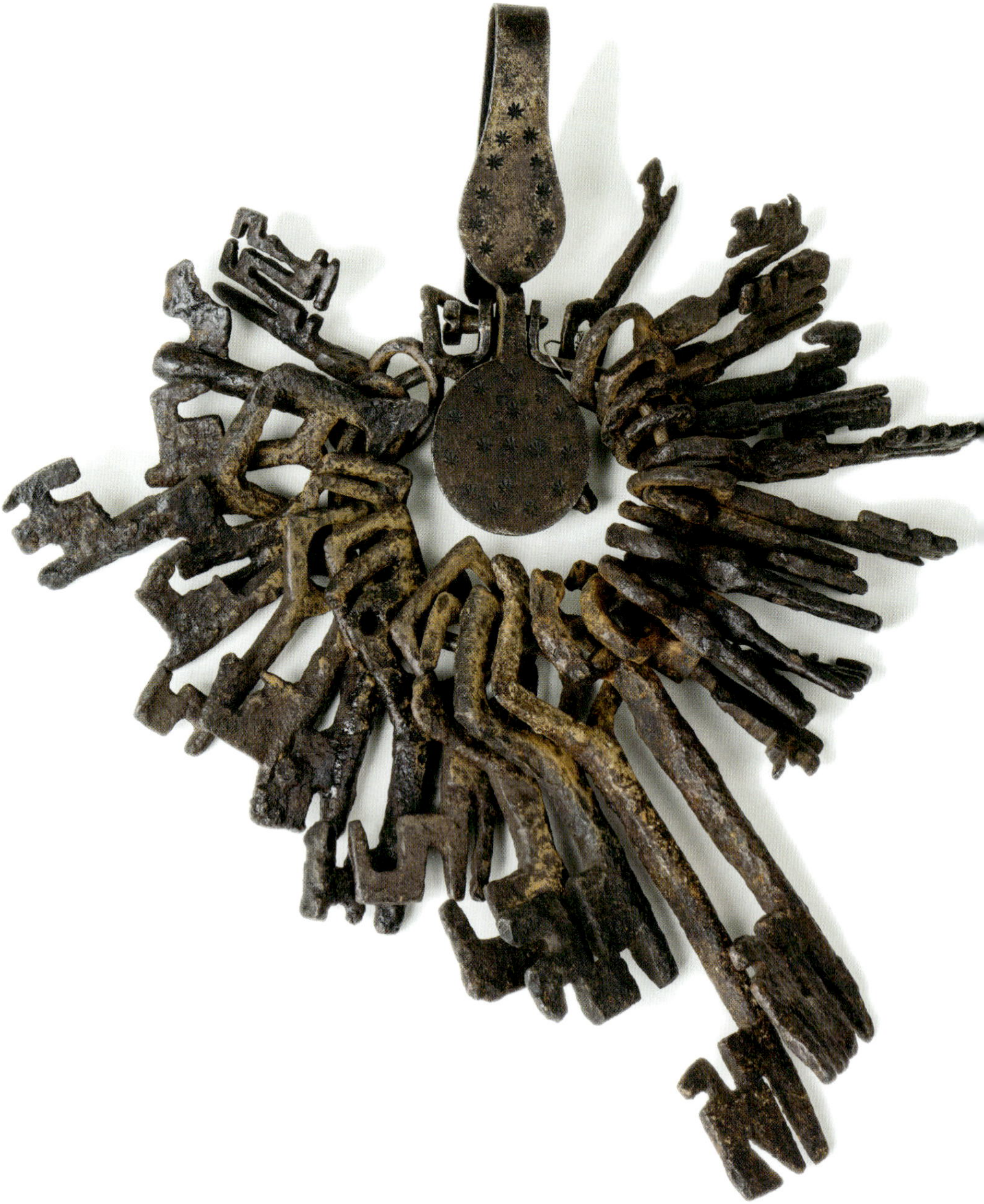

10
Schlüsselbund

Die 32 unterschiedlich großen Schlüssel verweisen durch ihre Machart und Form auf ganz unterschiedliche Schlösser. Mit ihnen konnten Kisten, Truhen und kleine Schränke geöffnet werden. Wer im Besitz dieser Schlüssel war, hatte die Schlüsselgewalt – verfügte über Macht und Reichtum.

Wo standen diese Truhen, Kisten oder Schränke? Und was befand sich darin? Wer solch einen Schlüsselbund trug, kam an Dinge heran, die andere nicht einmal sehen sollten. Schlüssel sind ein phallisches Symbol und gelten nach dem Psychoanalytiker Sigmund Freud als „sicheres männliches Zeichen".

Als die Stadt größer und reicher wurde, wollten ihre Bewohner ihren Besitz sicher verwahrt wissen. Die Schlüssel waren dafür das Erkennungszeichen.

In der Tat verweist der Schlüssel auf zumeist von Männern besetzte Professionen. Frankfurt war seit dem Mittelalter einer der größten Umschlagplätze für Geld und Waren. Kaufleute trugen Schlüssel am Körper, wenn sie die Messe in Frankfurt besuchten. Die Schlüssel konnten zu Möbeln gehört haben, in denen ein Kaufmann anlässlich der Messe Waren oder Münzen nach Frankfurt transportierte und lagerte. Darüber hinaus diente ein Schlüsselbund als Erkennungszeichen von Bankiers, Kämmerern und Gastwirten.

Doch auch im Alltag der Frauen waren Schlüssel allgegenwärtig. Hier dienten Schlüssel als Zeichen häuslicher Verfügungsgewalt. Es stellte einen Rechtsbrauch dar, einer Frau nach der

Heirat die Schlüssel zu übergeben. Sichtbar für alle am Gürtel getragen, machte der Schlüsselbund deutlich, dass die Trägerin den Haushalt führte und sie den alleinigen Zugang zu den in Kisten und Truhen aufbewahrten Waren für den Haushalt oder Kleidung und Schmuck hatte. Die Schlüssel stehen darüber hinaus für die Weiterentwicklung der Stadtgesellschaft: Der Reichtum hatte offensichtlich zugenommen und der Geld- und Warenverkehr hatte sich ausgeweitet, sodass es immer mehr zu schützen und zu verwahren galt.

Die Schlüssel kamen über die Schenkung eines Frankfurter Sammlers kurz nach der Gründung 1879 ins Museum. *NG*

---

32 Schlüssel, Frankfurt, 14.-15. Jahrhundert, Eisen, L. 0,5 cm – 25 cm, HMF.X10607

Literatur: Eberspächer/Glass 1992; Kat. Frankfurt 1976b

11
Domriss

Der Frankfurter Madern Gerthener gehört zu den bedeutenden Baumeistern der Gotik. Von ihm stammt der Entwurf für den Pfarrturm an der dem Heiligen Bartholomäus geweihten Stiftskirche, dessen Grundstein am 6. Juni 1415 gelegt wurde. Seit 1408 leitete Gerthener den Umbau des Doms zur Krönungskirche, denn 1356 hatte Kaiser Karl IV. durch den Gesetzestext der „Goldenen Bulle" Frankfurt zur Wahlstätte der deutschen Könige und damit zu einem der zentralen politischen Orte im Heiligen Römischen Reich Deutscher Nation bestimmt.

Der Entwurf, den Gerthener den Bauherren präsentierte, hat sich nicht erhalten. Es gibt aber mehrere Zeichnungen der Bauhütte, des Werkstattverbands beim Kathedralbau, darunter der sogenannte Riss A mit der Westseite. Er stammt wohl von einem Parlier (Baustellenführer) und gibt eine Vorstellung von der ursprünglich geplanten Gesamtansicht des Turms. Die Bauarbeiten konnten aber nicht vollendet werden. Nach der Fertigstellung der Kuppel stellte man die Arbeiten 1514 ein.

Der Pfarr- oder Domturm ist das älteste Wahrzeichen Frankfurts. Im Jahr 1415 begonnen, wurde er erst 450 Jahre später vollendet.

Die Befreiungskriege gegen Napoleon (1813 bis 1815) führten zu einem neuen Interesse an der gotischen Baukunst, die jetzt als deutscher Nationalstil angesehen wurde. In der Folge gab es auch in Frankfurt verschiedene Vorschläge zur Vollendung des Domturms. Der Kunstkenner Sebastian Henrich Hüsgen projizierte bereits 1790 die fehlende Turmlaterne nach dem Dom-

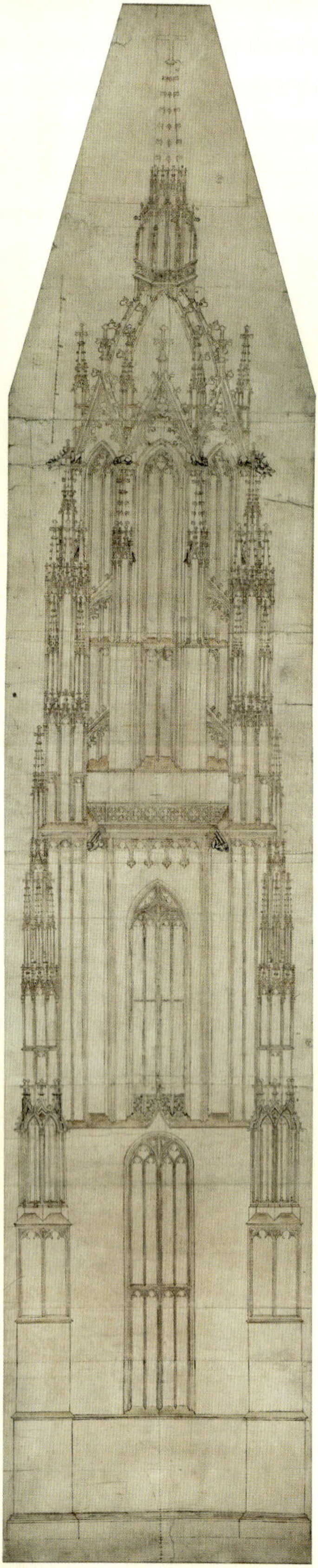

riss auf eine Ansicht des tatsächlichen Domturms, um seine Schönheit sichtbar zu machen. Der Pfarrer und Historiker Anton Kirchner schlug 1818 vor, die Kuppel mit einem Kreuz als christlichem und nationalem Symbol zu bekrönen, und der Architekt Friedrich Hessemer empfahl 1844 die Fertigstellung des Turms, der Stadt und Landschaft „ein Ansehen, einen bestimmteren Ausdruck giebt". Aber erst nach dem Dombrand von 1867 vollendete der Dombaumeister Franz Josef von Denzinger beim vereinheitlichenden Wiederaufbau der Bartholomäuskirche auch den Domturm in Anlehnung an die Pläne Gertheners. WPC

Riss A für den Turm des Frankfurter Doms, Mitarbeiter Madern Gertheners (ca. 1365–1431), Frankfurt, um 1420, kolorierte Federzeichnung auf acht Bögen gerippten Haderpapiers, H. 199,4 cm, B. 41,5 cm, HMF.C.ISG.005, Institut für Stadtgeschichte

Literatur: Ringshausen 2015; Schmitt/Schubert 2015

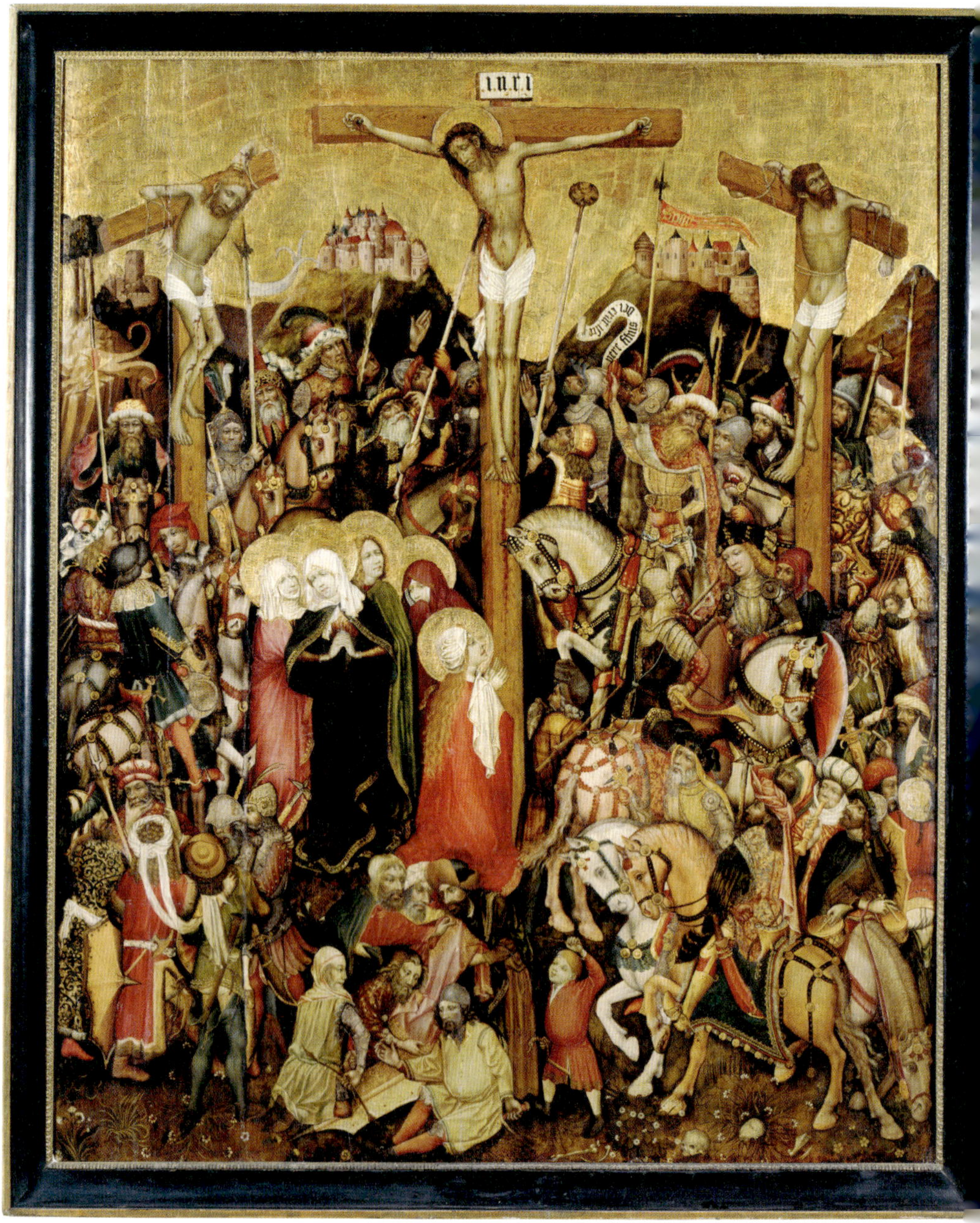
i.n.r.i
vere filius

12
Kreuzigung

Die Frankfurter Kirchen waren reich ausgestattet mit Retabeln, also gemalten und geschnitzten Altaraufsätzen, die von vermögenden Frankfurter Familien und Bruderschaften für ihr Seelenheil oder zum Schutz in besonderen Lebenslagen gestiftet wurden. Die Darstellung des Kalvarienbergs im Historischen Museum ist ein solches Altarretabel. Es hing im 19. Jahrhundert in der Konventsstube des Predigerministeriums, dem Versammlungsort der lutherischen Prediger im ehemaligen Barfüßerkloster. Bei der Überlassung des Gemäldes an das Historische Museum 1879 gab der Historiker und Senior des Predigerministeriums Georg Eduard Steitz (1810–1879) an, es stamme vermutlich aus der 1786 abgerissenen Barfüßerkirche. Steitz darf als ein gut informierter Gewährsmann angesehen werden.

Ein kostbarer Altar in der Barfüßerkirche sollte der Nikolausbruderschaft der „Abenteurer", also der Fernhandelskaufleute, Schutz und Seelenheil gewähren.

In der Barfüßerkirche hatten verschiedene Bruderschaften einen eigenen Altar, manche auch eine Kapelle, darunter seit 1418 auch die Nikolausbruderschaft der „Abenteurer". Dieser Bruderschaft gehörten vor allem reiche Kaufleute aus Frankfurt an und Handelsreisende, die zur Messe in die Stadt kamen. Diese Darstellung des Kalvarienbergs könnte als Retabel auf ihrem Altar gestanden haben. 1445 ließ die Bruderschaft ihre Kapelle durch Hans von Metz ausmalen. Die Wandgemälde zeigten Darstellungen aus der Geschichte der Heiligen Nikolaus, Jodocus und Franziskus sowie Engel mit den Marterwerkzeugen Christi und über dem Altar – so der Auftrag –

ein Kreuz mit dem Tod Christi, Maria und zahlreiches Volk, also wiederum einen vielfigurigen Kalvarienberg. Vielleicht war das ältere Tafelgemälde damit entbehrlich geworden und erhielt einen anderen Platz in der Kirche.

Der Kalvarienberg aus dem Museum zeigt die Hinrichtungsstätte Christi vor den Toren von Jerusalem. Der unbekannte Maler erzählt die Leidensgeschichte des Erlösers am Kreuz in übereinander gestaffelten, beinah bildfüllenden Einzelszenen mit vielen kostbar gekleideten Figuren. Am Horizont vor dem Brokatgoldgrund erkennt man die Stadt Jerusalem. WPC

Kalvarienberg, Süddeutsch, um 1420/30, Öl- und Temperamalerei auf Tannenholz, H. 169,5 cm, B. 139 cm, HMF.B0695

Literatur: Fischer 2000; Suckale 1993

13

Marienfigur der Wahlkapelle

Die Wahlkapelle des Frankfurter Kaiserdoms war ein bedeutender zeremonieller Ort im Heiligen Römischen Reich Deutscher Nation. Nachdem die Kurfürsten oder ihre Vertreter sich in der Wahlstube des Römers auf einen zu wählenden „Römischen König" beziehungsweise Kaiser geeinigt hatten, fand in der Wahlkapelle des Doms unter Ausschluss der Öffentlichkeit die förmliche Wahl des Regenten durch die Kurfürsten statt.

> „Die kaiserliche Wahlkapelle, welche (...) in politischer Beziehung Deutschlands Heiligthum ist."
> (B. J. Römer-Büchner 1858)

Die Wahlkapelle wurde um 1425 bis 1438 an der Südseite des Chores errichtet und diente ursprünglich als Bibliotheksraum. Für die Wahlzeremonie wurde sie jeweils vorübergehend mit Wandteppichen und anderem Mobiliar ausgestattet. Der Herzog von Croÿ besichtigte den Dom 1742 kurz vor der Kaiserwahl und beschrieb ihn als „klein und häßlich"; in der Wahlkapelle fand er nur zwei Bänke für die Kurfürsten oder deren Gesandte vor dem Altar vor. Dieser Altar – ursprünglich den Heiligen Petrus und Marcellinus, später den Heiligen Maria, Katharina, Gregor und Hieronymus geweiht – wurde im Laufe der Zeit mehrfach verändert.

Alexander Linnemann, der nach dem Dombrand 1896 den Auftrag zur Neugestaltung der Kapelle erhielt, fand beim Abbau des Altares zwei kleine, ehemals farbig bemalte Alabasterfiguren des frühen 15. Jahrhunderts vor: Sie stellen die Jungfrau Maria und den Engel dar, der ihr die Geburt Jesu verkündet. Vermut-

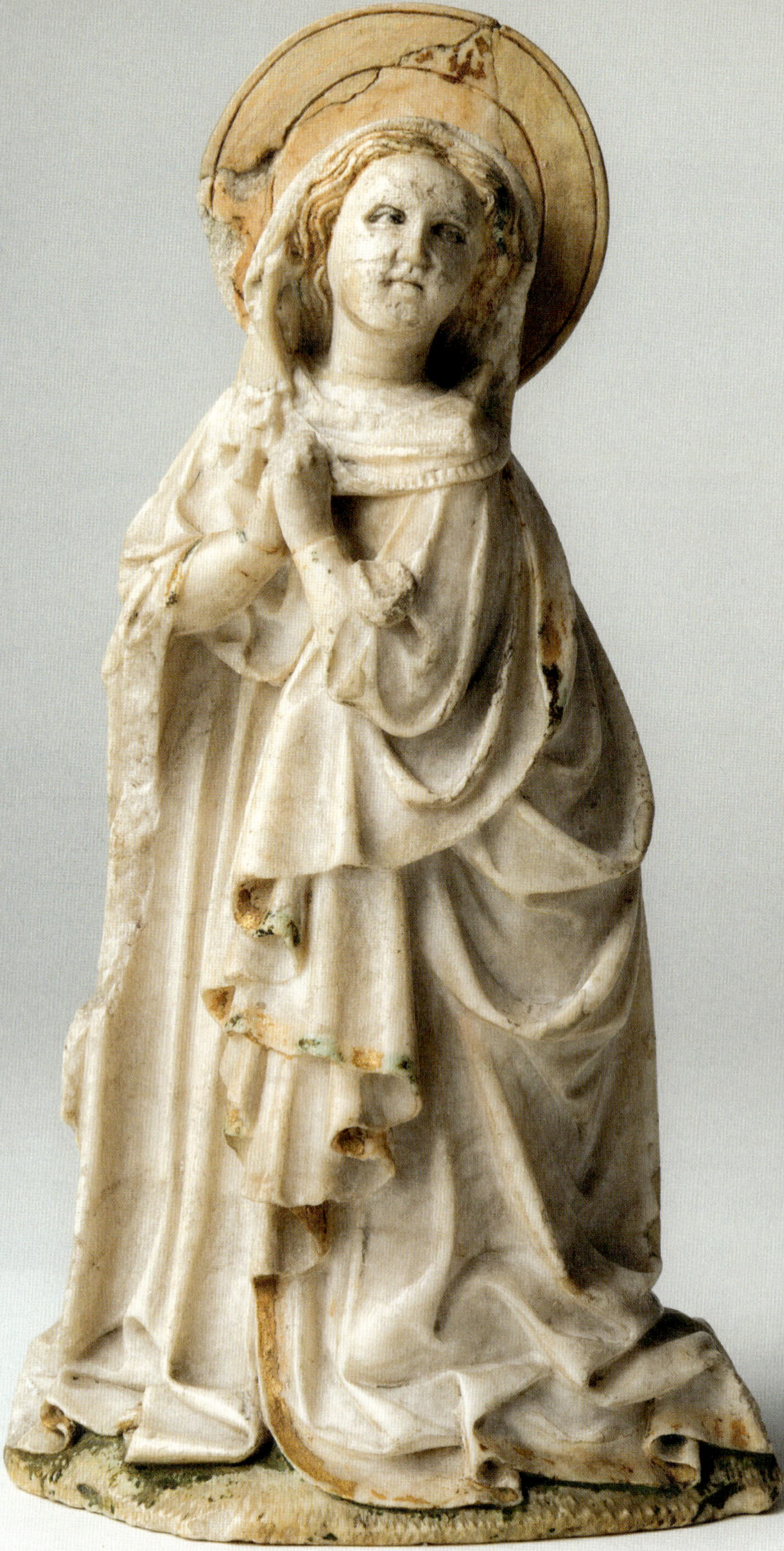

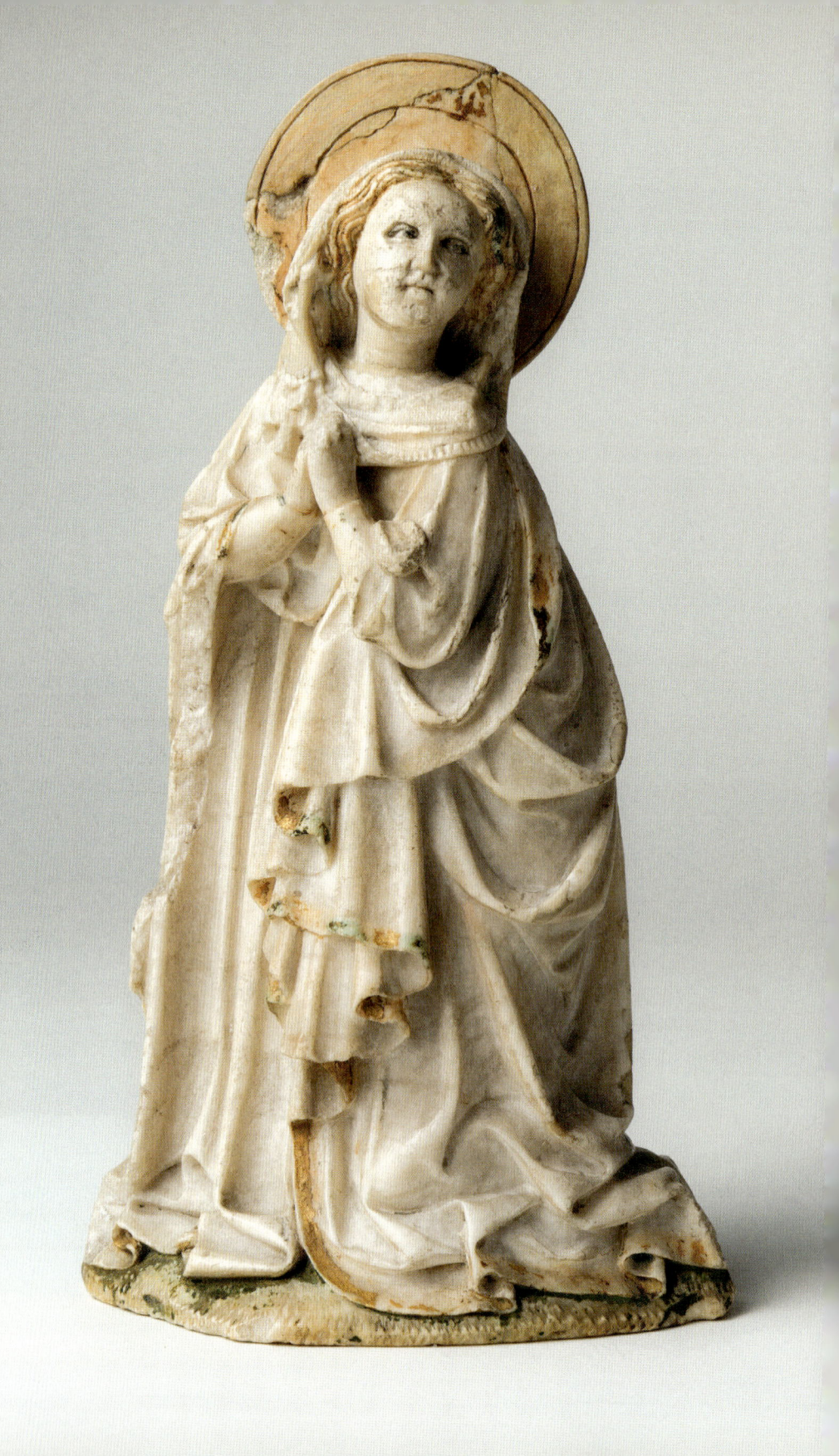

13 Marienfigur der Wahlkapelle

Nach J. Mössinger: Innenansicht der Wahlkapelle, 1858, Lithographie (aus: Benedict Jacob Römer-Büchner, Die Wahl und Krönung der deutschen Kaiser zu Frankfurt am Main, Frankfurt a. M. 1858), HMF.C09683

lich handelt es sich um Teile eines älteren Altaraufsatzes, die einer gängigen Praxis folgend in dem neuen Altar „beigesetzt" worden waren.

Das mittelalterliche Bildwerk der Wahlkapelle erinnert daran, dass die feierlichen Handlungen bei der Kaiserwahl und Krönung, trotz aller Meinungsverschiedenheiten, die seit der Reformation zwischen den Kurfürsten herrschten, nicht nur eine politische, sondern auch eine religiöse Bedeutung hatten. WPC

Maria einer Verkündigung, Mittelrhein (?), um 1430, Alabaster mit Resten alter Fassung (Nimbus ergänzt), H. 21 cm, B. 11,5 cm, T. 6 cm, HMF.X19058

Literatur: De Weerth 1999

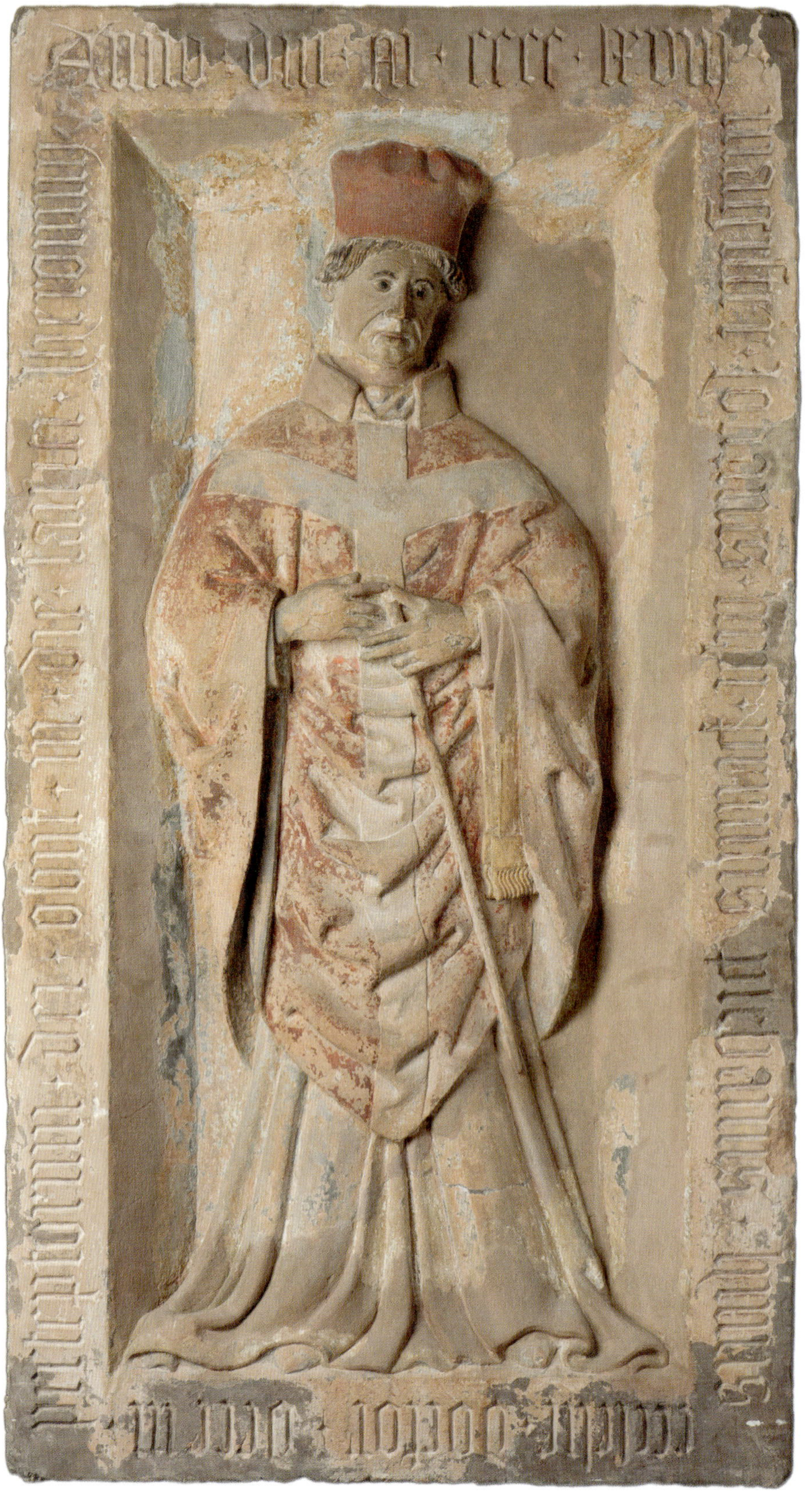

14
Epitaph und Grabmal von Lupi

Ein ungewöhnliches Epitaph (Grabdenkmal) erinnert an den ersten Pfarrer der St. Peterskirche in der Frankfurter Neustadt. Es ist schon seit 1896 in der Sammlung des Museums. Die alte Peterskirche war im Winter von 1895 auf 1896 abgerissen worden. Dabei wurden die zwei Steine in der Nähe der Kanzel unter dem Putz gefunden. Rechts an der Bildnisplatte befand sich die Zehn-Gebote-Tafel, so dass die Oberkanten bündig waren.

Ein ungewöhnliches Epitaph (Grabdenkmal) erinnert an den ersten Pfarrer der St. Peterskirche in der Frankfurter Neustadt, Johannes Wolff (lat. Lupi).

Die Bildnisplatte zeigt Johannes Lupi (lat. für Wolf/Wolff) im Gewand eines Priesters: mit Chorhemd (Albe), darüber die Kasel, mit Barett (Hut) und dem Stab (lat. virga) eines Lehrers. Ausgesprochen realistisch ist das Gesicht des wohl annähernd 50-Jährigen wiedergegeben. Die umlaufende Inschrift gibt seinen Todestag mit dem Hieronymus-Tag des Jahres 1468 an (30. September) und nennt Johannes Lupi einen Magister und „Lehrer der zehn Gebote Gottes".

Diese Bezeichnung verweist auf die Zehn-Gebote-Tafel. Sie ist das Ungewöhnliche an diesem Epitaph. In zwei Reihen sind 12 Bildfelder angeordnet, in denen die zehn Gebote sowie Moses als deren Autor und ein mit Schriftband versehener Mann (der Verfasser der Sprüche Salomos?) dargestellt sind. Die Gebotebilder haben jeweils eine zählende Hand im Vordergrund und dahinter eine Szene. Die Szenen stellen jeweils die Sünden dar, die

... mandata mea et vo...

... eam in digitis tuis scribe ill...

... ledem · uream · quasi · p ppisrm · ozusi ...

... tabulis · cordis · tui · pu ... ra ...

der Dekalog (Zehn Gebote) verbietet. Auch hier findet sich eine Inschrift, die in zwei Zeilen jeweils am unteren Rand der Bildfelder verläuft: Ein Zitat aus den Sprüchen Salomonis (7,2 – 3), das den Leser mahnt, die Gebote mit den Fingern in die „Tafel deines Herzens" einzuschreiben. Die Fingerzählung verweist auf die Erinnerungstechnik des Abzählens und macht deutlich, dass sich diese Tafel auch an Analphabeten richtete, die sich die Gebote einprägen mussten.

Magister Johannes Wolff war ein studierter Mann. Er nutzte seine Gelehrsamkeit aber vor allem, um Glaubensinhalte für „jedermann" verständlich und einprägsam zu machen. Zehn Jahre nach seinem Tod erschien sein Beichtbüchlein im Druck, und zwar ganz unakademisch in der „Volkssprache", also auf Deutsch im mittelrheinischen Dialekt. Es ist eine Art Katechismus für junge und erwachsene Gläubige, mit einer Zusammenfassung der kirchlichen Lehre. Lupi war ein Reformator vor der Reformation.

Dabei war Johannes Wolff fest in die kirchliche Hierarchie eingebunden: Als erster „plebanus" (Pfarrer) der Peterskirche in der Frankfurter Neustadt, die ihrerseits nur eine Filialkirche (Tochterkirche) des Bartholomäusdoms (Stiftskirche) war, hatte er eigentlich nur den Rang eines Kaplans. Seit 1453 betreute er die neue Pfarrkirche der wachsenden Frankfurter Neustadt. Vor allem das einträgliche Taufrecht blieb bei der Stiftskirche St. Bartholomäus, dem Frankfurter Dom. Erst 1417/19 war die alte Peterskapelle durch die Patrizier Johann Ockstadt und Jakob Humbracht zur Kirche umgebaut worden. Die Stadt hatte sich mehrere Jahrzehnte lang beim Domstift, beim Erzbischof von Mainz und schließlich beim Papst um das Pfarrrecht für die Peterskirche und die Sachsenhäuser Dreikönigskirche bemüht – wegen des starken Bevölkerungswachstums im 15. Jahrhundert. Die Stiftsherren von St. Bartholomäus aber wollten ihre Rechte nicht verlieren und widersprachen. Der Kardinal Nikolaus von

14   Epitaph und Grabmal von Lupi

Kues entschied die Sache dann 1452 als päpstlicher Legat salomonisch, indem er die beiden Kapellen nur zu Filialkirchen erhob. Die Kuratpriester (Kapläne) wurden vom Stiftskapitel gewählt und bestellt, und bis auf die Taufe durften sie alle Sakramente spenden. *JG*

Unbekannter Steinmetz, Frankfurt, nach 1468, Buntsandstein, mit Resten farblicher Fassung, Epitaph H. 200 cm, B. 110 cm, HMF. X17129a, Zehn-Gebote-Tafel H. 110 cm, B. 240 cm, HMF.X17129b

Literatur: Boockmann 1994; Kat. Frankfurt 2002; Schilling 2015

15

Lavabokessel

Brunnen versorgten die Einwohner der Stadt schon früh mit Wasser. Die Trinkwasserversorgung war Gegenstand vieler Verordnungen. Die öffentlichen Ziehbrunnen waren gemeinschaftlich organisiert – alle Hausbesitzer und Nutzer mussten sich daran beteiligen.

Im Haus benutzte man vielerlei Gefäße, um genug Wasser für den alltäglichen Wasserverbrauch zur Verfügung zu haben. Der

mit zwei Ausgüssen versehene Lavobokessel diente im Mittelalter als Wasservorrat für die persönliche Körperpflege. Das kesselartige Kippgefäß wurde an dem kräftigen Metallbügel über einer Schüssel aufgehängt. Der Name Lavabo kommt aus dem Lateinischen und bedeutet „Ich werde waschen".
Solche Kessel waren seit dem frühen 15. Jahrhundert in Privathäusern, aber auch in Kirchen in Gebrauch.

Der Lavabokessel wird gerne als „Wasserhahn des Mittelalters" bezeichnet.

In spätmittelalterlichen Darstellungen wurde der Lavabokessel oft zusammen mit Wasserschale und Handtüchern gezeigt. Der Kessel konnte auch über dem Herd hängen, um das Wasser zu erhitzen. In Kirchen war er in der Nähe der Sakristei, also dem Raum, der zur Vorbereitung des Gottesdienstes dient, aufgehängt. Dort konnte sich der Priester vor der Messe die Hände waschen.

Neben ihrer praktischen Funktion waren Lavabokessel aus Messing wegen ihrer hervorragenden Verarbeitung und ihres goldschimmernden Glanzes in ganz Mitteleuropa sehr beliebt. Sie wurden im 15. und 16. Jahrhundert auf der Frankfurter Messe als wertvolle Fernhandelsgüter vertrieben.

Auffällig ist die Gestaltung der Ausgüsse und Henkelösen des Kessels: Während die beiden Ausgüsse wie Hundeköpfe gestaltet sind, sind die Henkelösen wie Männerköpfe geformt.   PS

Lavobokessel mit zwei Ausgüssen, Mitteleuropa, zweite Hälfte 15. Jahrhundert, Messing, Kupfer-Zink-Legierung, Dm. 21,5 cm, H. 33 cm mit Henkel, HMF.X27916

Literatur: Bauer 1998; Kat. Frankfurt 1991

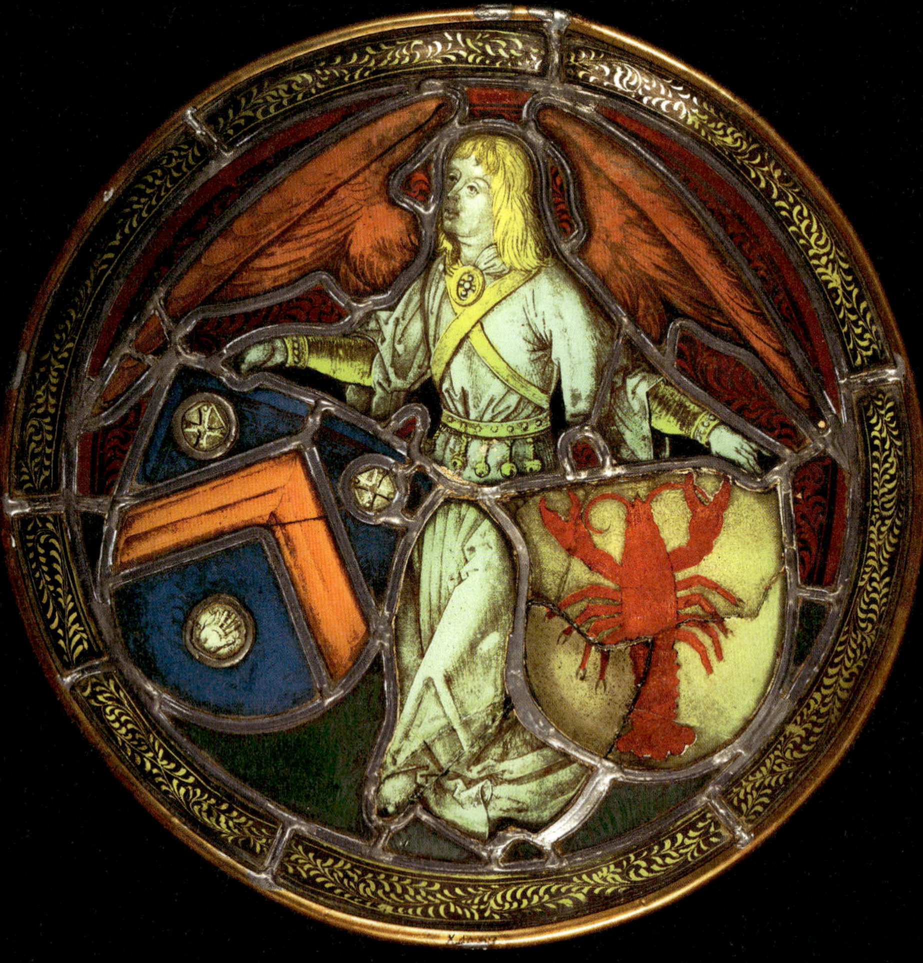

16

Wappenscheibe der Hellers

Die Scheibe ist sehr wahrscheinlich ein Überrest der einst reich mit Glasfenstern geschmückten Dominikanerkirche. Diese Bettelordenskirche wurde im Lauf des 15. und 16. Jahrhunderts zur beliebtesten Grabstätte der wohlhabenden und mächtigen Familien Frankfurts, der Patrizier. Führend in dieser Stadtelite war um 1500 u. a. die Familie Heller.

Jakob Heller hatte 1482 die reiche Kaufmannstochter Katharina aus dem Kölner Geschlecht Melem geheiratet. Er besaß mehrere prächtige Immobilien in der Stadt, darunter den Nürnberger Hof und das Steinerne Haus. Kaiser Maximilian I. ließ sich von ihm in Geldsachen beraten und war 1517 zu Gast im Nürnberger Hof. Die Hellers und Melems ließen sich in der Dominikanerkirche begraben; Jakob Heller und seine Frau vor dem Thomas-Altar im rechten Seitenschiff. Für diesen Altar hatten sie das Retabel, einen Flügelaltar mit Gemälden von Albrecht Dürer und Matthias Grünewald, zwischen 1507 und 1510 anfertigen lassen und eine Mess-Stiftung eingerichtet. Jakob Heller starb 1522, seine Frau bereits 1518.

Die Eheleute Jakob Heller und Katharina Melem zählten nicht nur zu den reichsten Bürgern, sondern auch zu den größten Stiftern Frankfurts.

Das Testament Jakob Hellers von 1519 ist erhalten, es listet eine große Zahl von „frommen" Stiftungen für das Seelenheil des kinderlosen Stifterpaars auf. Beide zählten zu den größten Stiftern der Stadt am Vorabend der Reformation.

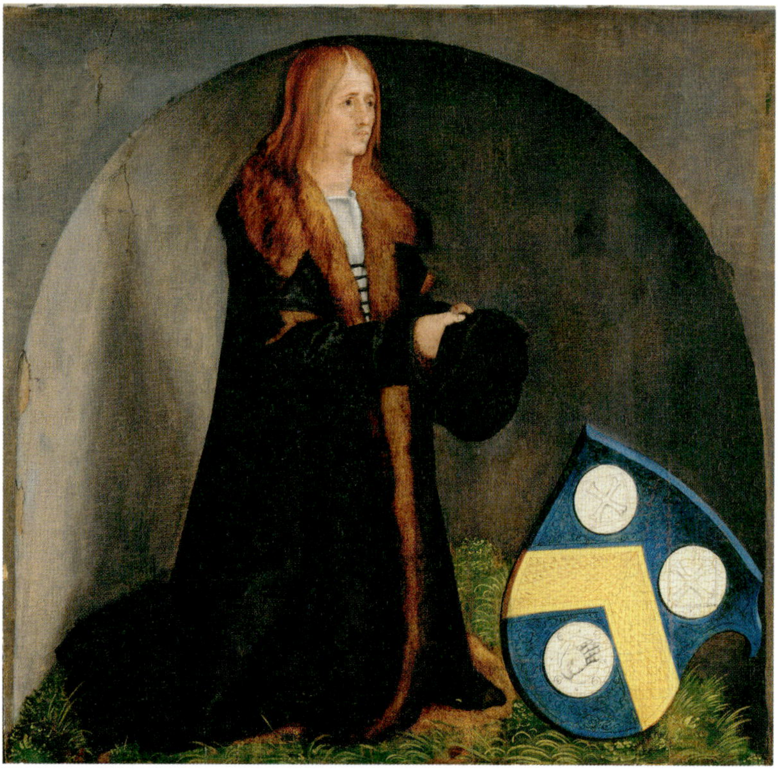

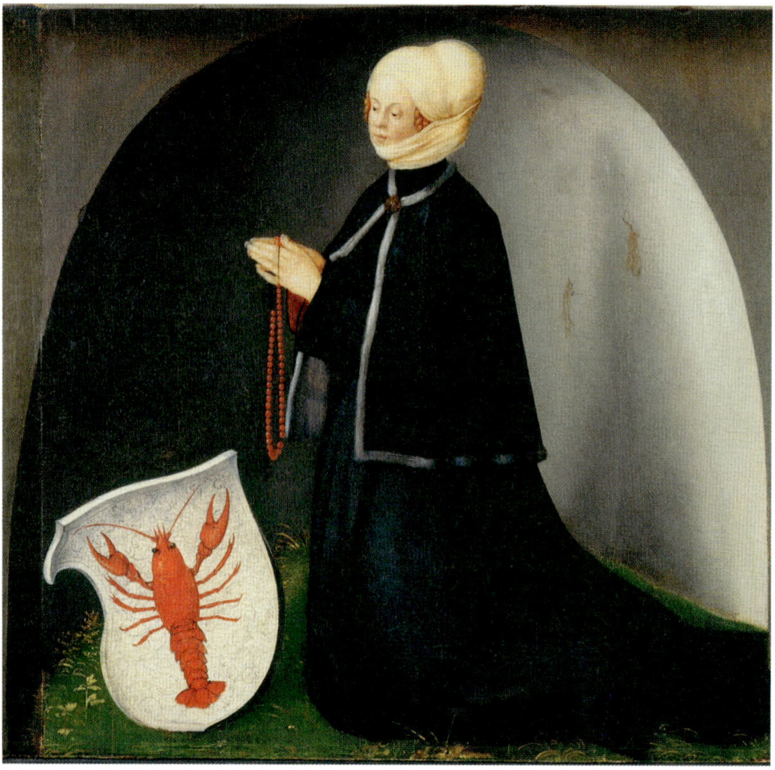

16 Wappenscheibe der Hellers

Linke Seite: Albrecht Dürer, Porträts der Stifter Jacob Heller und Katharina Melem vom Heller-Altar, untere Innenseiten des linken und rechten Flügels, um 1507, Öl auf Tanne, HMF.B0267 und HMF.B0269

Die Wappenscheibe hat vermutlich ein Fenster geschmückt, das sich in räumlicher Nähe zum Thomasaltar mit dem Stiftergrab befand. Ein mit einem weißen Priestergewand (Albe) bekleideter Engel mit rosa Flügeln hält zwei Wappenschilder: die Wappen des Jakob Heller in der Rechten des Engels (drei silberne Heller auf blauem Grund) und der Katharina Melem (roter Krebs auf silbernem Grund). Stilistisch hängt die Malerei der Scheibe mit einem Altar aus Nieder-Erlenbach von 1497 zusammen (im Hessischen Landesmuseum Darmstadt). Die Scheibe kam aus der Sammlung der Stadtbibliothek 1878 in das Historische Museum. *JG*

Wappenscheibe von Jakob Heller und Katharina Melem, Mittelrhein (Frankfurt ?), um 1505, Schwarz- und Braunlotmalerei auf Hüttenglas, Bleistege, Dm. 36 cm, HMF.X01469

Literatur: Beeh-Lustenberger 1965; Reichel 1978b

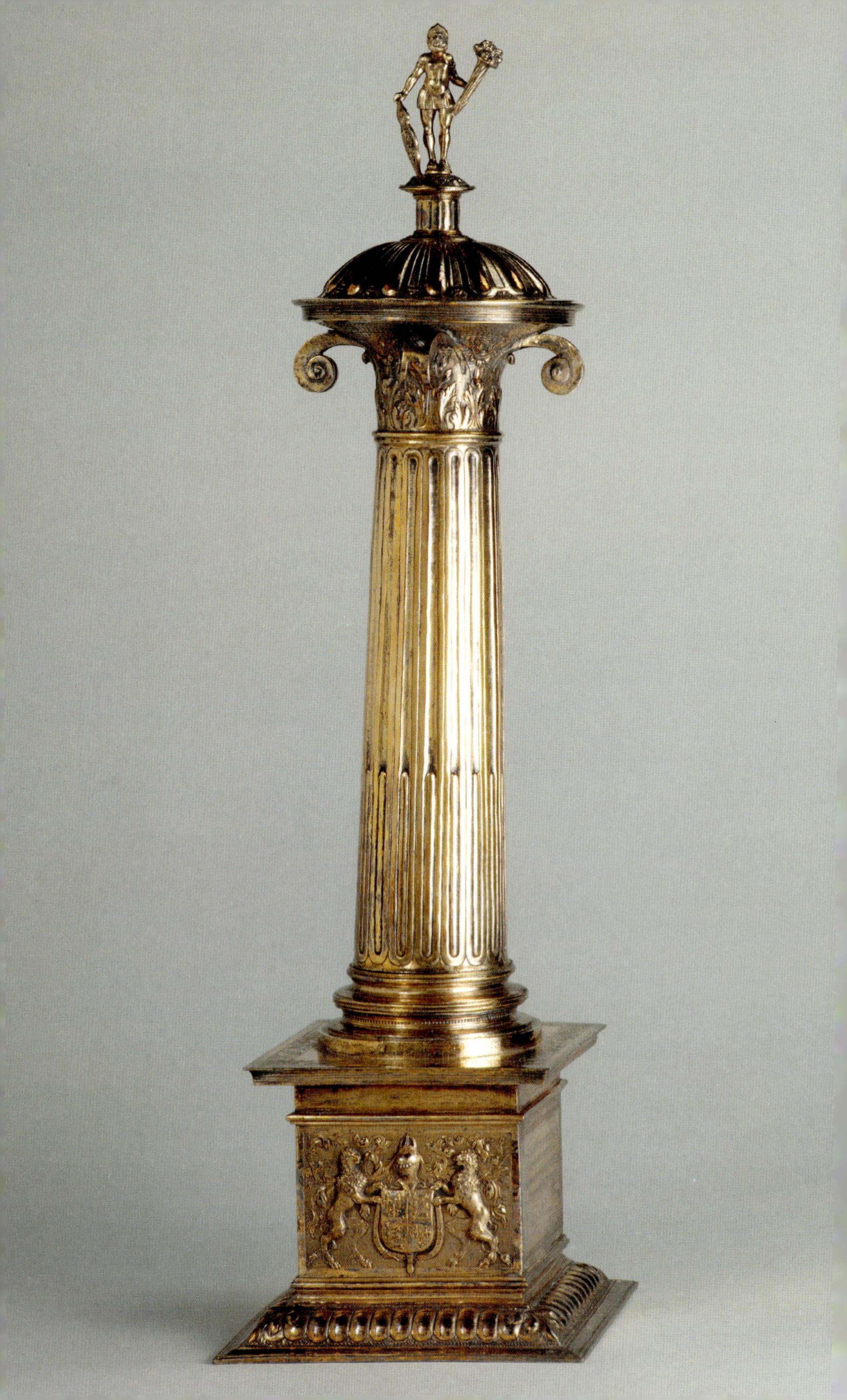

17
Englisches Monument

In den spanischen Niederlanden ansässige reformierte Flamen und Wallonen waren seit 1552 aus Glaubensgründen über den Kanal nach England geflohen. Dort bestieg 1553 die katholische Maria I. aus dem Hause Tudor den Thron und schickte sich an, ihr Land wieder zu katholisieren. Dabei schreckte sie vor grausamer Verfolgung der Protestanten nicht zurück. Ihre Regierung veranlasste zahlreiche englische Protestanten, zusammen mit ihren aus den spanischen Niederlanden vor den Verfolgungen der Habsburger nach England geflüchteten Glaubensgenossen auszuwandern.

Mit dem Prunkgefäß bedankten sich Glaubensflüchtlinge für die freundliche Aufnahme in Frankfurt.

Unter der Führung des Predigers Valérand Poullain kam im März 1554 eine Gruppe von 40 Menschen über Wesel und Köln nach Frankfurt. Poullain war ein Adeliger aus Lille, der an den Universitäten Bordeaux und Löwen studiert hatte und 1540 zum Priester geweiht worden war. Er und seine Begleiter wollten lieber ihre Heimat verlassen, als sich von der Religion abzuwenden. Die Flüchtlinge baten den Rat um Erlaubnis, sich in der Stadt niederlassen zu dürfen. Ihren Lebensunterhalt verdienten sie mit der Herstellung von Bursat, einem Baumwollmischgewebe. Sie boten an, den Frankfurter Bürgersöhnen die Bursatherstellung zu lehren. Frankfurt als Zufluchtsort wählten sie in erster Linie aus wirtschaftlichen Gründen, wegen des Gewerbes und der zwei Messen.

Die Glaubensvertriebenen, darunter auch eine Gruppe von Engländern, baten um die Zuweisung einer Kirche, um in ihrer Spra-

JOANNES CNOXVS.
Scotus

SCottorum primum te Ecclesia, CNOXE, docentem
Audijt, auspicijs estque reducta tuis.
Nam te cælestis pietas super omnia traxit.
Atque reformatæ Religionis amor.

Porträt von John Knox (1505–1572), Reformator Schottlands, 16. Jahrhundert, Kupferstich, HMF.C05144

che Gottesdienst halten zu können. Das Gesuch Poullains wurde vom Rat angenommen und den Religionsflüchtlingen die Kirche des aufgehobenen Weißfrauenklosters zugewiesen. In der Weißfrauenkirche hielten sie am 22. April 1554 ihren ersten Gottesdienst ab. Die eingewanderte Gemeinde bestand aus drei Sprachgemeinschaften, Engländern, Flamen und Wallonen. Doch sie bildeten eine einheitliche reformierte Gemeinde, für die Poullain bereits 1554 die erste reformierte Gemeindeordnung für Frankfurt drucken ließ.

Schon im folgenden Jahr kamen weitere 83 Wallonen und 14 Flamen nach Frankfurt. Unter den englischen Einwanderern befanden sich auch John Knox (1505–1572) und der gelehrte englische Prediger John Foxe (1516–1587). Foxe kehrte später über Basel 1559 nach England zurück. Sein wichtigstes Werk „Book of Martyrs", erschien 1563 und schildert die Reformationsgeschichte als Märtyrergeschichte.

Als 1558 in England nach dem Tod von Maria die Regierung der protestantischen Königin Elisabeth begann, konnte die englische Flüchtlingsgemeinde wieder in ihre Heimat zurückkehren. John Knox wurde nach seiner Rückkehr zum führenden Protagonisten der reformiert-presbyterianischen Schottischen Kirche.

Bei der Rückreise nach England beauftragten die Flüchtlinge in Antwerpen einen Goldschmied mit der Herstellung einer silbernen Kredenz. Es handelt sich um ein vollständig vergoldetes Trinkgefäß in Form einer ionischen Säule auf einem rechteckigen Podest. Die Basis ziert das Wappen des englischen Adelsgeschlechtes der Tudor, das von zwei Löwen gehalten wird. Die lateinische Inschrift auf den übrigen Sockelseiten lobt die „Humanitas", die Menschlichkeit der Stadt Frankfurt. Der Deckel in Form einer Kuppel ist abnehmbar. Auf ihm steht eine männliche Figur mit Füllhorn.

Eine Abordnung der zurückgekehrten Engländer überreichte dem Rat der Stadt Frankfurt am 21. März 1559 eine „vergulten credentz". Es war der Dank für den Schutz, welchen ihnen der Rat für mehrere Jahre gewährt hatte. Die Kredenz legte den Grundstock für die städtische Kunstsammlung, die der gelehrte Stadtbibliothekar Johann Martin Waldschmidt seit 1691 einrichtete. Ein Verzeichnis aus dem Jahr 1749 erwähnt unter No. 4 „das englische Monument", womit der Deckelpokal seinen bis heute gültigen Namen bekommen hat. *FB*

Prunkgefäß „Das Englische Monument", Antwerpen 1558–1559, vergoldetes Silber, H. 54 cm, B. 15 cm, T. 15 cm, HMF.X00041

Literatur: Berger 2014; Fischer 2005; Kat. Frankfurt 1994

18
Willkomm-Humpen

In Frankfurt gab es seit dem späten Mittelalter zwei Patriziergesellschaften: „Alten Limpurg" und „Frauenstein". Dort trafen sich die ältesten und wohlhabendsten Familien der Stadt. Dieser Becher war seit 1567 in der Trinkstube der Patriziergesellschaft Alten Limpurg bei der Aufnahme von neuen Mitgliedern wie Gästen in Gebrauch. Das Motto, das Hieronymus August von Holzhausen 1600 in den Becher einritzte, lautet dementsprechend: „DER WILKUM BIN ICH GENANT, GUTEN GESELLEN WOL BEKANNT."

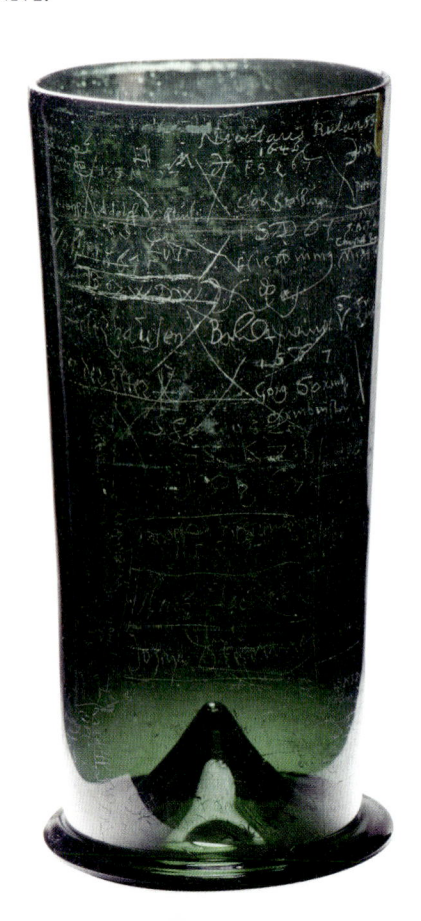

18 Willkomm-Humpen

Die Patriziergesellschaften bildeten die Führungsschicht in der spätmittelalterlichen und frühneuzeitlichen Stadtgesellschaft und waren im Stadtrat vertreten. Patrizier waren Angehörige der Bürgerfamilien, die als Kaufleute oder Amtsinhaber in der städtischen oder adeligen Verwaltung wohlhabend und einflussreich geworden waren. Die Patriziergesellschaften trafen sich in Trinkstuben, die in direkter Nähe zum Rathaus gelegen waren. Wie Kaufmannsgilden oder Zünfte hatten sie so ihren eigenen Raum für gesellige Treffen. Der Name des Hauses, in dem sich die Gesellschaften trafen, wurde im Laufe der Zeit auch zu ihrem Namen. In den Stuben wurde viel gefeiert: Empfänge für bedeutende Gäste, Familienfeiern der Mitglieder oder Fastnachtsbälle und Bankette – und auch die Aufnahme neuer Mitglieder.

Um aufgenommen zu werden, musste man das Frankfurter Bürgerrecht besitzen, angemessene verwandtschaftliche Verbindungen haben sowie einen standesgemäßen Lebenswandel führen. Männer wie Frauen waren zugelassen, allerdings hatten Frauen kein Stimmrecht.

Wer in die einflussreiche und alte Patriziergesellschaft „Alten Limpurg" aufgenommen werden wollte, musste das Glas in einem Zug austrinken.

Nach dem Trinken aus dem Willkomm-Humpen durften neue Mitglieder ihren Namen darauf verewigen. Es sind 62 Namen auf dem Becher verzeichnet, wovon die meisten aus dem Zeitraum von 1567 bis 1573 stammen. Da der Humpen 1,75 Liter fasst, war es nahezu unmöglich, den Becher in einem Zug zu leeren, wie es das Aufnahmeritual forderte.　　　　　　　　　　　　　　　　*DL*

Willkomm-Humpen, 1567, geblasenes Waldglas, Diamantritzungen, Dm. 11 cm, H. 24 cm, HMF.X17064

Literatur: Hansert 2000; Kat. Frankfurt 1994

19
Geburtszange

Geburtshilfe war seit jeher Frauensache: In Frankfurt kümmerten sich Hebammen um die Entbindung. Unterstützung erhielten sie von den sogenannten Beiläuferinnen, zumeist Anwärterinnen auf das Hebammenamt. Dazu kamen die „obristen Matronen" – Frauen aus den oberen Schichten –, die die Hebammen beraten, kontrollieren und in Streitfällen schlichten sollten. Dies geht aus der Verordnung hervor, die die Stadt von dem Arzt und Naturforscher Adam Lonicerus (1528–1586) 1578 anfertigen ließ. Im 17. Jahrhundert kam die Position der „geschworenen Frauen" hinzu, die medizinische Kenntnisse hatten und bei schwierigen Geburten helfen sollten. Sie erhielten von der Stadt eine Vergütung und mussten jederzeit und bei Gebärenden aller Religionen einsatzbereit sein. Festgelegt war, dass keine dieser Frauen Medizin verabreichen oder chirurgische Instrumente benutzen durfte – dazu musste ein Arzt herangezogen werden.

Aus der neu aufgelegten Hebammenverordnung von 1703 geht hervor, dass der Allgemeine Almosenkasten die Kontrolle über die Geburtshilfe in der Stadt übernommen hatte. Die städtische Organisation kümmerte sich nicht nur um Bedürftige, sondern auch um die Hebammen. Der jeweilige Kastenschreiber führte die Tauf-, Trauungs- und Totenbücher. Das erste Taufbuch verzeichnet ab 1533 die Geburten der Protestanten; Katholiken und Juden legten separate Kirchenregister an.

Seit dem 16. Jahrhundert regelten Verordnungen die Arbeit der Hebammen. Ab 1750 übernahmen zunehmend studierte Ärzte die Geburtshilfe.

Ab Mitte des 18. Jahrhunderts wurden Schwangerschaft und Geburt als Fach in der universitären Medizin etabliert. Da Frauen nicht studieren durften, waren sie von der Weiterqualifizierung ausgeschlossen. Der Hebammenberuf wurde abgewertet und Ärzte als Geburtshelfer zunehmend beliebter.

Der Aufspanner wurde zum Öffnen und Erweitern des Geburtskanals während der Entbindung verwendet. Durch das Drehen der Kurbel spreizten drei längliche Stäbe die Körperöffnung, damit das Kind aus dem Leib der Mutter gezogen werden konnte.

PS

Aufspanner zur Geburtshilfe, Frankfurt, 1586 – 1600, Eisen, H. 49 cm, B. 19 cm, T. 13 cm (maximal aufgespreizt), HMF.X16631

Literatur: Dittmar 1867; Kat. Frankfurt 1994; Kat. Frankfurt 1999

20
Stadtbotenzeichen

Die Boten der Frankfurter Stadtkanzlei trugen besondere Erkennungsmarken. Das Frankfurter Stadtbotenzeichen von 1602 hat sich erhalten. Es besteht aus einem silbernen herzförmigen Anhänger.

Die frühesten Informationen über das Frankfurter Botenwesen liefern die Botenbücher von 1381 bis 1550. In den Büchern ließen die Frankfurter Bürgermeister die zurückgelegten Botengänge zusammen mit dem Zweck des Auftrags und der dafür gezahlten Löhne aufzeichnen. Ein Ratsbeschluss von 1476 bestimmte, dass die Boten nicht nur für den Frankfurter Rat, sondern auch für die Bürgerschaft Nachrichten überbringen sollten. Der Frankfurter Chronist Lersner berichtete, dass die Boten eigene Stadtwohnungen hatten. Wenn der Bote für die Fahrstrecke der Post zu einer bestimmten Stadt (Postkurs) verantwortlich war, so hatte er an seinem Haus auf einer Tafel die aktuelle Postanzeige anzubringen, die über Abreise und Ankunft der Boten informierte. Die Botenordnung von 1638 legte die Besoldung sowie die Pflichten und Strafen im Falle einer Verletzung fest. Gegenüber dem Frankfurter Rat mussten die Postboten schwören, die Nachrichten der Stadt Frankfurt bei Tag und bei Nacht pünktlich, korrekt und verschwiegen zu überbringen.

Mit einem kostbaren Amtszeichen musste sich der Frankfurter Stadtbote in anderen Städten ausweisen.

Auf dem Botenzeichen mit der stark gewölbten Vorderseite hebt sich plastisch ein gekrönter Adler vom rot bemalten Hintergrund ab. Oben wird das Stadtbotenzeichen von der Abbildung einer Mauerkrone begrenzt. Der Anhänger ist durch zwei silberne Kettchen mit einem runden Silberknopf verbunden. Auf der Vorderseite ist er mit einer Löwenmarke und der Umschrift „FRANCKFVRT 1602" verziert. In die glatte Rückseite ist oben die Jahreszahl 1602 und eine Frankfurter Marke mit Meisterzeichen graviert. Zwei Haken dienen der Befestigung. Nach der Meistermarke ist das Abzeichen entweder von Paul Birckenholtz (Marken von 1589 und 1592) oder von Peter Bender (Marken von 1597) gefertigt worden. *FB*

Anhänger mit Kette, Paul Birckenholtz (1561 – 1634) oder Peter Bender (Meister 1597), Frankfurt 1602, Silber, Emaille, Anhänger H. 6,8 cm, B. 5,7 cm, Kette L. 18 cm, Knopf Dm. 3 cm, HMF.X02107

Literatur: Kat. Frankfurt 1991; Stahl 2004

21
Tobias und der Engel

Die Kunstgeschichtsschreibung hat sehr früh den besonderen Rang des Frankfurter Malers Adam Elsheimer (1578–1610) erkannt. Karel van Mander berichtet schon zu Elsheimers Lebzeiten, dieser sei erstaunlich geschickt beim Malen von selbst ersonnenen Themen auf kupfernen Tafeln. In der Folge schrieben auch die Frankfurter Joachim von Sandrart (1675), Hendrik Hüsgen (1790), Johann David Passavant (1847), Friedrich Gwinner (1862) und Heinrich Weizsäcker (1936) ausführlich über Leben und Schaffen des Künstlers und über den Einfluss seiner Werke auf zeitgenössische und nachfolgende Maler. Elsheimer hatte in Frankfurt bei Philipp Uffenbach gelernt, 1598 einige Zeit in Venedig verbracht und sich 1600 in Rom niedergelassen. Dort stand er in engem Kontakt zur niederländischen Malerkolonie und wurde Mitglied der römischen Künstlervereinigung, der Akademie des Heiligen Lukas. In Rom entstanden auch seine überwiegend kleinformatigen Gemälde mit religiösen und mythologischen Themen und idealisierten Landschaftsdarstellungen.

> „dahero in ganz Rom von nichts dann von Elsheimers neu-erfundener Kunst im Mahlen geredt worden"
> (J. v. Sandrart, 1675)

Elsheimer wusste seinen Gemälden eine allseits gerühmte poetische Stimmung zu verleihen, die besonders in den Nachtstücken wirksam wird, in denen Mondlicht oder künstliches Licht die Szenen beleuchtet. In seinem schon von Sandrart ausführlich beschriebenen „Tobias und der Engel" erzählt Elsheimer die biblische Geschichte des jungen Tobias, der mit seinen

Hendrik Goudt nach Adam Elsheimer: Tobias und der Engel, 1608, Kupferstich und Radierung

Eltern in der assyrischen Verbannung lebte und von seinem Vater zu Verwandten um Hilfe geschickt wurde. Auf seiner Wanderung stand ihm der Erzengel Raphael bei und riet ihm, aus den Innereien eines gefangenen Fisches die Medizin zur Heilung des blinden Vaters zu gewinnen.

Elsheimers Gemälde wurden schon zu seinen Lebzeiten von fürstlichen und bürgerlichen Sammlern begehrt und in Kopien und Kupferstichen verbreitet. Goethe etwa schrieb 1778 an den Darmstädter Kriegsrat Johann Heinrich Merck (1741–1791): „Solltest du einige von denen Goudts nach Elsheimer erwischen können, so kauf sie. Ubrigens aber nichts als dezidierte Meisterstücke." Heute hängen Elsheimers Werke in allen großen Gemäldegalerien der Welt. *WPC*

Tobias und der Engel, Adam Elsheimer (1578–1610), Rom, um 1607/1608, Ölmalerei auf Kupfer, B. 19 cm, H. 12,1 cm, HMF.B0789

Literatur: Andrews 1985; Klessmann 2006; Seifert 2012

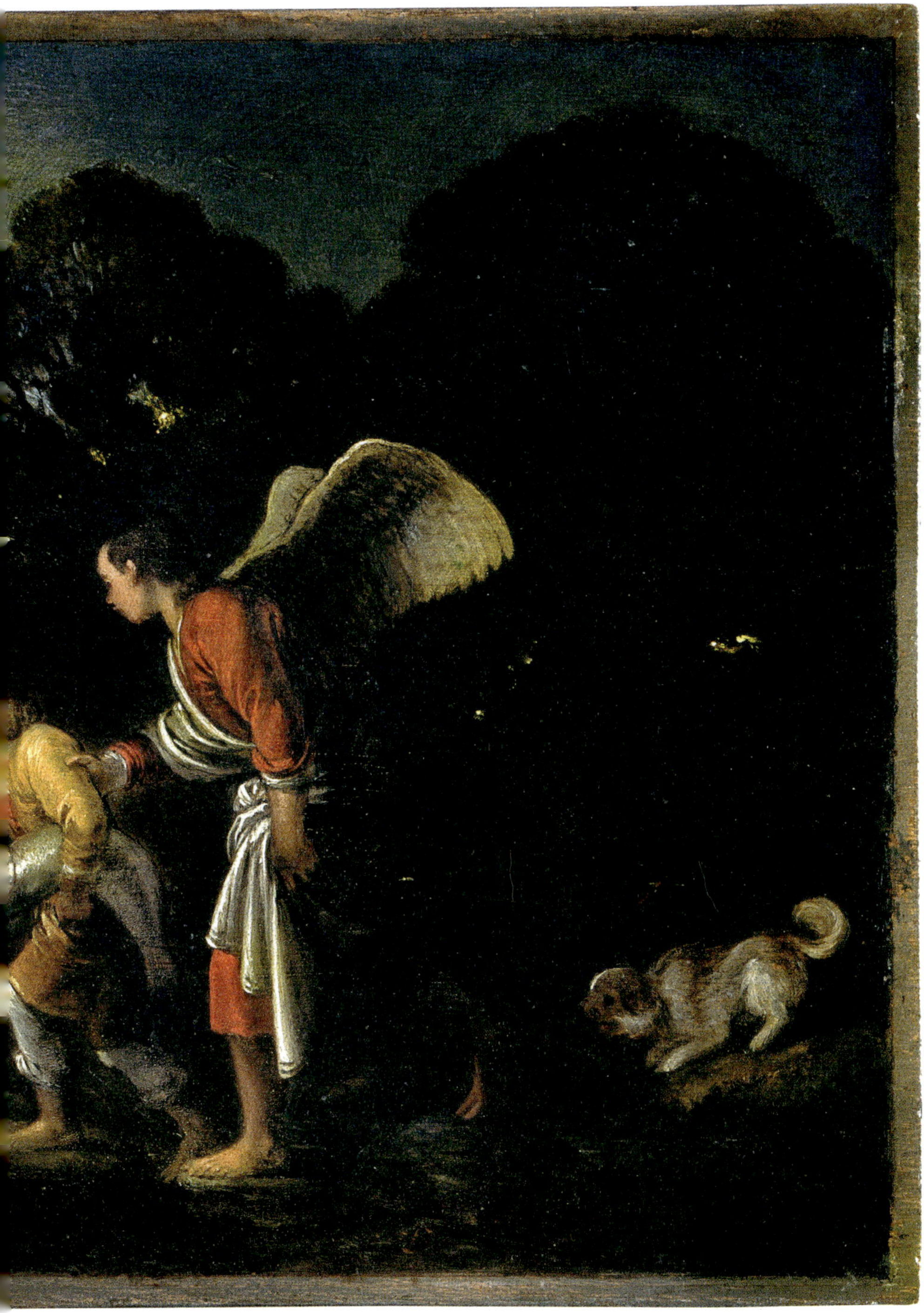

Anno·1474· ward das kindlein Simon von Trent zů vahrn von Juden hiebracht

22
Schandbild

Die auf der Glasscheibe dargestellten Personen werden bei unterschiedlichen, unappetitlichen Handlungen gezeigt – ausgerechnet an einem Schwein, das im Judentum als unrein gilt. Angetrieben werden sie dabei vom Teufel selbst.
Das Bild der „Judensau" wurde häufig an oder in Kirchen, aber auch im öffentlichen Raum angebracht und seit Erfindung des Buchdrucks auch auf Flugblätter gedruckt, um damit das Judentum als schmutzig und lächerlich herabzusetzen.

Die seit dem Mittelalter im ganzen deutschsprachigen Raum verbreitete Darstellung der „Judensau" machte Juden mit allen erdenklichen Mitteln schlecht.

In Frankfurt wurde die Darstellung vermutlich Anfang des 16. Jahrhunderts als Wandbild am nördlichen Turm der Alten Brücke angebracht. Auftraggeber war wahrscheinlich der Rat der Stadt. Es wurde bis ins 18. Jahrhundert immer wieder erneuert. Aufgrund von Protesten der jüdischen Gemeinde wurde es aber auch zeitweise zugehängt. Gerade in Zeiten der Messe oder bei Kaiserwahlen befürchtete man, dass die Darstellung antijüdische Gewalt auslösen könnte.

Das hier gezeigte Glasgemälde war sicher gut sichtbar in das Fenster eines Bürgerhauses eingesetzt. Die gezeigten Personen sind an ihrer „Judentracht" und dem gelben Ring auf ihrer Kleidung als Juden zu erkennen. Die Inschrift bedeutet: „Im Jahre 1474 wurde das zweieinhalbjährige Kindlein Simon von Trient von Juden umgebracht". Sie und der gefesselte Leichnam eines

100 ＊ Frankfurt

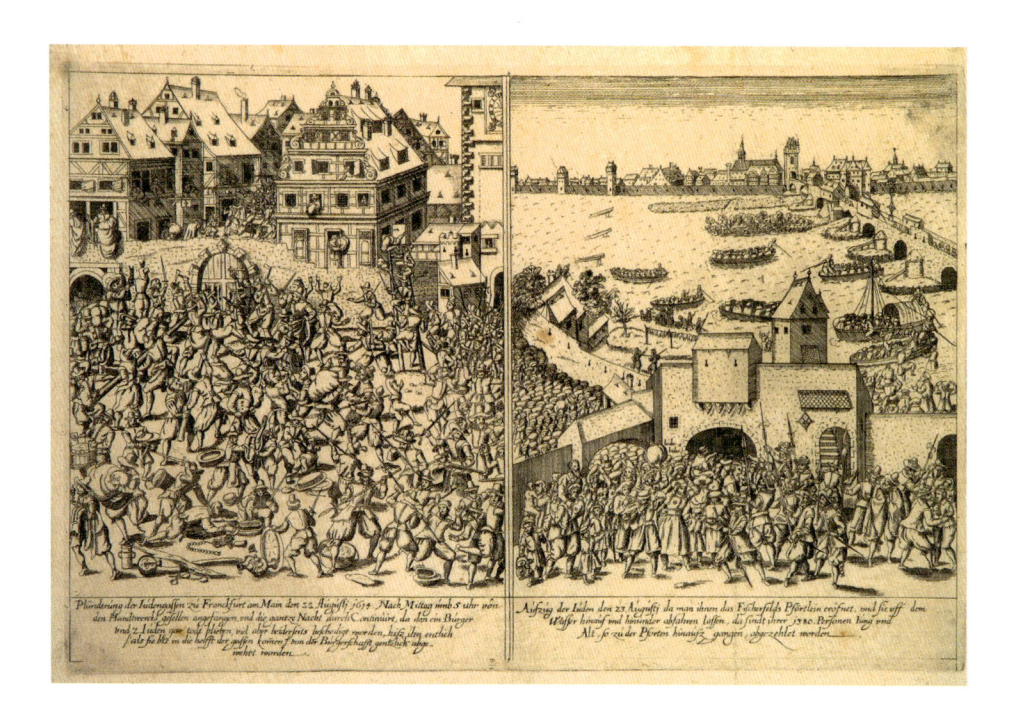

Plünderung der Judengasse beim Fettmilchaufstand, 1614, Frankfurt 1616, Kupferstich, HMF.C00373a

Kleinkindes stellen einen Zusammenhang zu einer weitverbreiteten antijüdischen Ritualmord-Legende her.

Die Entstehung des Glasgemäldes fällt in eine Zeit der Bedrohung für die Frankfurter Juden. Eine Auseinandersetzung zwischen Rat und Zünften gipfelte 1612 im „Fettmilch-Aufstand", in dessen Verlauf unter Führung des Lebkuchenbäckers Vincenz Fettmilch die Judengasse geplündert und ihre Bewohner vertrieben wurden. Am Ende griff Kaiser Matthias ein und sorgte für die Rückkehr der Juden in ihren Wohnbezirk. AG

Das Schandbild der sogenannten Frankfurter Judensau, Frankfurt, erstes Viertel des 17. Jahrhunderts, Glasmalerei auf Hüttenglas, Bleirute, Dm. 10,5 cm, HMF.X01628

Literatur: Benz 2010

23

Richtschwert

Das Schwert ist schon an seiner Form als Richtschwert zu erkennen: ein beidhändig zu führendes Schwert mit breiter und flacher Klinge, die in einer abgerundeten Spitze endet. Auf die Klinge gravierte Sinnsprüche sind typisch für diese Henkerswerkzeuge. Vorne steht „Die Herren steuern dem Unheil, ich exequir ihr Urdheil" („Die Herren steuern das Unheil, ich führe ihr Urteil aus") und auf der Rückseite „Wan ich das Schwert dun aufheben so wünsche ich dem armen Sünder das ewige Leben" („Wenn ich das Schwert aufhebe, so wünsche ich dem armen Sünder das ewige Leben"). Zwar ist die rückseitige Inschrift nicht vollständig lesbar, aber ein Vergleich mit anderen Richtschwertern ermöglicht die Ergänzung des Wortes „Leben". Die Inschrift verweist darauf, dass der Scharfrichter lediglich ein rechtskräftiges Urteil vollstreckt. Der Rat der Stadt nutzte das Schwert für Hinrichtungen durch Enthauptung. Seit dem Mittelalter war sie die gängigste Hinrichtungsart, im 19. Jahrhundert wurde das Schwert durch das Handbeil und das Fallbeil abgelöst. Bei der Hinrichtung kam es auf Kraft und Technik des Scharfrichters und die Schärfe des Schwertes an, um eine korrekte Enthauptung sicherzustellen.

Tod durch das Schwert: Hinrichtungen wurden bis zum 19. Jahrhundert mit dem Richtschwert ausgeführt.

Manche Verurteilten erlangten eine traurige Berühmtheit, wie die Frankfurter Dienstmagd Susanna Margaretha Brandt, die 1772 vor der Hauptwache mit einem Richtschwert hingerichtet wurde. Sie war für den Mord an ihrem neugeborenen Kind zum

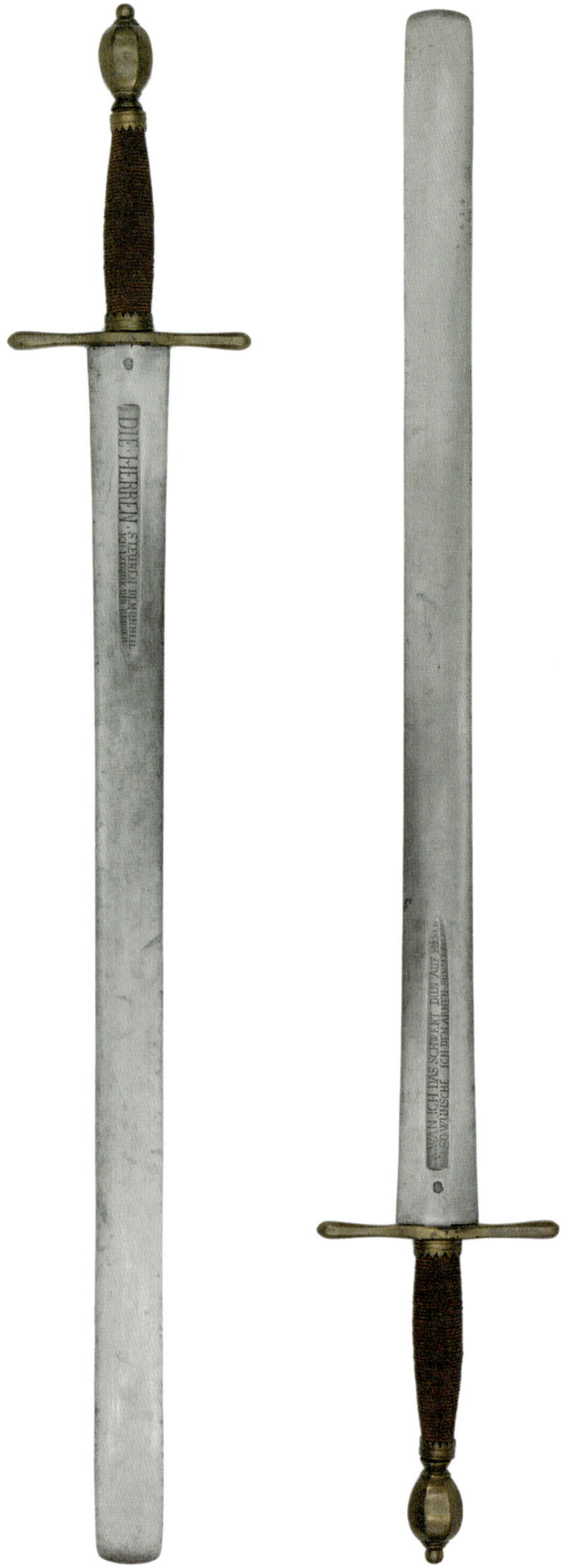
DIE HERREN . STEUREN
WAN ICH DAS SCHWERT

23 Richtschwert

Tode verurteilt worden. Ihre Geschichte wurde von Johann Wolfgang Goethe in der Figur des Gretchens in „Faust" verarbeitet. Hinrichtungen wurden an dafür vorgesehenen Orten öffentlich vollzogen. Oft sind diese Orte auch heute noch anhand ihrer Namen zu erkennen, wie die Straße „Am Galgenberg" in Bornheim. In Frankfurt fand die letzte öffentliche Hinrichtung im Jahr 1799 statt.

Das Richtschwert kam im Jahr 1878 in den Besitz des Museums und stammt aus dem 17. Jahrhundert. *AMF*

Richtschwert, 17. Jahrhundert, Stahl, Holz, Metall, L. 111 cm, HMF.X05438

Literatur: Kühn 1969; Schild 1997; Wagner/Failing 2010

24

Brautgürtel

Im Judentum spielt die Heirat zwischen Mann und Frau traditionell eine große Rolle. Denn nur mit dem/der richtigen Partner/in an der Seite ist man überhaupt ein vollständiger Mensch! Die Eheschließung und das dazugehörige Fest waren stets von vielen Ritualen geprägt. Einige davon haben sich bis in die Gegenwart erhalten und werden auch von nicht-religiösen Paaren

24 Brautgürtel

gern gepflegt. Bekannt sind das Heiraten unter einem Baldachin als Symbol für das gemeinsame Dach oder das Zertreten eines Glases, das auch im Moment größter Freude an den zerstörten Tempel in Jerusalem erinnern soll.

Seit dem Mittelalter ist es üblich, dass sich Braut und Bräutigam gegenseitig Geschenke machen. Im deutschsprachigen Raum entwickelten jüdische Paare den Brauch, sich am Vorabend der Eheschließung gegenseitig Gürtel zu schicken. Die oft aufwendig gefertigten Stücke trugen die Eheleute dann ausschließlich am Tag ihrer Trauung. Die speziellen Ösen am Gürtel wurden dabei vom Brautpaar zum Abschluss der Zeremonie als Zeichen ihrer ewigen Verbundenheit ineinander verhakt. Der hier gezeigte Gürtel stammt aus dem späten 17. Jahrhundert und wurde vom Silberschmied Peter de Mont gefertigt.

Im Tanzhaus der jüdischen Gemeinde in der Judengasse wurden große Feste und Familienfeiern begangen.

Der Brautgürtel aus Baden wurde 1907 vom Verein für das Historische Museum in die Sammlung übernommen. Der Verein sammelte schon seit seiner Gründung im 19. Jahrhundert ganz selbstverständlich auch jüdische Ritualgegenstände, Alltagsgegenstände aus der Judengasse sowie Dokumente und Abbildungen historischer Ereignisse zur jüdischen Geschichte in Frankfurt. Die Judaica-Sammlungen der Stadtbibliothek und des Historischen Museums waren in der Fachwelt geschätzt. Als im Jahr 1922 das Museum Jüdischer Altertümer in der Fahrgasse eröffnet wurde, stellte das Historische Museum zahlreiche Gegenstände als Dauerleihgaben zur Verfügung. *AG*

Jüdischer Brautgürtel, Peter de Mont, Kuppenheim, 1658–1678, getriebenes Silber, Dm. 40 cm, HMF.X22783.Lg

Literatur: Kat. München 2013

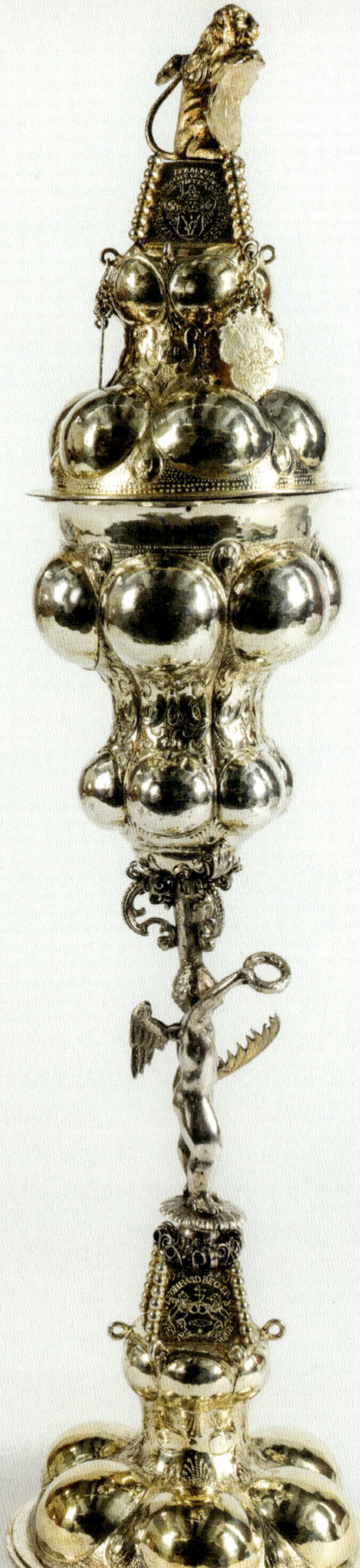

25

Bäckerpokal

Seit dem 15. Jahrhundert gab es feste Regeln für den Brauch des geselligen Trinkens bei den in Zünften zusammengeschlossenen Handwerkern. Zunächst wurde der Pokal den zu ehrenden Gästen gereicht. Dann tranken aus ihm der von der Lehrzeit freigesprochene Auszubildende, der neu eingeschriebene Geselle oder der neu aufgenommene Meister. Schließlich wurde der Pokal umhergereicht. Bei Umzügen wurde der Willkommpokal der Zunftlade vorausgetragen. Die Zunft bewahrte ihn in der Zunftstube auf.

Das gesellige Trinken spielte seit dem Mittelalter bei den Zünften eine große Rolle; es stärkte den Zusammenhalt der Zunftbrüder.

Größe und Material des Pokals demonstrierten Ansehen und Wohlstand der jeweiligen Zunft. Die wohlhabende und angesehene Frankfurter Bäckerzunft hatte Pokale aus vergoldetem Silber. Um den Pokal aufzuwerten, stifteten Gesellen und Meister bei besonderen Anlässen silberne Anhänger, die mit ihren Wappen und Namen bezeichnet waren.

Für den Willkommpokal der Frankfurter Bäckerzunft stifteten die Frankfurter Bäckergesellen am 5. Juli 1688 einen neuen Deckel. Das belegt die umlaufende Inschrift am Rand des Deckels. „DATO. DEN 5. IULLI 1688. IST. AUF. BEFEHL. DER. OBIGEN. H. DEPUTIRTEN. UND. GESCHWORN: ALS: BEISITZER. DENEN: LÖBLICHEN BECKER: GESELLSEN. IN. FRANCKFURT/ZU: EHREN. DISER. DEKEL. NEI. GEMACHT. UND. VERMEHRET: WORDEN. GOTT. ALLEIN: DIE: EHRE. UND. SONST NIMAND. MEHRE."

100 * Frankfurt

Willkomm der Frankfurter Bäcker, Nürnberg/ Frankfurt 1608/1688, Deckel mit Löwe

Weitere Wappen und Namen von Geschworenen und Ratsmitgliedern der Bäckerzunft aus den Jahren 1688 und 1702 befinden sich am Deckel und Fuß des Pokals sowie auf mehreren Anhängern. Diese entstanden anlässlich der Freisprechung und Aufnahme in die Zunft, der Ernennung zum Geschworenen oder Berufung in den Frankfurter Rat.

Bei dem Trinkgefäß handelt es sich um einen Nürnberger Buckelpokal. Der Deckel ist bekrönt mit einem sitzenden Löwen mit dem Wappen der Frankfurter Bäckerzunft. Den Schaft des Pokals bildet ein stehender Putto, eine nackte Kindergestalt mit Flügeln, Lorbeerkranz und Palme. PS

Willkomm der Frankfurter Bäcker, Pokal: Heinrich Straub, Nürnberg, 1608, Deckel: Johann Peter Bernoulli, Frankfurt, 1688, vergoldetes Silber, H. 59 cm, Dm (unten) 15 cm, HMF.X04579a

Literatur: Kat. Frankfurt 1995

26
Frankfurter Schrank

Als „Frankfurter Schrank" werden verschiedene Typen hoher, zweitüriger Barockschränke bezeichnet, die der Aufbewahrung von Kleidung und Wäsche dienten. Der Begriff, der fest in der europäischen Möbelgeschichte verankert ist, kann sich sowohl auf einen Säulenschrank wie einen Pilasterschrank, einen Wellenschrank, einen Nasenschrank oder Stollenschrank beziehen, obwohl diese Schranktypen ganz unterschiedlich gestaltet sind. Die Stücke mit Gliederungselementen in Form von Säulen oder Pilastern orientierten sich noch stark an einer architektonischen Formensprache, die den Möbelbau noch bis kurz vor 1700 dominierte. Bei den Wellenschränken ist die Oberfläche in einem aufwändigen Verfahren zu einer Struktur aus Wulsten und Kehlen ausgearbeitet, so dass eine Wellenform entsteht. Der hier präsentierte Ecknasenschranktyp ist eine Sonderform des Wellenschranks mit einem stark vorstehenden Eckwulst. Ein Ableger des Wellenschranks ist der Stollenschrank mit einem Unterbau, auf den der Schrankkorpus aufgelagert ist.

Schöner Wohnen. Das Frankfurter Trendmöbel des 18. Jahrhunderts.

Im Vergleich zu den älteren Möbelformen sind die Frankfurter Schränke mit weniger Verzierungen ausgestattet; im Fall der Wellen- und Nasenschränke sogar komplett ohne Ornamente gearbeitet worden. Dies entsprach der neuen Stilrichtung im Hochbarock. Erneut ist die Architektur vorbildgebend, die statt der planen Fassadenstrukturen nun dynamisch geschwungene Oberflächen zeigt. Das Hauptaugenmerk beim Möbelbau gilt

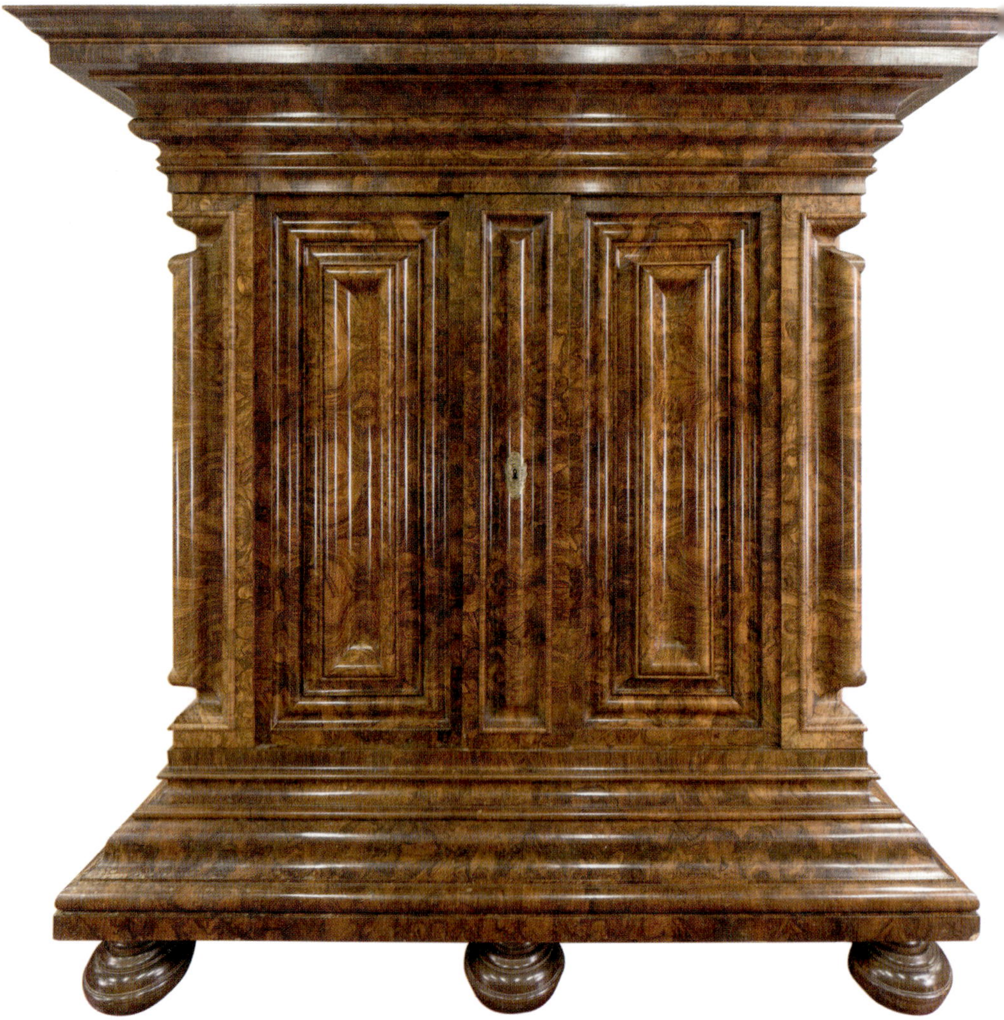

nun der Holzoberfläche aus dem edlen Nussbaumholz, dessen Wirkung durch einen auf Glanz polierten Lackauftrag noch gesteigert wird. Das Nussbaumholz besticht durch seine dynamische, differenzierte Binnenstruktur, die letztlich jede zusätzliche Verzierung überflüssig erscheinen lässt. In einem aufwändigen Prozess wurden dünne Platten (Furnier) des wertvollen Nussbaumholzes in einer Stärke von drei bis vier Millimetern auf ein günstigeres Trägerholz (Blindholz), das bei den Frankfurter Schränken aus Fichtenholz besteht, aufgeleimt. Viel Erfahrung und Geschick waren erforderlich, damit die dünnen Holzplatten fugenlos, ohne Leimwülste, eine einheitliche Maserstruktur ergaben. Das in Frankfurt verarbeitete Nussbaumholz stammt zumeist aus dem Odenwald und dem Spessart.

Die über zwei Meter hohen und über zwei Meter breiten Frankfurter Schränke beanspruchten Platz. Sie konnten selbst in den großen Patrizierhäusern meist nur in den hohen Eingangsräumen und Dielen aufgestellt werden.

Bis heute kann die Forschung keine sichere Auskunft darüber geben, ob dieser Schranktyp tatsächlich in Frankfurt erfunden wurde. Varianten des Frankfurter Schranks sind in größerer Anzahl in benachbarten Regionen zu finden, wie Sachsen und Thüringen, aber auch in der Schweiz. Im Verlauf des 18. Jahrhunderts wird die Bezeichnung Frankfurter Schrank zu einer Typenbestimmung, die jedoch keine Rückschlüsse auf den Entstehungsort gestattet. *MCH*

Frankfurter Ecknasenschrank, um 1720, Nussbaum (Maserfurnier), Fichte (Trägerholz), Eisen, Messing (Beschläge), HMF.X28138

Literatur: Kreisel 1968; Lutz 2010; Zinnkann 1999

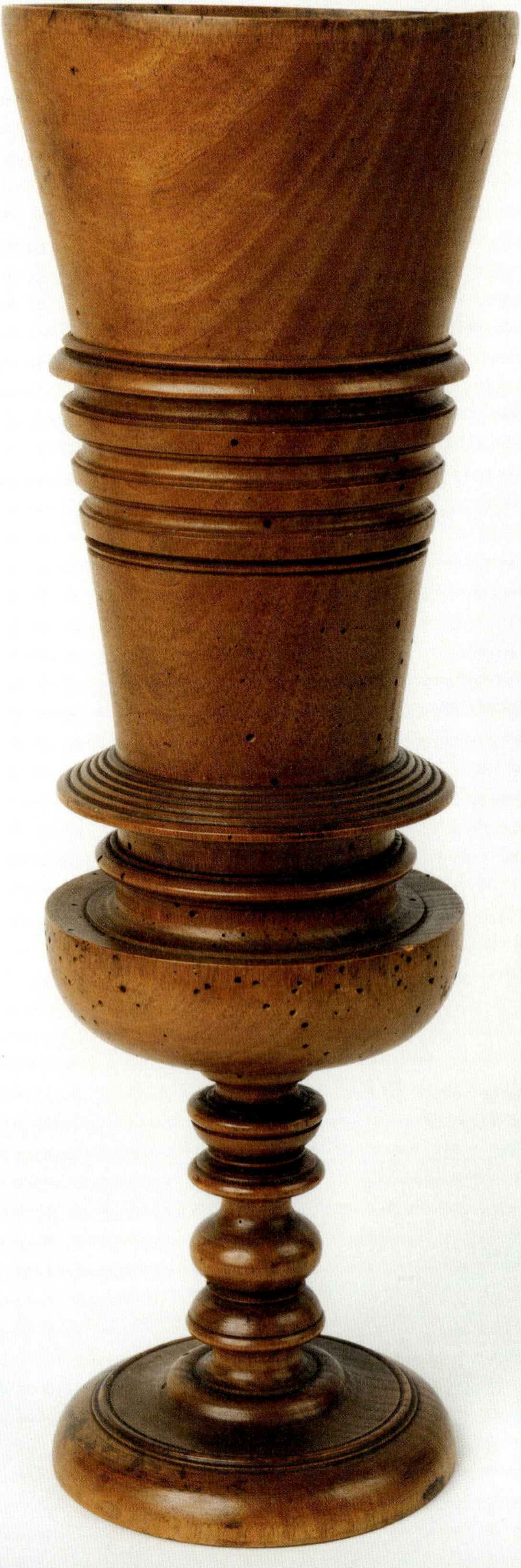

27
Pfeifergerichtsbecher

Das Pfeifergericht geht auf die kaiserliche Zollbefreiung der Städte Worms, Nürnberg und Alt-Bamberg auf dem Weg zur Frankfurter Herbstmesse zurück. Jedes Jahr ließen sich die Abgeordneten der drei Städte von dem Frankfurter Schultheißen, der als kaiserlicher Stellvertreter für die Gerichtsbarkeit und Steuereinnahmen verantwortlich war, das Privileg bestätigen. Die früheste Erwähnung stammt aus dem Jahre 1380. Das Ritual wurde bis 1802 beibehalten.

Ein kaiserliches Privileg befreite Waren, die zur Herbstmesse eingeführt wurden, vom Zoll. Das Pfeifergericht stellte dies in einem Rechtsbrauch dar.

Unter Begleitung der Nürnberger Stadtpfeifer zogen die Vertreter der drei Städte in den Kaisersaal und überreichten dem Stadtschultheißen jeweils in einem gedrechselten Holzbecher ein Pfund Pfeffer, ein Paar Handschuhe, ein Stäbchen und Geldgeschenke. Nach der Bestätigung der Zollfreiheit zogen die drei Gesandten unter Marschmusik ab.

Die Melodien der drei Pfeifergerichtsmärsche, die auf einer Posaune, Schalmei und Pommer geblasen wurden, sind überliefert. In der Museumssammlung befindet sich eine Altpommer – dabei handelt es sich um ein Holzblasinstrument mit Doppelrohrblatt und konischer Bohrung – von 1767 sowie eine Tenorposaune von 1797, die den Nürnberger Stadtpfeifern gehörten.

Im Museum werden gleich drei Pfeifergerichtsbecher der vom Frankfurter Zoll befreiten Handelsstädte aufbewahrt: die Becher

*Johann David Gerhard:
Das Pfeifergericht im Römer
1739, Druckgrafik,
HMF.C01660*

aus Alt-Bamberg von 1655, aus Worms von 1698 und aus Nürnberg von 1701. Die Übergabe von Geschenken für die Verleihung von besonderen Rechten war ein im Mittelalter üblicher Brauch. Der mit einem Pfund Pfeffer gefüllte Pokal symbolisierte die Bezahlung des jährlich zu erneuernden Zollprivilegs und die weißbestickten Lederhandschuhe die Anerkennung des Kaisers oder seines Stellvertreters als Zollherrn. Der Gerichtsstab verweist auf richterliche Funktionen. Goethe beschreibt in „Dichtung und Wahrheit" (1,1) ausführlich das Pfeifergericht, denn sein Großvater Johann Wolfgang Textor saß als Frankfurter Stadtschultheiß auch dem Gericht vor. Als Kind war Goethe von der Zeremonie begeistert: „Wir Kinder waren bei diesem Feste besonders interessiert, weil es uns nicht wenig schmeichelte, unsern Großvater an einer so ehrenvollen Stelle zu sehen, und weil wir gewöhnlich noch selbigen Tag ihn ganz bescheiden zu besuchen pflegten, um, wenn die Großmutter den Pfeffer in ihre Gewürzladen geschüttet hätte, einen Becher und Stäbchen, ein paar Handschuh oder einen alten Räder-Albus zu erhaschen."

PS

Pfeifergerichtsbecher, Nürnberg, 1701, gedrechseltes Kirschbaum (?), Dm. 13 cm, H. 35 cm, HMF.X28284

Literatur: Fries 1952; Heym 1971; Kat. Frankfurt 1991/2, 3; Kat. Frankfurt 1999

28
Medaille zum Brand in der Judengasse

An einem Mittwochabend, dem 14. Januar 1711, brach im Haus des Rabbiners Naphtali Cohen ein verheerendes Feuer aus, das sich schnell über die gesamte Judengasse ausbreitete. Aus der Frankfurter Bevölkerung jenseits der Mauern eilten zwar Helfer zum Löschen herbei, doch die Bewohner der Judengasse hielten aus berechtigter Angst vor Angriffen und Plünderung die Zugangstore zunächst verschlossen. Am Tag darauf stand von den etwa 200 Fachwerkhäusern nur noch ein einziges. Vier Menschen waren in den Flammen umgekommen. Die meisten hatten all ihren Besitz verloren, wertvolle religiöse Schriften waren in Rauch aufgegangen.

Das Feuer von 1711 in der Judengasse war eine der größten Brandkatastrophen in Frankfurt.

Die Judengasse war seit 1462 für über 300 Jahre der einzige Bezirk, in dem sich Juden in Frankfurt ansiedeln durften. Trotz zahlreicher rechtlicher Einschränkungen entwickelte sich in der schmalen Gasse entlang der alten Stadtmauer eines der bedeutendsten Zentren jüdischen Lebens in Europa. Zum Zeitpunkt des Feuers lebten fast 3.000 Menschen in dem Areal. Da der städtische Rat nur geringfügige Erweiterungen erlaubte, war die Gas-

Rechte Seite: Stadtplan von Frankfurt am Main, Mattias Merian d. J., 3. Ausgabe (4. Zustand) 1682, mit Ausschnitt der Judengasse, HMF.C10942

se dicht bebaut mit Häusern und Hinterhäusern – im Brandfall verheerend.

Obwohl in anderen Städten zu dieser Zeit der Ghettozwang bereits nach und nach abgeschafft wurde, ließ der Frankfurter Rat die Judengasse wiederaufbauen – unter strengen Bauvorschriften. Erst ab 1796, nach dem Einmarsch napoleonischer Truppen in Frankfurt, durften sich Juden überall in der Stadt niederlassen. Die jüdischen Familien, die es sich leisten konnten, lebten übergangsweise während des Wiederaufbaus bei ihren christlichen Nachbarn zur Untermiete. Weniger Wohlhabende zogen in die umliegenden Kleinstädte wie Offenbach, Hanau oder Rödelheim. Juden ohne Bleiberecht wurden vom Rat ausgewiesen.

Bei den Zeitgenossen hatte der „große Judenbrand" einen starken Eindruck hinterlassen. Es entstanden Lieder, Bußgebete, Gemälde und Gedenkmünzen, wie die des Medailleurs Christian Wermuth aus Gotha. Sie zeigt eine Familie mit zwei Kindern. Die Arme vor Verzweiflung hochgerissen, steht sie vor den brennenden Resten eines Hauses. Für die jüdische Gemeinde folgte eine Zeit fast völliger Verarmung und Schwermut. Der Gemeindevorstand forderte strenge Askese: Für 14 Jahre wurden alle Spiele (außer Schach) und das Aufführen von Theaterstücken verboten. Der Tag des Brandes wurde zum Buß- und Fasttag erklärt. *AG*

Medaille auf die große Feuerbrunst in der Judengasse, Christian Wermuth (1661–1739), Gotha, 1711, Silber, Dm. 4,4 cm, HMF.MJF0612

Literatur: Backhaus u. a. 2016; Kat. Frankfurt 2016

Tuna plan

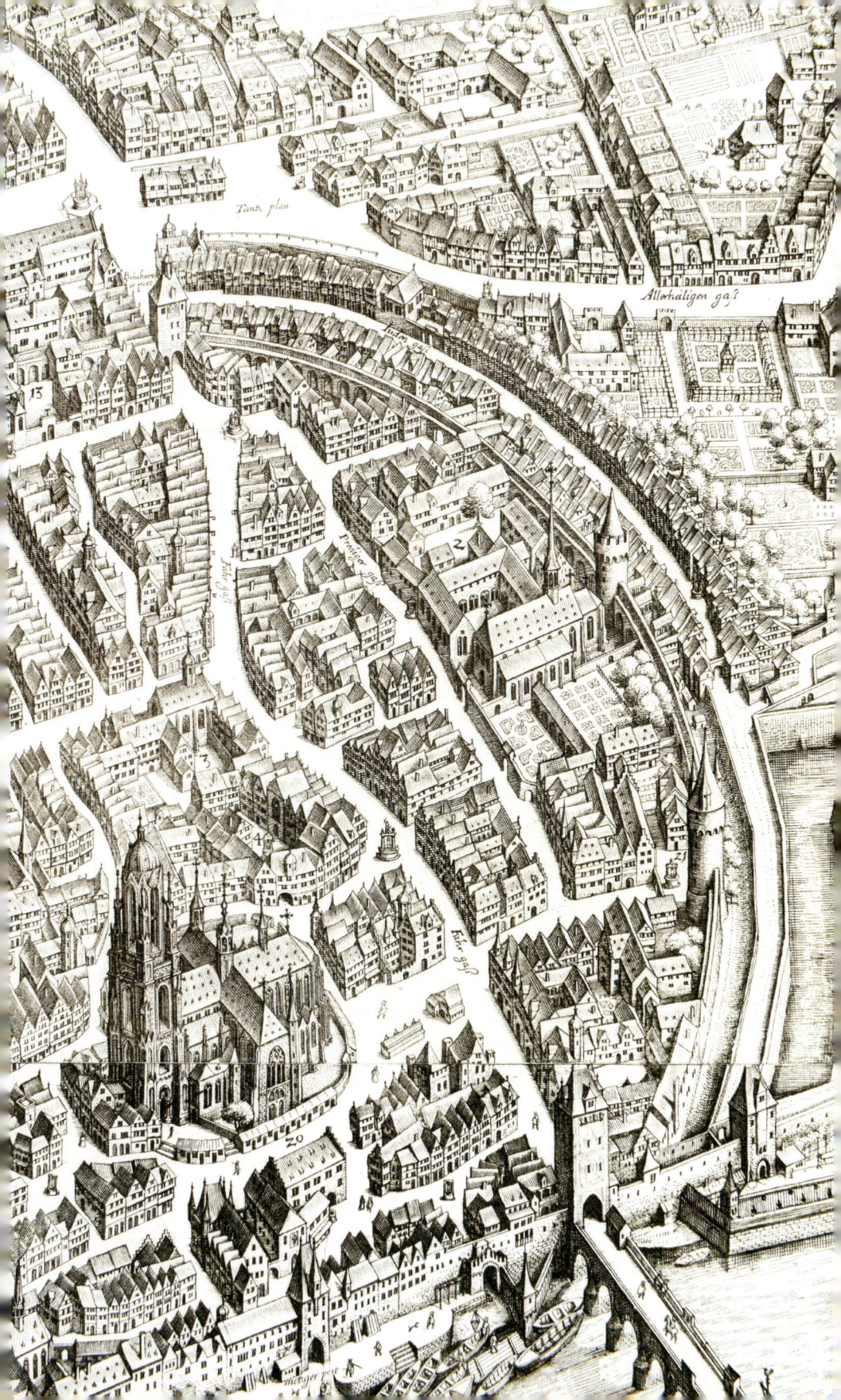

Bernhauser port

Allerhaligen gaß

13

Pfister gaß

Lehr gaß

3

4

Fahr gaß

20

Metzger

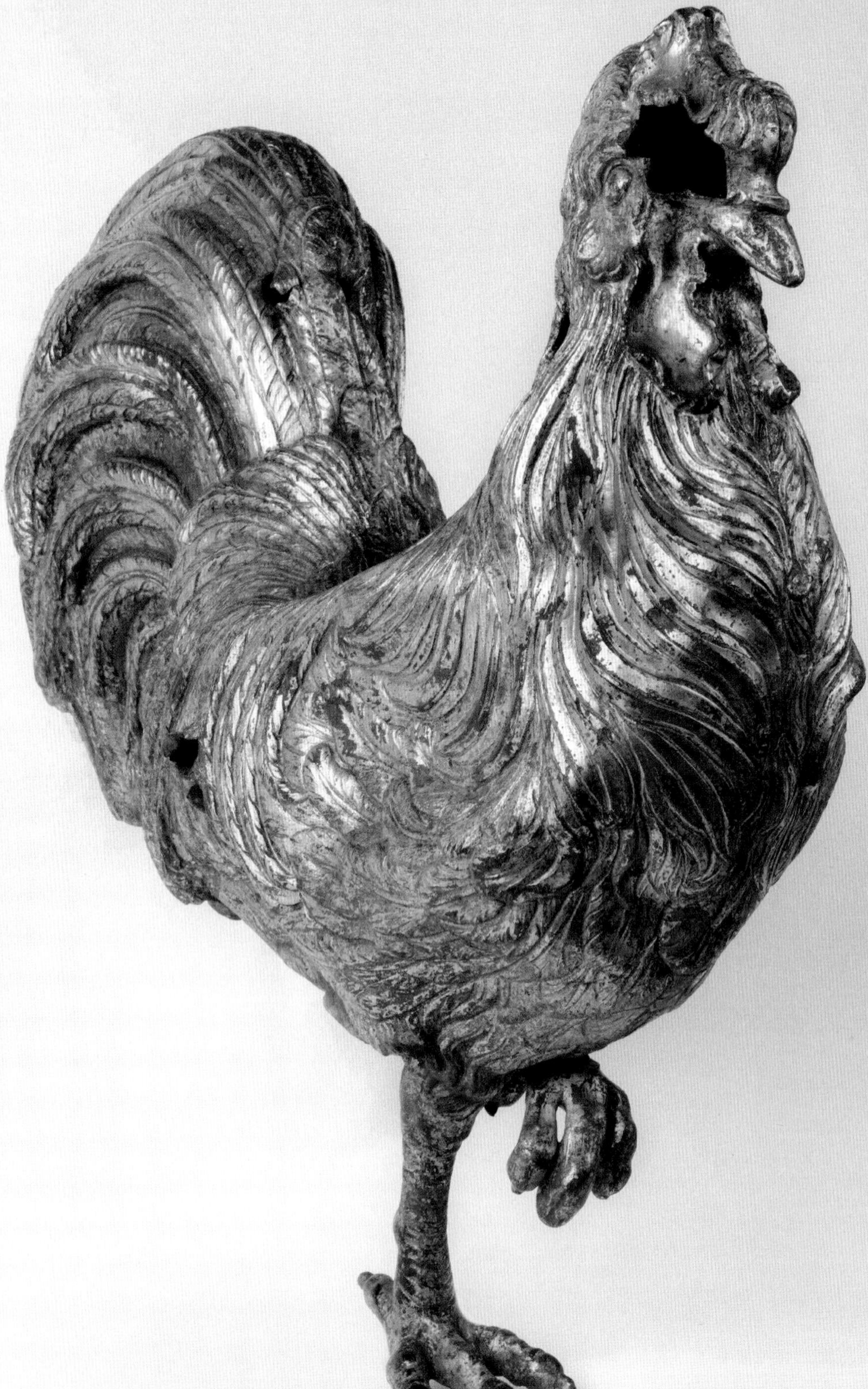

29

Brückenhahn

Die Alte Brücke aus dem 13. Jahrhundert zog die Verkehrsströme in die Stadt und sicherte Frankfurts Karriere als bedeutender Knotenpunkt. Obwohl sie aus Stein gebaut war, setzten ihr Verkehr, Hochwasser und Eis immer wieder zu.

Als 1739 die Brücke wieder einmal stark beschädigt wurde, beschloss die Stadt umfassende Reparaturarbeiten, die aber erst 1741 begannen. Johann Friedrich von Uffenbach übernahm die Bauleitung; viele Maurer, Steinmetze und Zimmerleute waren an den Bauarbeiten beteiligt. Die Stadt scheute keine Kosten – der wichtigste Verkehrsweg der Zeit sollte dieses Mal von Bestand sein. Die Arbeiten waren mit der Aufstellung des Brückenkreuzes samt vergoldetem Hahn im Jahr 1750 beendet.

Der „Briggegiggel" (Brückenhahn) markiert als eines der ältesten Wahrzeichen den Verkehrsknotenpunkt an Main und „Alter Brücke".

Der erste schriftliche Hinweis auf den Brückenhahn stammt von 1401, die erste Abbildung von 1405. Der auf einem Kreuz an oberster Stelle befestigte Brückenhahn diente weithin als Zeichen: Er sollte die tiefste Stelle im Fluss anzeigen. Bis 1613 fanden hier Hinrichtungen durch Ertränken statt. Zudem steht der Hahn für ein beliebtes Sagenmotiv: Ein Brückenbaumeister wurde mit der Brücke nicht fertig und ging deshalb einen Pakt mit dem Teufel ein. Er versprach dem Teufel das erste lebendige Wesen, das über die fertig gebaute Brücke gehen würde, und schickte einen Hahn darüber. Der Teufel begann aus Wut, die Brü-

Christian Georg Schütz d.Ä.: Bau des Kreuzbogens der Alten Brücke zu Frankfurt am Main 1742, Gouache, HMF.C41661

cke zu zerstören. Er konnte aber nur zwei Löcher in deren Mitte reißen, die sich allerdings nicht mehr zumauern ließen. Deshalb lagen dort Holzbalken, die in Kriegszeiten entfernt wurden. Die Brüder Grimm nahmen das Motiv als „Die Sachsenhäuser Brücke zu Frankfurt" in ihre Sagensammlung auf.

Der Hahn wurde im Laufe der Jahrhunderte öfter ersetzt, da er entweder gestohlen wurde oder in den Main fiel. Vieles spricht dafür, dass der Hahn in der Sammlung des Historischen Museums jener von 1750 ist: Er zeigt deutliche Spuren am Körper, die sich auf den Schusswechsel zwischen Franzosen und Bayern während der Befreiungskriege 1813 zurückführen lassen. Der Hahn kam 1950 ins Museum und diente dem aktuellen Hahn auf der Alten Brücke als Modell. *NG*

29 Brückenhahn

Brückenhahn von der „Alten Brücke", Entwurf: Joachim Heinrich Peper, Bildhauer: Valentin Nell, Frankfurt, 1750, getriebenes und vergoldetes Kupfer, H. 5,1 cm, B. 1,6 cm, T. 5,1 cm, HMF.X.1949.012

Literatur: Bode 1978; Kat. Frankfurt 2010

Walter Schmidt: Die drei Wahrzeichen der Alten Brücke, Frankfurt, Mai 1914, Gummidruck, HMF.C22198

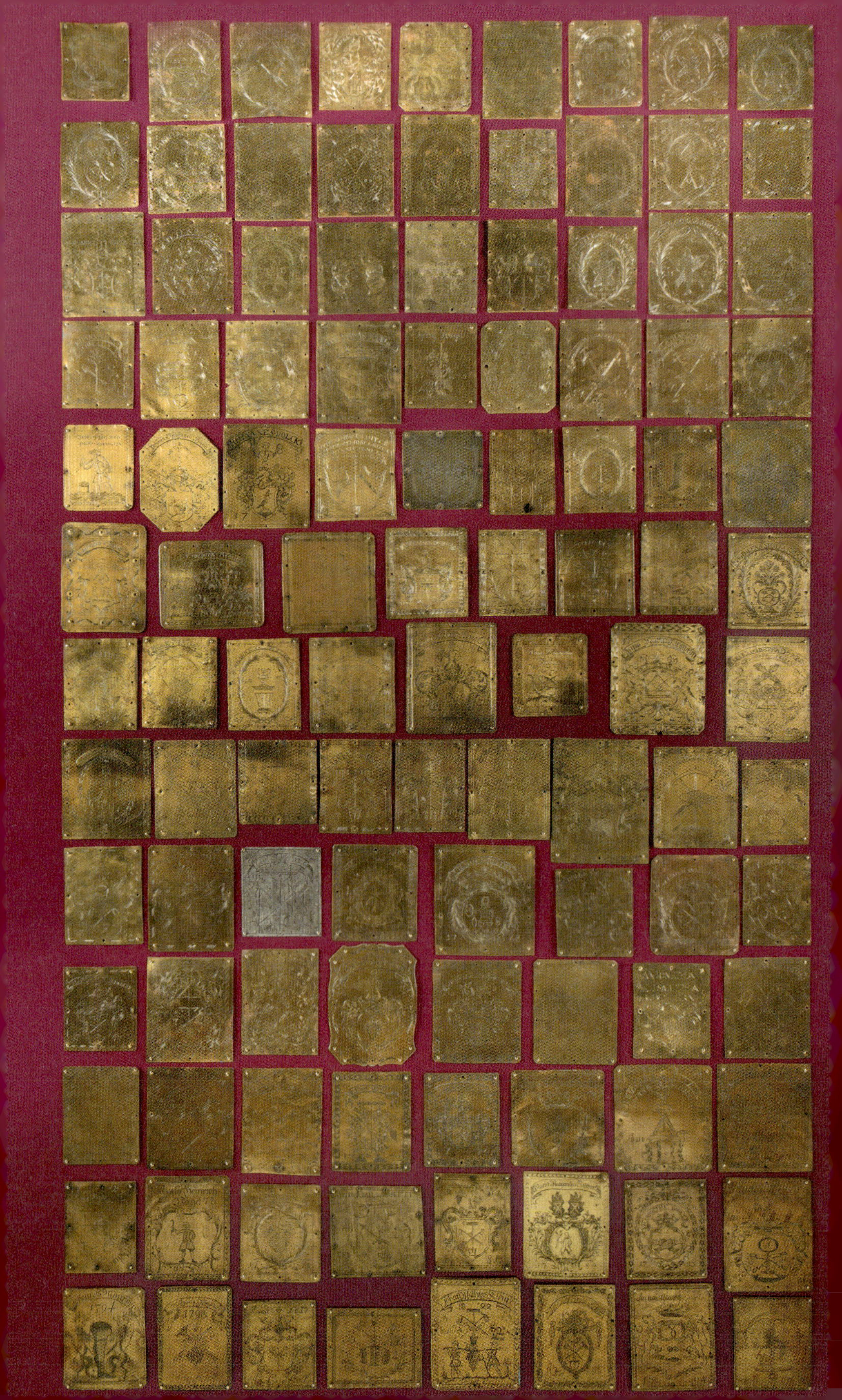

30
Kirchenstuhlschilder

Die Gesellschaftsordnung bildet sich vor allem in weltlichen und religiösen Zeremonien öffentlich ab. Dies gilt auch für die in Kirchen gefeierten Gottesdienste, zu denen sich die Gemeinde versammelte. In den protestantischen Kirchen hatte man – anders als heute – keine freie Platzwahl. Vielmehr mussten die Kirchgänger einen Stuhl oder einen Platz in einer oft verschließbaren Bank für einige Gulden jährlich mieten: eine wichtige Einnahmequelle der Kirchengemeinden. Um seinen Platz kenntlich zu machen, ließ man ein graviertes Messingschild mit seinem Namen, einem Bildzeichen und gelegentlich auch der Nummer der Kirchenbank anbringen. Die Stühle waren nach Frauen und Männern getrennt, zudem gab es Stühle für Familien, Zünfte oder Ratsherren. Je nach ihrer Lage im Kirchenraum – auf der Empore, in der Nähe der Kanzel oder des Altars – hatten sie eine unterschiedliche Wertigkeit, die auch die Höhe der Stuhlmiete bestimmen konnte.

Kirchenstuhlschilder bezeichneten den gemieteten Sitzplatz im Gotteshaus. Die Sitzordnung bildete auch die Gesellschaftsordnung ab.

Die ausgestellten Kirchenstuhlschilder stammen aus der 1875 abgerissenen alten Dreikönigskirche in Sachsenhausen, die 1690 mit neuen Kirchenstühlen ausgestattet worden war. An den Bildzeichen erkennt man, dass die meisten Mieter die für Sachsenhausen typischen Handwerkerberufe ausübten: Gärtner, Fischer, Bäcker oder Bierbrauer. Eine Ausnahme bildet das religiöse Bild auf dem Schild von Joannes Michael Geisius von

Carl Friedrich Mylius: Inneres der alten Dreikönigskirche in Sachsenhausen, aufgenommen vor dem Abbruch, Oktober 1872, Fotografie, HMF.C00281

1723, das einen Wanderer oder Pilger unter einer Wolke mit dem Schriftzug „Jahwe", also dem Schutz Gottes, zeigt.

Die Stühle wurden oft innerhalb der Familien weitervererbt, aber auch – selbst per Zeitungsannonce – weit über dem Preis der Miete verkauft oder versteigert. Verzeichnet wurden die vermieteten Stühle in Registern von einem Schreiber des Almosenkastens, dem Sozialamt früherer Zeiten; so konnten sich Auseinandersetzungen vermeiden lassen. WPC

Kirchenstuhlschilder aus der Dreikönigskirche in Sachsenhausen, Frankfurt, 1677–1822, graviertes Messing, HMF.X00767

Literatur: RGG 2001; Wex 1984

31

Mozartfenster

Am 10. August 1763 kam der Vizekapellmeister Leopold Mozart (1719–1787) mit den musikalischen Wunderkindern, der elfjährigen Maria Anna, genannt Nannerl (1751–1829), und dem siebenjährigen Wolfgang Amadeus (1756–1791) von Mainz mit dem Marktschiff nach Frankfurt. Die Stadt war eine Station auf der dreijährigen Europa-Tournee. Zu Beginn des dreiwöchigen Aufenthaltes übernachteten die Mozarts im Gasthaus in der Bendergasse 3 (heute steht hier die Kunsthalle Schirn). Hier ritzte der Vater wohl mit einem Brillantring ins Fenster: „Mozart Maitre de la musique de la chapelle de Salzbourg avec Sa Famille le 12 Août 1763". Später wohnten die Mozarts standesgemäßer im Gasthof „Zum Goldenen Löwen" in der Fahrgasse.

Wolfgang Amadeus und Maria Anna gaben am 18. August ein Konzert für Klavier und Violine im „Scharfischen Saal" auf dem Liebfrauenberg. Aufgrund des Erfolges wurde es dreimal wiederholt. Auch der damals 14-jährige Johann Wolfgang Goethe befand sich im Publikum. Aus dem Haushaltsbuch des Vaters ist bekannt, dass der Konzertbesuch die Familie 4 Gulden und 7 Kreuzer kostete.

Mozart ist der Komponist und Musiker, den die Stadt am meisten ehrte – im Kindesalter und nach seinem Tod.

Die Familie hatte Zeit, Frankfurt und die Umgebung zu erkunden. Vater Leopold berichtete über seine eher ambivalenten Eindrücke in Briefen. So schrieb er etwa am 13.8.1763 an einen Freund: „Franckfurt ist ein altväterlicher Ort, und von dem Römer habe ich mir viele andere Vorstellungen gemacht: es will

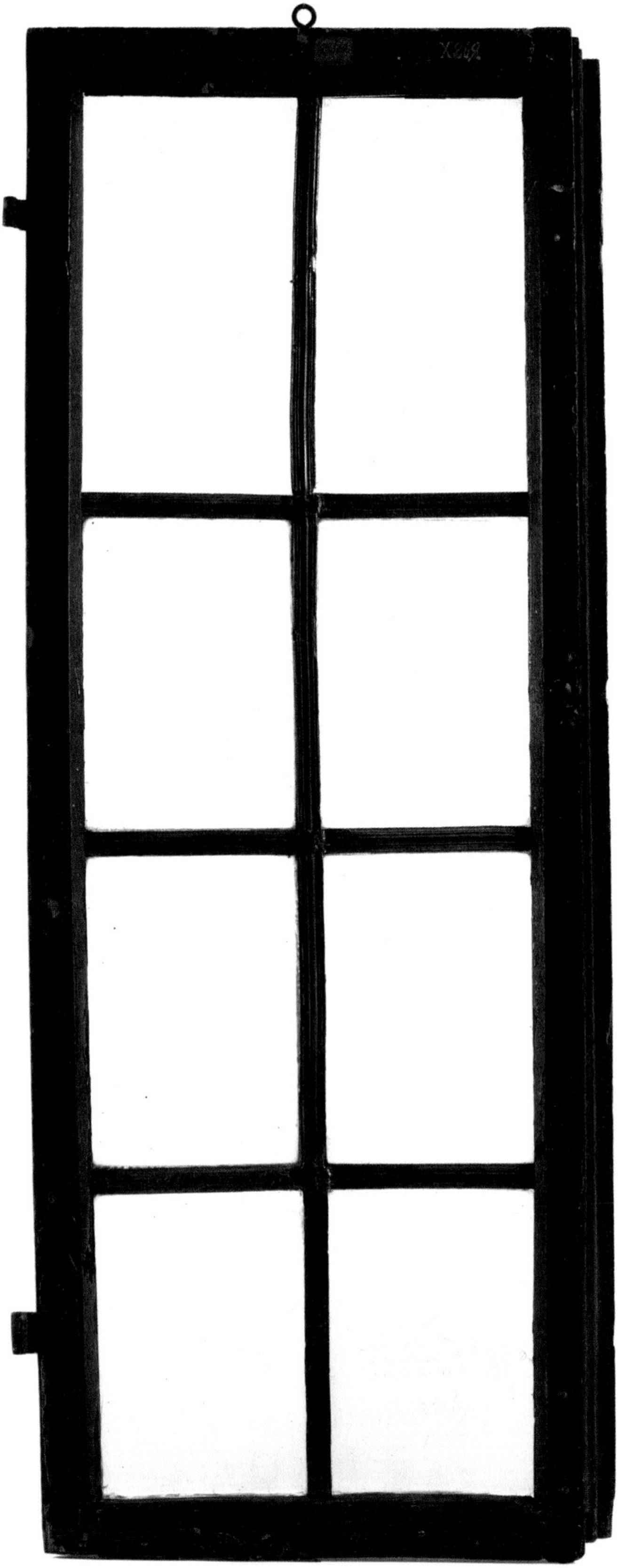

31 Mozartfenster

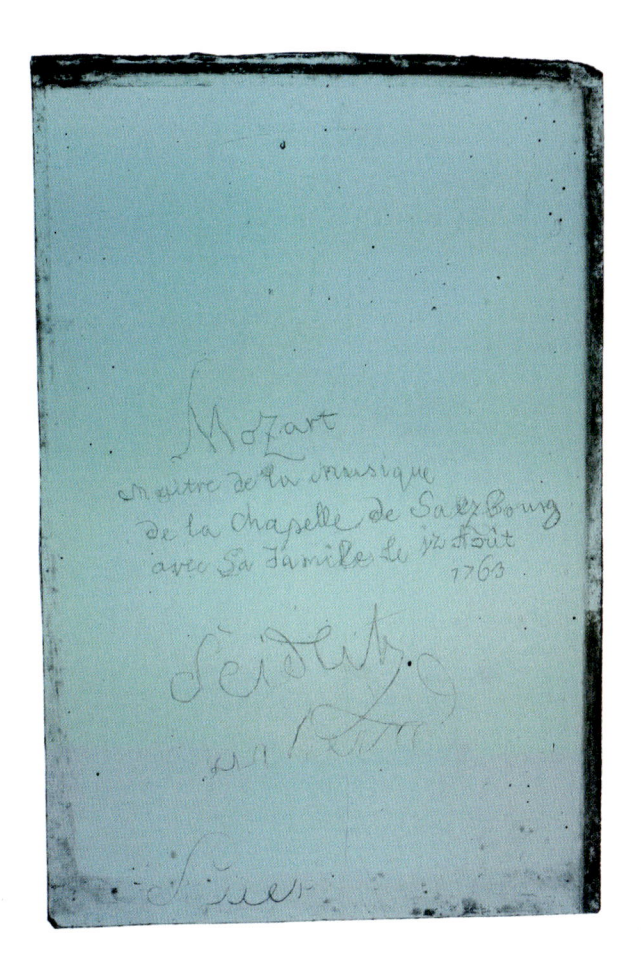

Vergrößerung der Inschrift: Der Hofkapellmeister war hier mit seiner Familie am 12. August 1763

weder der Platz noch der Römer gar nicht sagen. Es giebt doch einige schöne Gebäude, doch wenige. Hingegen giebt es schöne Kaufmann Gewölbe und viel 1000 Juden". Am 31. August verließ die Familie die Stadt, um die Europa-Tournee fortzusetzen.

Wolfgang Amadeus Mozart kam während der Kaiserkrönung Leopolds II. 1790 ein zweites Mal nach Frankfurt. Damals war er schon berühmt, aber ohne Festanstellung und stets in Geldnöten. Dieses Mal hatte er mit zu starker Konkurrenz zu kämpfen, da viele andere Veranstaltungen wie Empfänge oder Bälle stattfanden. Sein Konzert am 15. Oktober im Komödienhaus fand nur wenig Beachtung und die Hoffnung auf einen finanziellen

100 ★ Frankfurt

Rechts: Julius H. Wolter: Der Krautmarkt mit Schöppenbrunnen – Blick in die Bendergasse, Zeichnung – das Gasthaus befand sich im dritten Haus von links, HMF.C28744

Unten: Innenansicht des Frankfurter Komödienhauses, Handzeichnung, Frankfurt am Main um 1800, HMF.C12746

31 Mozartfenster

Erfolg erfüllte sich nicht. „Von Seiten der Ehre herrlich, aber in Betreff des Geldes mager ausgefallen", so bemerkte Mozart danach in einem Brief an seine Freundin Konstanze.

Nach seinem Tod 1791 würdigte Frankfurt Musik und Person in hohem Maße: Die Stadt gehörte zu den wichtigsten Aufführungsorten von Mozart-Opern. Der Cäcilien-Verein, der das Musikleben in der Stadt förderte, ehrte Mozart häufig und lud 1820 den jüngsten Sohn Franz Xaver (1791 – 1844), selbst Pianist und Lehrer, zur 29. Totenfeier ein. Im „Roten Haus" auf der Zeil wurde das Requiem gegeben – allerdings nur mit Klavierbegleitung. Die Mozartbegeisterung zog weite Kreise: Der Offenbacher Musikverleger Johann Anton André hatte den musikalischen Nachlass von Mozart erworben. Durch das neue Druckverfahren der Lithographie konnte der Nachlass weit verbreitet werden. Sogar ein Mozart-Museum bestand für kurze Zeit und das Erste Deutsche Sängerfest 1838 ging als „Mozartfest" in die Geschichte ein.

Im selben Jahr entstand die „Mozart-Stiftung" zur Förderung junger Komponisten. Und 1880 wurde das Frankfurter Opernhaus mit der Oper „Don Giovanni" eingeweiht. Die vielfältigen Ehrungen Mozarts sind wohl ein Grund dafür, dass das Fenster aufbewahrt und vom Metzgermeister Mohr 1879 dem Museum übergeben wurde. *NG*

„Mozartfenster": Fensterflügel aus dem Haus Bendergasse 3, Frankfurt, 1763, Eichenholz, Alkali-Mischglas, Eisen, Blei, Bleiweiß, H. 102 cm, B. 42 cm, T. 8 cm, HMF.X00869

Literatur: Frankfurter Bürgerstiftung im Holzhausenschlösschen 2005; Kat. Weimar 2006; Mohr 1968, Morr/Neunteufel 2006

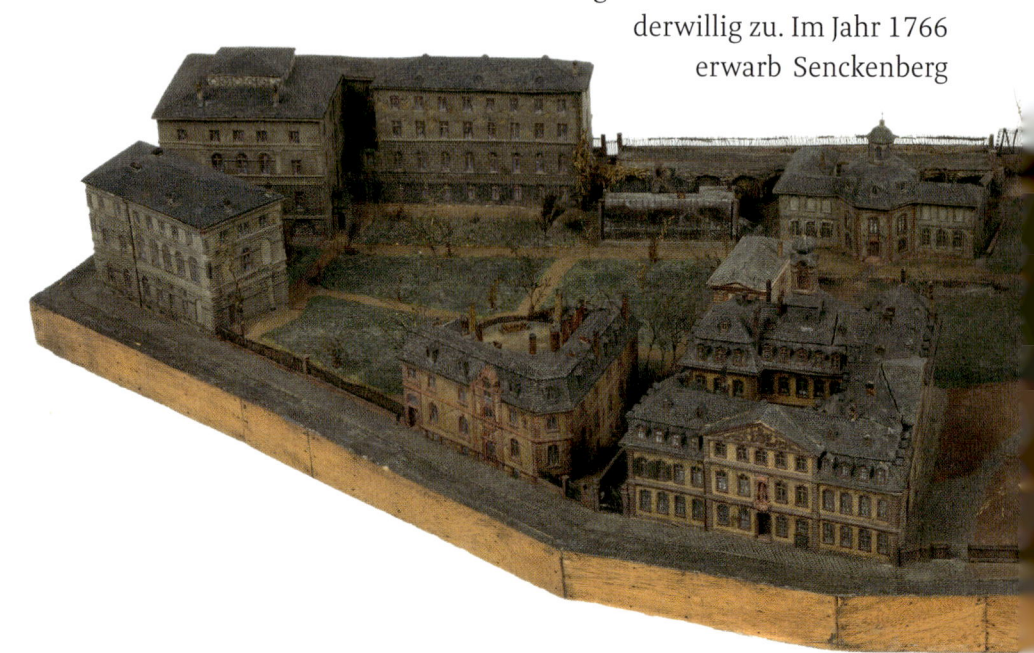

32

Senckenbergianum

Dr. Johann Christian Senckenberg (1707–1772) gründete am 18. August 1763 die Senckenbergische Stiftung. Den Plan für die Gründung einer Stiftung zur Verbesserung der Frankfurter Gesundheitsversorgung bestand aber schon mindestens seit 1746, wie aus seinen Tagebüchern hervorgeht. Der Hauptstiftungsbrief ist auf den 18. August 1763 datiert. Senckenberg stiftete hier sein gesamtes Vermögen. Besonders wichtig war Senckenberg die Selbstständigkeit seiner Stiftung auch nach seinem Tod: „Meine Stiftung soll allezeit separiert bleiben und niemals vermengt mit Stadtsachen, damit nicht die Gewalt darüber in fremde Hände komme, die den heilsamen Endzweck vereiteln." Der entsprechende Nachtrag zum Stiftungsbrief vom 16.12.1775 brüskierte den Stiftungsrat und er stimmte nur widerwillig zu. Im Jahr 1766 erwarb Senckenberg schließlich für 23.000 Gulden ein rund drei Hektar großes Gelände mit Garten am Eschenheimer Tor, um seine Stiftungspläne zu verwirklichen. Sie umfassten die Senckenbergische Bibliothek, den botanischen Garten, den Physikalischen Verein, das alte Bürgerhospital, das Museum der Senckenbergischen Naturforschenden Gesellschaft, die Dr. Senckenbergische Anatomie und das neue Hospital. Für Senckenberg gab es vier unverrückbare Grundsätze seiner Stiftung: die Verbesserung der medizinischen Versorgung, die Versorgung von bedürftigen Kranken, die Einrichtung eines Collegium medicum zur besseren Zusammenarbeit und zum wissenschaftlichen Austausch der Ärzte untereinander, außerdem die Errichtung eines Raumes für Vorlesungen und Übungen zur Anatomie. Als Beweggründe für die Gründung seiner Stiftung notiert Senckenberg unter anderem im ersten Paragraphen des Stiftungsbriefs die „Hinfälligkeit dieses elenden zeitlichen Lebens" und die „oftmahlige schnelle Endigung desselben." Die Vollendung der Anlagen am Eschenheimer Tor erlebte Senckenberg nicht mehr. Der Stifter starb 1772 bei einem Sturz vom Gerüst des gerade fertiggestellten Uhrtürmchens des Nordflügels des Bürgerhospitals an seinen Verletzungen. Obwohl

Johann Christian Senckenberg stiftete sein ganzes Vermögen für die Forschung und eine bessere medizinische Versorgung aller Stadtbürger.

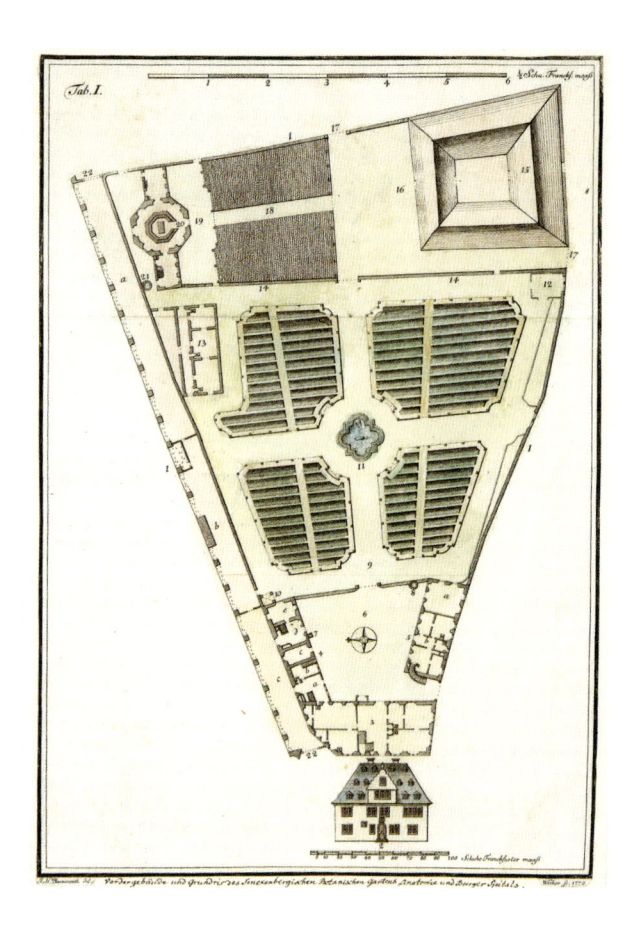

Johann Heinrich Wicker: Vordergebäude und Grundriss des Senckenbergischen Gartens, Frankfurt 1770, Radierung, HMF.C01935

Senckenberg eine Obduktion seines Leichnams zu Lebzeiten untersagt hatte, wurde er, da es sich nicht um einen natürlichen Tod handelte, obduziert. Sein Leichnam war der erste, der in der Senckenbergischen Anatomie untersucht wurde.
Nach Senckenbergs Tod wuchs die Stiftung rasch und schon ab Mitte des 19. Jahrhunderts wurde es auf dem Gelände der Stiftung zunehmend eng. 1907 zogen alle Institutionen um: das Bürgerhospital an seinen heutigen Standort an der Nibelungenallee, der Botanische Garten in unmittelbare Nähe des Palmengartens. Auch die „Alte Eibe" (Nr. 60) wurde versetzt. Die Bibliothek und das Museum bezogen den Standort an der Senckenberg-Anlage. Der „Tempel der Wissenschaft", den Senckenberg mit seiner Stiftung errichten wollte, war damit über die

32 Senckenbergianum

Das alte Senckenbergianum, Modell von Hermann und Robert Treuner, Frankfurt, um 1914, Ausschnitt

Stadt verteilt, doch die Einrichtungen der Stiftung wuchsen weiter. Inzwischen sind elf Institute unter dem Dach der Senckenbergischen Stiftung versammelt.

Das Modell zeigt das Gelände der Senckenbergischen Stiftung am Eschenheimer Turm vor dem Umzug im Jahr 1907. Es besteht aus einer Nadelholzplatte mit einer Verkleidung aus Nussbaumholz. Darauf ist aus Papier, Karton, Ästen, Gräsern, Sand und Farbe das Gelände der Stiftung mit seinen Gebäuden und der Bepflanzung sehr detailliert wiedergegeben, wie es für die Modelle aus dem Haus Treuner typisch war. Das Modell wurde dem Historischen Museum am 4.8.1914 vom Stadtrat Albert von Metzler geschenkt. *AMF*

Modell des alten Senckenbergianums, Hermann Treuner (1876–1972), Robert Treuner (1877–1948), Frankfurt, um 1914, Holz, Karton, Kunststoff, Farbe, H. 22 cm, B. 115 cm, T. 60 cm, HMF.X27043

Literatur: Bauer 2007; de Bary 1935; Reifenberg 1964

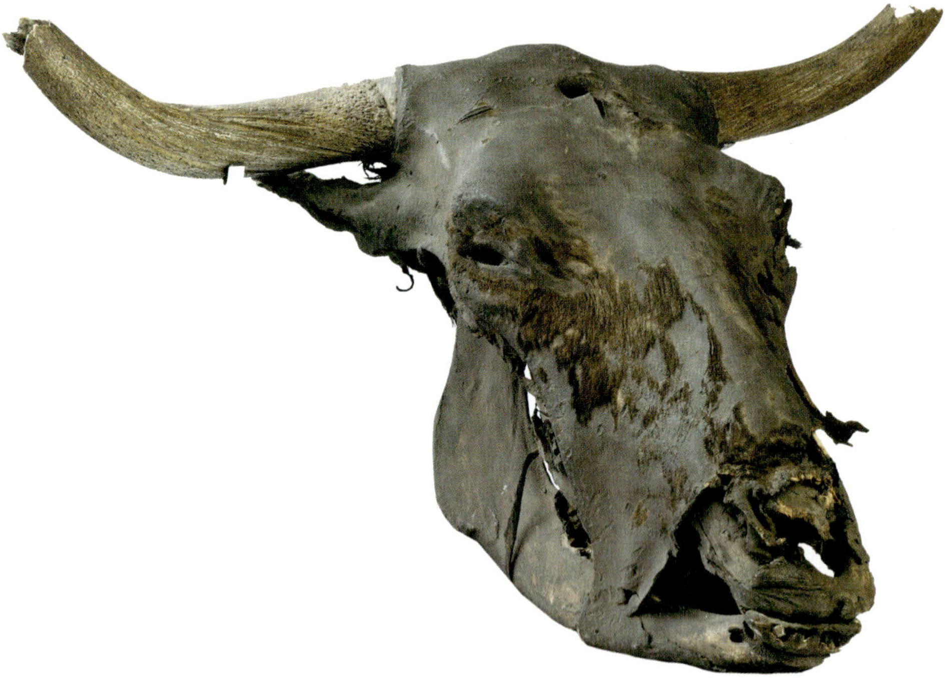

33
Ochsenkopf

Der Ochsenkopf samt Körper wurde am 3. April 1764 zur Krönungsfeier Josephs II. in einer Holzhütte mit Küche auf dem Römerberg gebraten. Nachdem der Kaiser im Rathaus gewählt und im Dom gekrönt worden war, gab es im Rathaus ein Festbankett für die Mächtigen. Auf dem Römerberg feierte gleichzeitig das Volk den neuen Herrscher.

Die Festgäste stritten auf dem Römerberg um jedes Erinnerungsstück der prachtvollen Kaiserkrönungen in der Reichsstadt Frankfurt.

Durch die Wahlen und Krönungen von Königen und Kaisern des Heiligen Römischen Reiches Deutscher Nation wurde Frankfurt zu einer bedeutenden internationalen politischen Bühne vom Mittelalter bis zur Französischen Revolution. Zu diesem Ereignis trafen sich die mächtigsten Fürsten des Reiches, die Kurfürsten, um ihren zukünftigen Herrscher zu wählen und zu krönen. Auch internationale Gäste reisten an, darunter Gesandtschaften der Könige von Frankreich, Spanien oder England, sogar auch aus dem Osmanischen Reich. Während der Krönungsfeierlichkeiten erlebte Frankfurt eine Verdoppelung seiner Bevölkerung.

Das große Volksfest auf dem Römerberg wurde vom Kaiser selbst als Zeichen seiner Großzügigkeit ausgerichtet. Zum Zeichen ihrer Verbundenheit zu Kaiser und Volk hatten die Kurfürsten bei diesem Fest Dienste zu verrichten, die seit dem Mittelalter festgelegt waren: Der Herzog von Sachsen holte und verteilte Hafer an die Menschenmenge auf dem Festplatz vor dem Rathaus, während die drei geistlichen Kaisermacher – die Kurfürsten von Trier, Köln und Mainz – dem Kaiser die Reichssiegel übergaben. Der Markgraf von Brandenburg wusch dem Kaiser vor dem Mahl im Rathaus die Hände. Später kam noch das Auswerfen von Gold- und Silbermünzen auf dem Römerberg als Zeichen der Mildtätigkeit hinzu. Schließlich bedienten der Pfalzgraf bei Rhein und der König von Böhmen den Kaiser mit Essen und Trinken. So erhielt der Kaiser als erster ein Stück vom Ochsen und vom Wein aus dem Weinbrunnen. Nach der Verrichtung dieser Ämter wurden Bretterküche und Weinbrunnen für die feiernde Masse geöffnet. Damit wurden die Zuschauer/innen auch Teilnehmer/innen am Fest, das damit der Sichtbarmachung der damaligen gesellschaftlichen Ordnung und ständischen Hierarchien diente.

Johann Georg Finck: Ansicht des Römerberges bei der Krönung Karls VII. 1742 während der Verrichtung der Erzämter, kol. Kupferstich, Frankfurt 1742, HMF.C01143

33 Ochsenkopf

Nicht selten kam es zu Rangeleien um begehrte Erinnerungsstücke: So berichtet Johann Wolfgang Goethe über das Fest von 1764: „Um den gebratenen Ochsen aber wurde diesmal wie sonst ein ernsterer Kampf geführt. Man konnte sich denselben nur in Masse streitig machen. Zwei Innungen, die Metzger und Weinschröter, hatten sich hergebrachtermaßen wieder so postiert, dass einer von beiden dieser ungeheure Braten zu Teil werden musste. ... wer aber diesmal den Sieg davongetragen, ist mir nicht mehr erinnerlich." Der Ochsenkopf ist eines der frühesten Sammlungsobjekte des Museums. Er wurde von der Weinschrötergesellschaft am 7. Mai 1879 dem Museum geschenkt. Gesiegt hatten 1764 wohl die Weinhändler.

Johann Ludwig Schimmel (zugeschrieben): Ochsenbraterei auf dem Römer zur Krönung von Matthias 1612, kol. Holzschnitt mit Buchdruck montiert, Frankfurt 1612, HMF.C01040

Es hat sich ein Rezept für die Ochsenbraterei von 1612 erhalten, das auf dem Holzschnitt von Johann Ludwig Schimmel, mit Illustration gedruckt, weite Verbreitung fand. In Versform wird darin erzählt, dass der Ochse gefüllt war mit weiteren Tieren, unter anderem mit Wildbret, Hammel oder Schwein und sogar mit Fisch. Schließlich macht sich die Menschenmenge über diesen her: „Da ward die Küchen auffgespert, der Ochs in tausend Stück zerzert. So baldt das in eim Augenblick, der Ochs mit all seinem Gespick, und was sonst war gefüllt hinein, nit übrig bleibt das geringste Bein. Einer nam diß / der ander das, weil nur ein Biß am Bratspiß was, und war ein solches groß gedreng, daß letzlich war die Küch zu eng. Schlugen und rissen alles ein, durch Thor und Laden fielen hinein ..." *DL*

Kopf des Ochsen vom Krönungsfest, 1764, Haut, Fell, Knochen, H. 33 cm, B. 70 cm, T. 60 cm, HMF.X06618

Literatur: Kat. Frankfurt 2007/1, Goethe 1812, S. 277

34
Andenken an Catharina E. Goethe

Catharina Elisabeth Goethe, geb. Textor (1731–1808), führte das typische Leben einer jungen Frau der bürgerlichen Gesellschaft im 18. Jahrhundert. Sie stammte aus einer Juristenfamilie. Ihr Vater war Stadtschultheiß und bekleidete damit das höchste Amt in der Stadt. Nach einer kurzen Ausbildung heiratete sie mit 17 Jahren den 38-jährigen kaiserlichen Rat Johann Caspar Goethe (1710–1782), der aus einer vermögenden Familie kam.

Als gutgelaunte Dichtermutter ging Catharina Elisabeth Goethe, eine Frau mit vielschichtiger Biografie, in die Geschichte ein.

Catharina Elisabeth zog nach der Hochzeit in das Anwesen der Goethe-Familie im Hirschgraben. Nach dem Tod der Schwiegermutter wurde alles großzügig umgebaut. Catharina teilte sich mit ihrem Mann die Haushaltsführung und kümmerte sich um die Erziehung der Kinder. Von den sieben Kindern überlebten Johann Wolfgang (1749–1832) und Cornelia (1750–1777).

Mit dem Erfolg des Sohnes als Schriftsteller änderte sich ihre Po-

Johann Peter Melchior (Entwurf), Gebrüder Weschke (Ausführung): Porträtmedaillon der Katharina Elisabeth Goethe, geb. Textor, 1779, Gipsabguss, HMF.X14491b

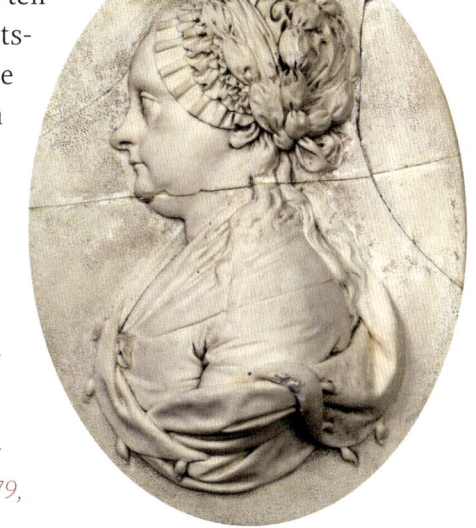

Frau Kalb
Roelfs

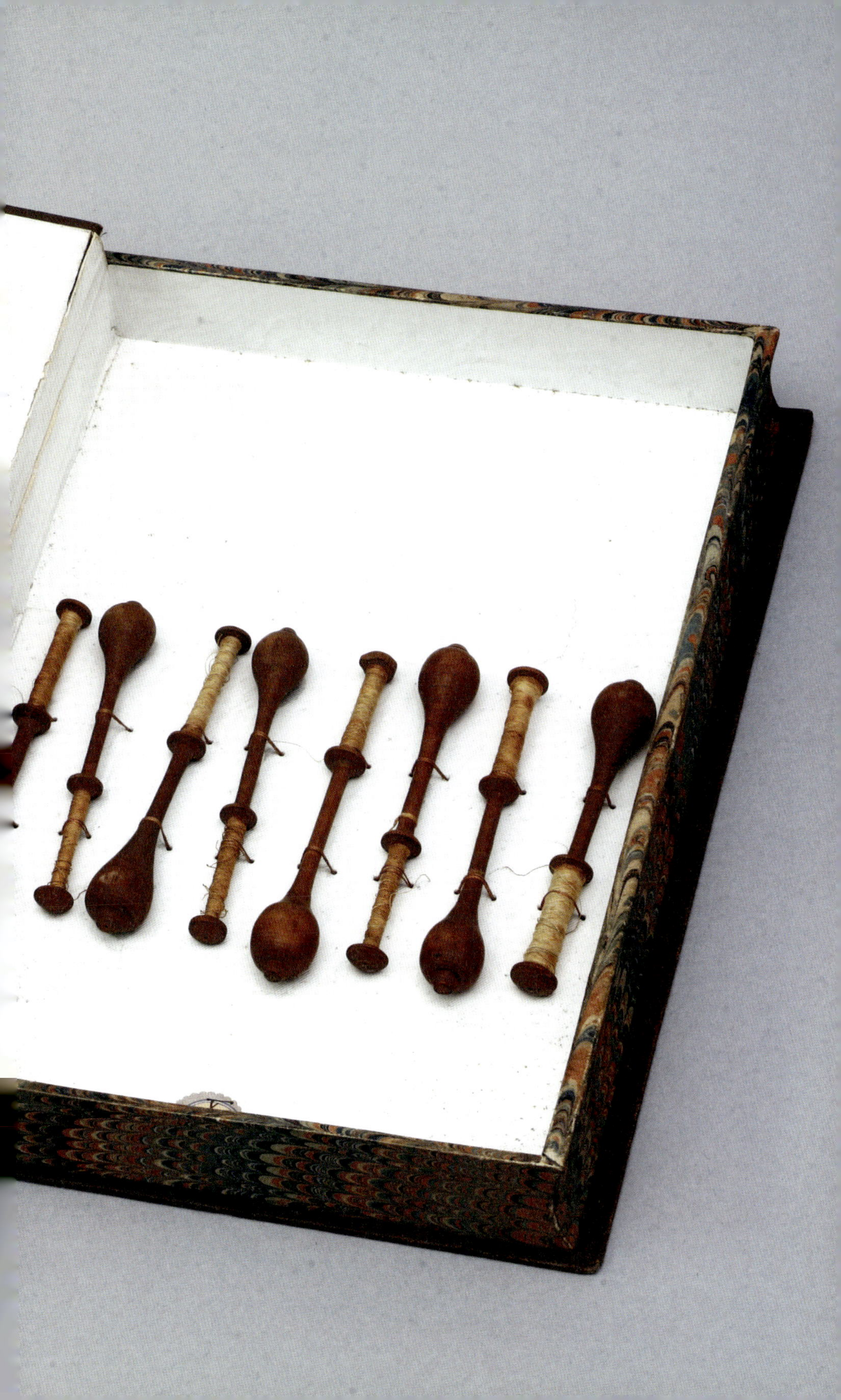

Karl Theodor Reiffenstein: Goethes Vaterhaus nach dem Umbau 1756, Frankfurt, 1863, Sepia auf Papier, HMF.C09291

sition einer „normalen", gutsituierten Bürgersfrau. Für die vielen Gäste aus dem In- und Ausland, die den Sohn besuchten, erwies sie sich als eine kluge und amüsante Gastgeberin. Auch als Goethe schon in Weimar lebte, kam weiterhin der Besuch zu ihr. Catharina pflegte viele Leidenschaften: Sie war eine begeisterte Musikerin, eine begabte Erzählerin, eine große Briefeschreiberin und Anhängerin von Theater und Schauspiel. 1795 trennte sie sich von Kunstwerken und Möbeln und zog in eine kleine Wohnung am Roßmarkt. Hier genoss sie den Ausblick über Hauptwache und Zeil.

Das von Catharina Elisabeth überlieferte Bild wurde stark geschönt und überhöht. Das hat vor allem mit den Versen des Sohnes zu tun, die sie als stets gutgelaunt unsterblich machten:

Aufgezogenes Tapetenstück aus dem Goethe-Haus, Frankfurt, Papier, HMF.C60211,01

Vom Vater hab' ich die Statur/ Des Lebens ernstes Führen,/ Von Mütterchen die Frohnatur/Und Lust zu fabulieren.

Zum Bild der „idealen Hausfrau" mit volkstümlichem Charakter trugen neben dem Sohn auch Bettina von Arnim (1785–1859) bei: Von Arnim schmückte Anekdoten aus oder erfand sie. Goethe schuf ein literarisches Bild der Mutter, das auf die echte übertragen wurde. Ein Beispiel dafür ist auch der Spitzname Frau Aja: Der Ehemann hatte ihr wohl den Kosenamen gegeben. Goethe formte ihn in Dichtungen als Anspielung auf die Heldendichtung um die Familie Haimon und deren vier Kinder um.

Das Kästchen mit Haaren, einem Zahnstocher-Etui aus Elfenbein mit Silberbeschlag und Spitzenklöppel hatte ihre Dienerin Elisabeth Wolfermann aufbewahrt. Sie übergab es dem Buchhändler und Verleger Carl Jügel (1783–1869), der sich in vielerlei Hinsicht als Frankfurt Chronist betätigte. Er vermachte es 1858 dem Verein für Geschichte und Alterthumskunde und von dort kam es dann ans Museum. *NG*

Andenken an Catharina Elisabeth Goethe, aufbewahrt von Elisabeth Wolfermann und Carl Jügel, Frankfurt, um 1808, Pappe, Papier, Holz, Haar, H. 23 cm, B. 32 cm (aufgeklappt), HMF.X07508a-d

Literatur: Goethe 1827, V. 711; Kat. Frankfurt 1999; Kat. Frankfurt 2008a

35
Verbrennung der Englischen Waren

Die Kontinentalsperre war eine von mehreren Waffen Napoleons im Kampf gegen England; sie hatte massive Auswirkungen auf die Wirtschaft der deutschen Staaten und insbesondere auf Frankfurt. Die Stadt gehörte seit 1806 zum sogenannten „Rheinbund" und war in starkem Maße von Frankreich abhängig. Nachdem die englischen und die Kolonialwaren hauptsächlich durch Schmuggel auf den Markt kamen, wurde Frankfurt ein Zentrum dieses Handels. Daher beschlossen die Franzosen, der Stadt eine Lehre zu erteilen.

Im Oktober 1810 befanden sich in Frankfurt – so heißt es – zu verzollende Kolonialwaren im Wert von 16 Millionen Gulden sowie englische Waren im Wert von 800.000 Gulden, die verbrannt werden sollten. Dies geschah im November 1810 auf dem Fischerfeld vor den Toren der Stadt. Durch Bestechung gelang es den Händlern, die zu vernichtenden englischen Waren größtenteils gegen Güter von geringerem Wert zu tauschen.

Napoleon verordnete im Handelskrieg gegen England eine Wirtschaftsblockade, die Kontinentalsperre. Daraufhin wurden in Frankfurt englische Waren verbrannt.

Der Maler Johann Carl Wilck, der gerade mit Johann Friedrich Morgenstern an einem großen Panoramagemälde Frankfurts arbeitete (Nr. 36), schuf zwei zusammengehörende Ölgemälde mit der „Verbrennung der englischen Waren". Im Vordergrund des ersten Bildes verbrennen französische Soldaten die mit Karren herangeschafften Textilien. Auf dem zweiten Bild ziehen die

100 * Frankfurt

35 Verbrennung der Englischen Waren

Soldaten gerade ab und überlassen das Terrain der Menge, die versucht, die besten Stücke aus dem Feuer zu retten und dabei handfest aneinandergerät.

Beide Gemälde handeln vor allem von der Störung der sozialen, wirtschaftlichen und politischen Ordnung. Man darf vermuten, dass Wilck sie nicht als reine Historienbilder verstanden wissen wollte. Vielmehr hielt er damit – nach dem Vorbild von William Hogarths (1697–1764) weitverbreiteten Kupferstichen mit zeitgenössischen moralischen Bilderzählungen – sowohl den kaltblütigen Franzosen wie den enthemmten Frankfurtern einen Spiegel vor. *WPC*

Öffentliche Verbrennung der englischen Waren auf dem Fischerfeld, Johann Carl Wilck (1772/1774–1819), Frankfurt, 1810, Ölmalerei auf Leinwand, B. 56,5 cm, H. 43 cm, HMF.B1426

Literatur: Simon 1914; Weber 2008

Links unten: Johann Carl Wilck: Szene nach der Verbrennung der englischen Waren auf dem Fischerfeld, Frankfurt 1810, Ölmalerei auf Leinwand, HMF.B1427

36
Rundgemälde

Ende des 18. Jahrhunderts entstand ein neues Massenmedium, das Panorama oder Rundgemälde. Vom Mittelpunkt einer Rotunde konnte der Betrachter ein rundum laufendes Gemälde mit einer Stadt- oder Landschaftsdarstellung oder der Veranschaulichung eines historischen Ereignisses betrachten. Er sollte dabei das Gefühl bekommen, selbst wirklich vor Ort zu sein.

Johann Friedrich Morgenstern zeigt den Frankfurtern ihre Stadt aus der Vogelperspektive: „ein Triumph der Malerei" (B. Hundeshagen, 1809)

Auch in Frankfurt konnte man Anfang des 19. Jahrhunderts solche Rundbilder mit Ansichten verschiedener europäischer Städte bestaunen. Sie weckten in dem Maler Johann Friedrich Morgenstern den Wunsch, selbst ein Panorama von Frankfurt zu schaffen. Als zentralen Standpunkt wählte er den Turm der Katharinenkirche. Für die Anfertigung der Skizzen benötigte Morgenstern sechs Monate, weitere sechs Monate für deren Ausarbeitung und über ein Jahr für die Ausführung auf einer mit Papier kaschierten Leinwand von sieben Metern Höhe und 46 Metern Länge. Der Durchmesser des Panoramas betrug knapp 15 Meter. Es konnte ab dem 11. Juli 1811 für einen Gulden in einem provisorischen Gebäude im Kaiserhof an der Großen Bockenheimer Gasse besichtigt werden. Für 48 Kreuzer gab es dazu eine von dem Kunsthistoriker Bernhard Hundeshagen (1784–1858) verfasste Broschüre mit einer Beschreibung der Stadt, die auch einen kolorierten Orientierungsplan mit den nummerierten Sehenswürdigkeiten enthielt.

36 Rundgemälde

Morgenstern schickte sein Panorama später auf Reisen. Wahrscheinlich auf dem Weg nach Wien verbrannte es 1816 oder 1817 in Forchheim bei Bamberg. Die erhaltenen großformatigen Entwürfe vermitteln aber einen guten Eindruck von seinem ursprünglichen Aussehen. Dank der Beschreibung von Hundeshagen wissen wir, dass der Maler Johann Carl Wilck (1772/1774–1819) es im Auftrag von Morgenstern mit „2205 Personen, 145 Wagen und 762 Tieren in den mannichfaltigsten Stellungen, Beschäftigungen und Gruppie-

Bernhard Hundeshagen nach Johann Friedrich Morgenstern: Orientierungsplan zu Morgensterns Panorama von Frankfurt, Frankfurt 1811, kolorierte Radierung, HMF.C10306

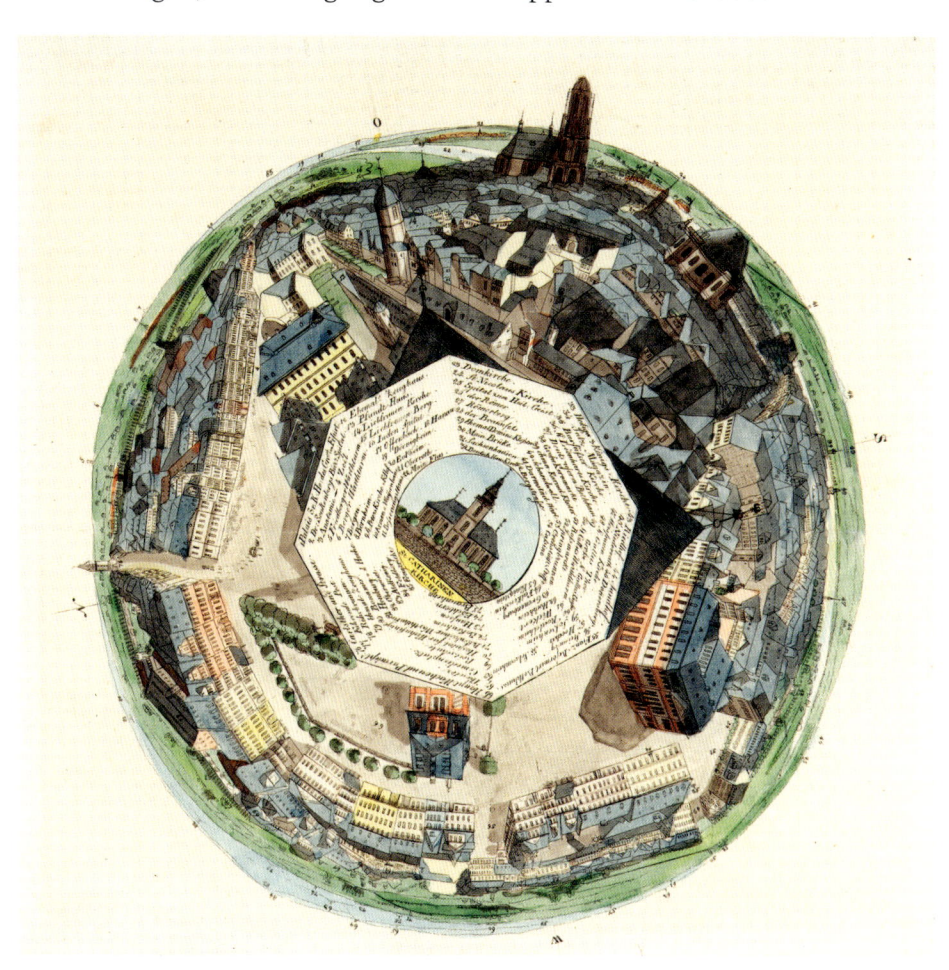

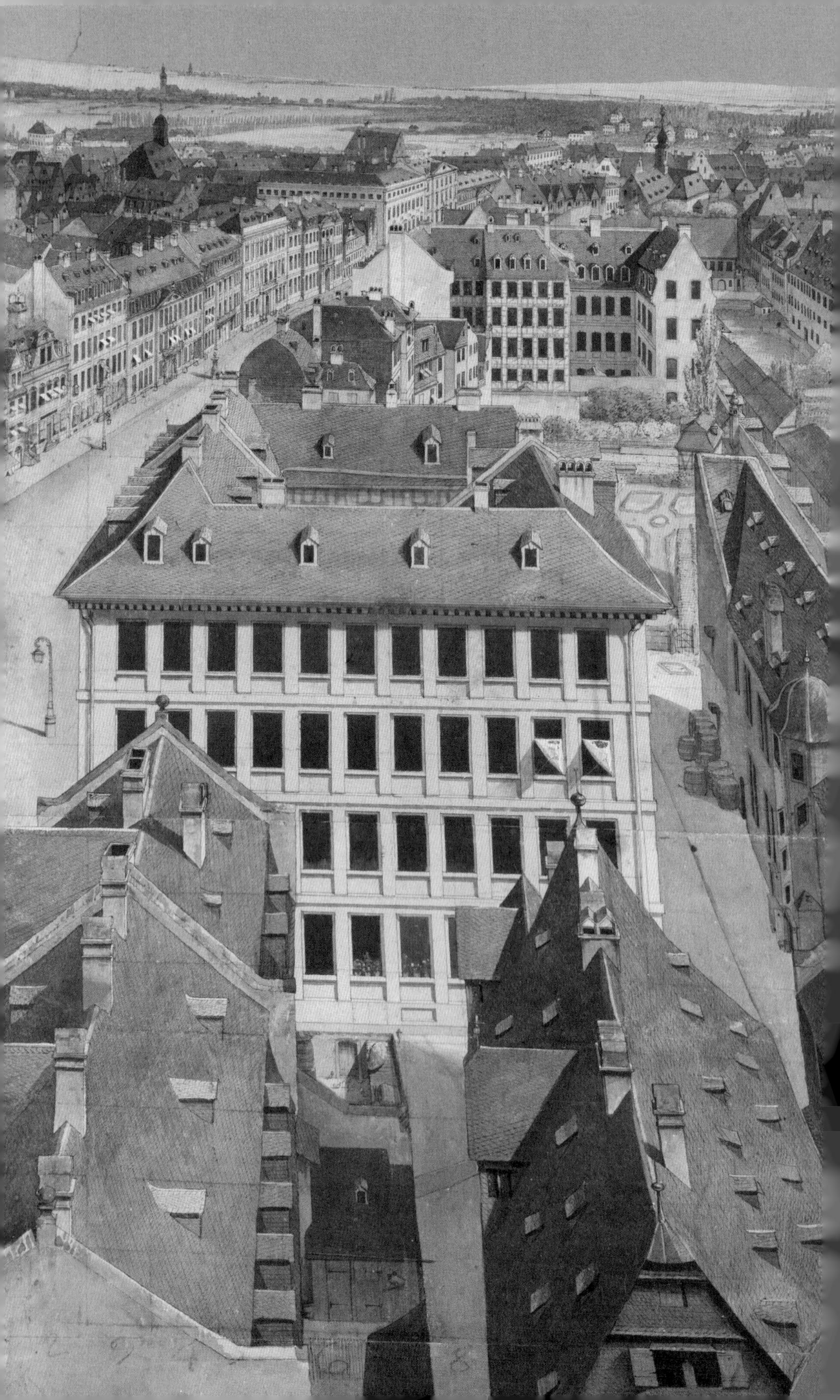

Blick auf die Zeil und den Dom

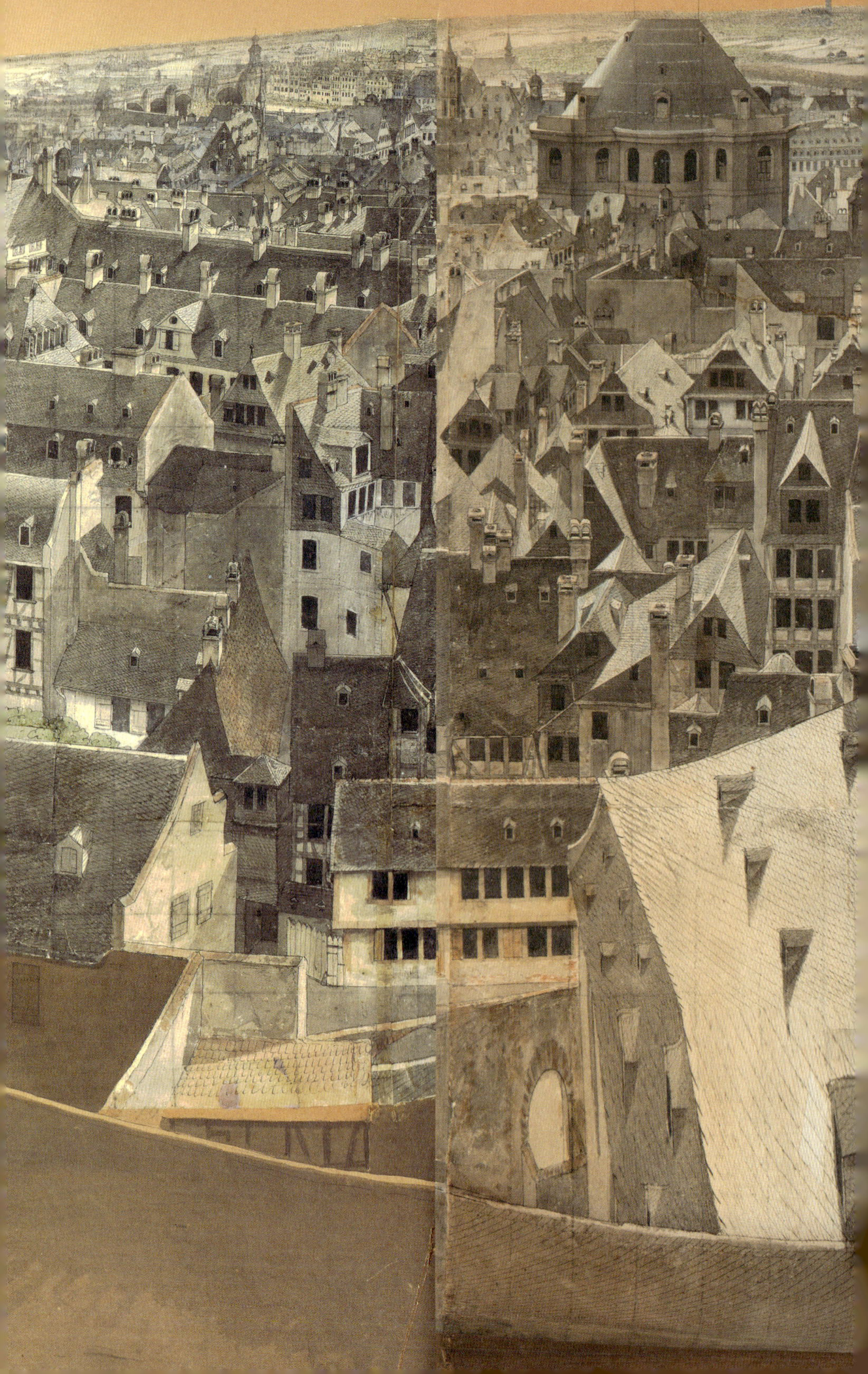

Blick auf die Paulskirche und das Karmeliterkloster

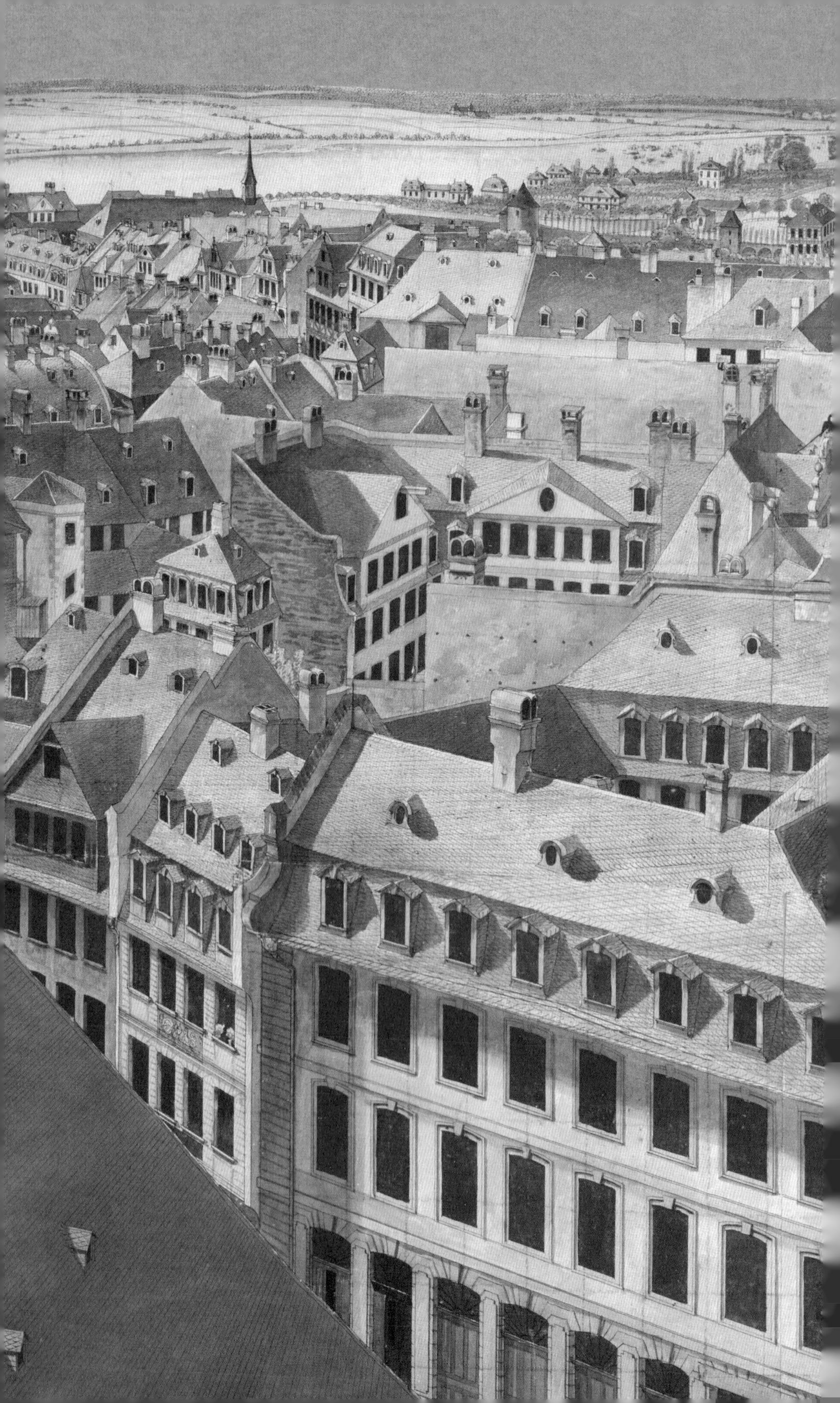

Blick nach Westen auf den Roßmarkt

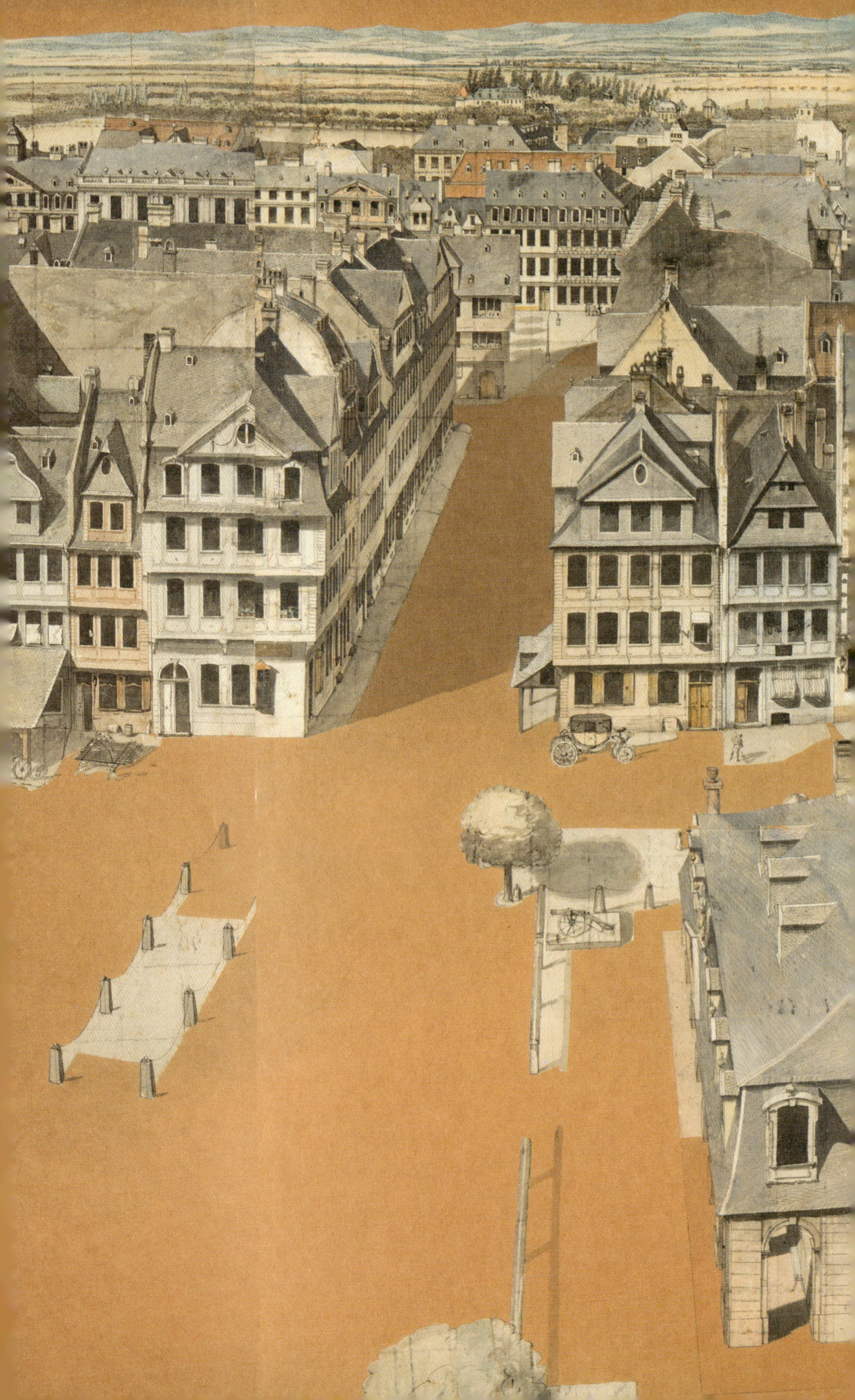

Blick auf Hauptwache und Steinweg

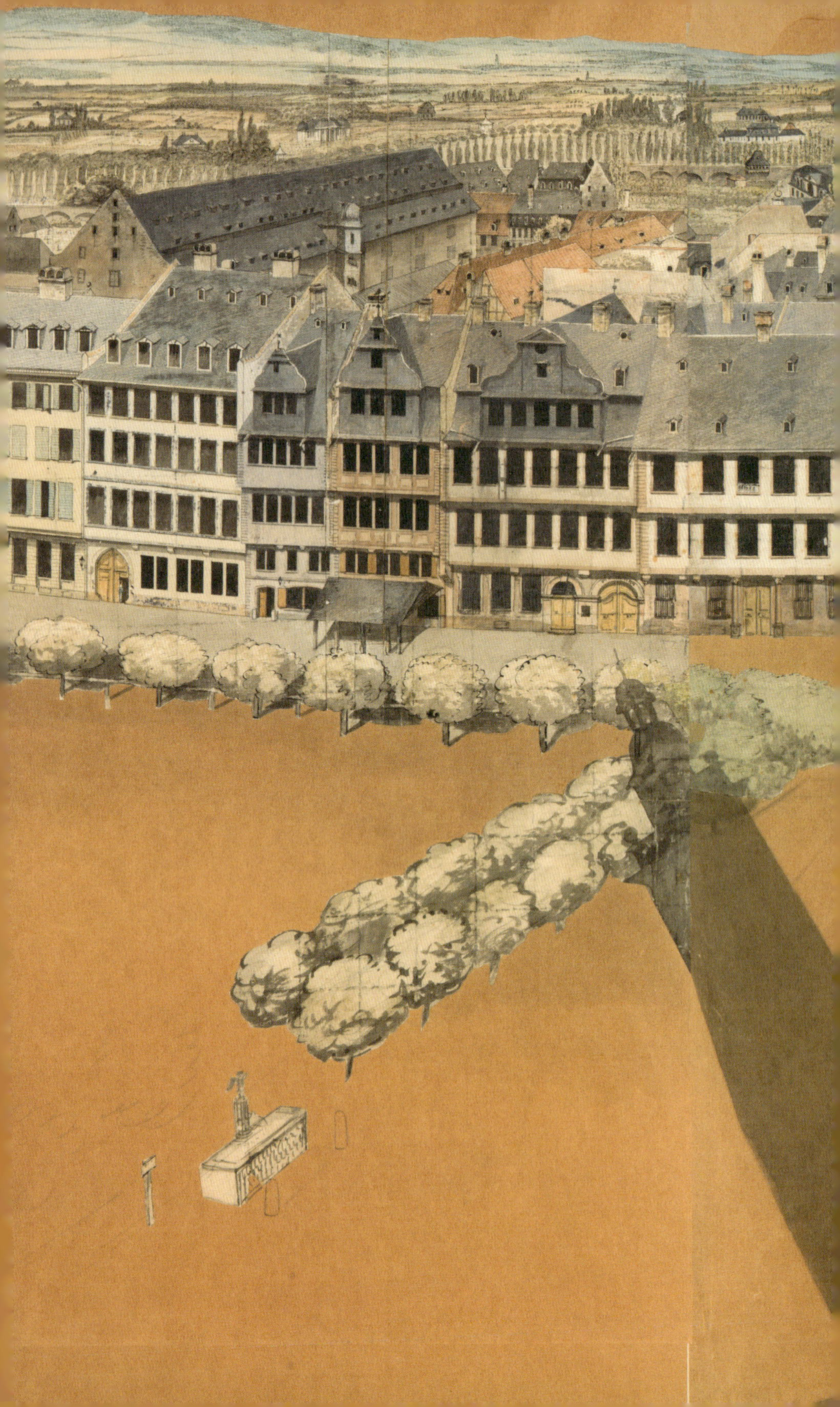

Blick nach Norden zum Eschenheimer Turm

rungen" ausgeschmückt hatte, die die Straßen und Plätze des „frankozentrischen" Weltbilds bevölkerten. *WPC*

Entwurf zu einem Panorama der Stadt Frankfurt und der umliegenden Gegend, Johann Friedrich Morgenstern (1777–1844), Frankfurt, 1809–1811, aquarellierte Federzeichnungen, H. ca. 91 cm, B. ca. 71 cm, HMF.B0769–776 und kolorierte Radierung, Dm. 30 cm, HMF.C10306

Literatur: Hundeshagen 1811; Kat. Nürnberg 2014; Oettermann 1980

37
Börne-Medaille

Als Juda Löw Baruch 1786 in der Judengasse geboren, hatte Börne schon als Kind den Kampf der Frankfurter Juden um Gleichberechtigung miterlebt. Als er 1806 nach seinem Studium der Rechtswissenschaften in seine Geburtsstadt zurückkehrte, herrschte hier unter dem von Napoleon eingesetzten Fürstprimas Carl von Dalberg ein liberales Klima. Das eröffnete dem jungen Dr. Baruch 1811 eine Ernennung zum Polizeibeamten. Doch bereits 1815, nach dem Ende der napoleonischen Herrschaft und der Wiederherstellung des alten Stadt-

Ludwig Börne, der Journalist und spöttische Kritiker, setzte sich für Demokratie, Völkerverständigung und rechtliche Gleichstellung aller Menschen ein.

rechts, wurde ihm seine Stellung als Beamter mitsamt den Bürgerrechten prompt wieder entzogen.

Nach seiner Entlassung verfolgte Baruch entschlossen seine Laufbahn als politischer Journalist. Er änderte seinen Namen in Ludwig Börne und ließ sich taufen – die Gleichstellung der Juden blieb aber zeitlebens ein wichtiges Thema für ihn. 1818 erschien erstmals seine Zeitschrift „Die Wage" mit kritischen Artikeln, politischen Essays und bissigen Theaterkritiken. Immer häufiger zog es Börne in das liberale Paris, 1830 nahm er dort endgültig seinen Wohnsitz. In seinen berühmten „Briefen aus Paris" setzte er sich für die deutsche Demokratiebewegung und die Gleichheit und Brüderlichkeit auch zwischen dem deutschen und dem französischen Volk ein. Seine Schriften fanden in Deutschland zugleich reißenden Absatz und schärfste Ablehnung. Der Rat drohte im Jahr 1831 damit, Börne deswegen sogar die Pension als ehemaligem Magistratsbeamten zu entziehen.

Nach Börnes Tod 1836 fertigte der französische Künstler David d'Angers für seinen Freund und Gesinnungsgenossen dessen Grabmal auf dem Pariser Friedhof Père Lachaise sowie das Bronzemedaillon an. Es kam erst Jahrzehnte später in die Münzsammlung der Stadtbibliothek Frankfurt. Vorher wäre ein Erinnerungsstück an den „Aufrührer" durch die vom Frankfurter Rat verwaltete Bibliothek undenkbar gewesen. *AG*

Bronzemedaillon mit dem Bildnis Ludwig Börnes, David d'Angers (1788–1856), Paris, 1836, gegossene Bronze, Dm. 16 cm, H. 3,1 cm, HMF.MJF1046

Literatur: Kat. Frankfurt 1986a

Rechte Seite: Ludwig Börne: Die Wage. Eine Zeitschrift für Bürgerleben, Wissenschaft und Kunst (1. Band, 7. Heft), Frankfurt 1819, Druckschrift, HMF.Bibl.2009.5129.07,2

Die Wage

Eine Zeitschrift für Bürgerleben
Wissenschaft und Kunst.

Herausgegeben
von
Dr. Ludwig Börne.

Siebentes Heft.
(April 1819.)

Frankfurt am Main.
In der Hermannschen Buchhandlung.

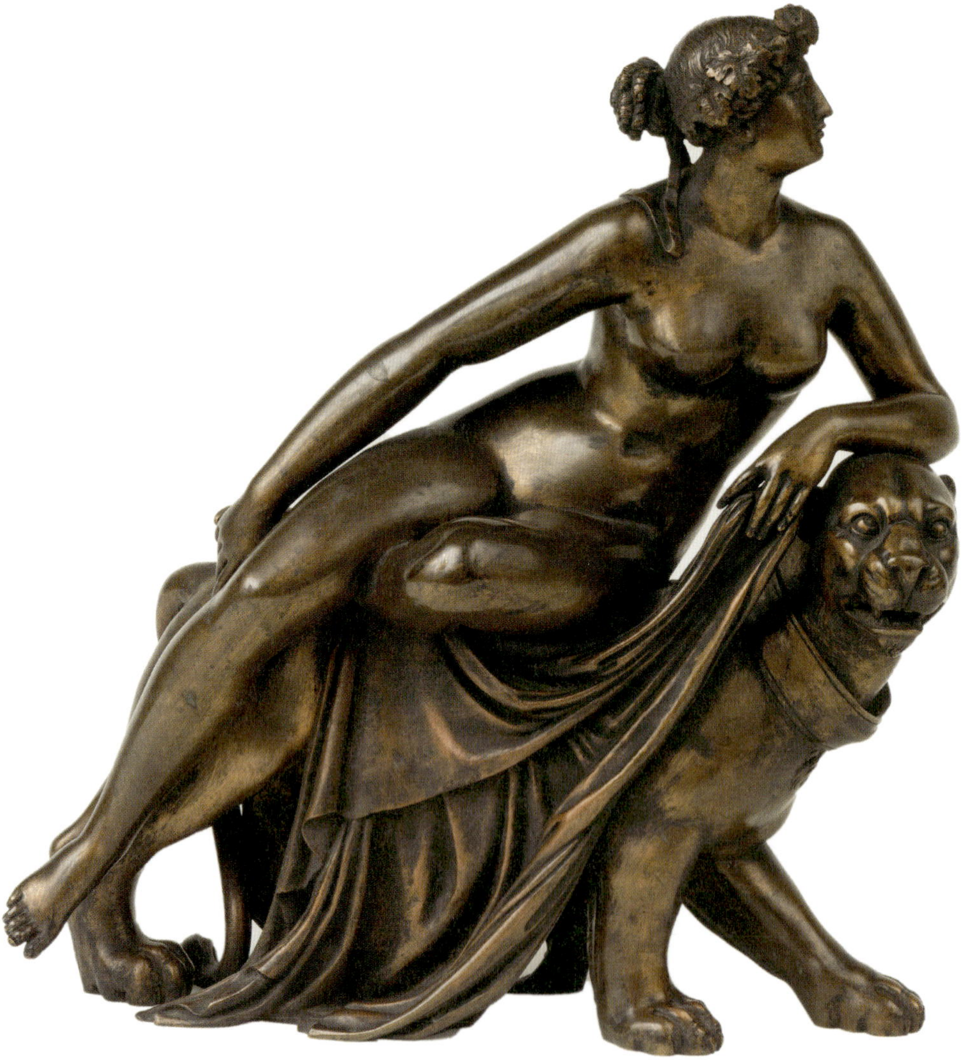

38

Ariadne auf dem Panther

Simon Moritz von Bethmann (1768–1826) – Frankfurter Bankier, Politiker und Diplomat – war ein leidenschaftlicher Kunstsammler. Im Anlagenring vor dem Friedberger Tor ließ er für seine Antikensammlung ein Museum errichten, das 1812 seine Tore für das Publikum öffnete. Zwei Jahre zuvor war ihm eine Aufsehen erregende Erwerbung gelungen. Beim Stuttgarter Hofbildhauer Dannecker hatte er für 11.000 Gulden die Marmorfassung der „Ariadne auf dem Panther" angekauft. Der Künstler hatte schon 1803 einen Entwurf in Ton angefertigt und 1804 den Marmor im italienischen Carrara bestellt. Sein Arbeitgeber, der württembergische Kurfürst Friedrich, zeigte jedoch kein Interesse an dem Werk. Deshalb bat Dannecker ihn um Erlaubnis, es für sich selbst behalten zu dürfen, um es dann einem zahlungskräftigen Kunden verkaufen zu können.

„Wenn der Fürst nicht mehr bieten kann als der Kaufmann, so soll es der Kaufmann haben." (Dannecker über den Verkauf der Ariadne)

Die 1814 vollendete Marmorgruppe (H. 157 cm, B. 136 cm und T. 63 cm) wurde 1816 im Bethmann'schen Museum aufgestellt und schnell zur touristischen Attraktion der Stadt. 1856 wechselte sie in das nach ihr benannte „Ariadneum" hinter dem Landhaus der Familie Bethmann. Die Skulptur zeigt Ariadne, Tochter des kretischen Königs Minos. Sie hatte dem Helden Theseus geholfen, das Ungeheuer im Labyrinth von Knossos zu töten. Theseus verliebte sich in Ariadne, ließ sie aber auf dem Weg nach Athen auf der Insel Naxos zurück. Dort fand sie der Wein-

Hermann Junker: Ariadne, um 1889, Federzeichnung; Entwurf für: Vollständiger humoristisch-poetischer Führer durch Frankfurt am Main, Stuttgart 1889, HMF.C43031 – „und wenn dann der Aufseher das rothe Fenster vorschiebt, so daß die ganze Figur von einem süßen Rosenlichte beleuchtet ist, welches an dem Marmor die Farbe des Fleisches nachahmt, da kömmt es vollends dem Beschauer nicht anders vor, als daß diese herrliche Gestalt mit demselben lebendigen Odem begabt sey, der alle menschlichen Wesen in Regung erhält." (Georg F. Hoffmann, 1830)

gott Dionysos und vermählte sich mit ihr. Der Panther, Symboltier des Dionysos, führte ihm Ariadne zu.

Danneckers Werk thematisierte die „Bezähmung der Wildheit durch die Schönheit" („Merkur", 1805) und fand aufgrund seiner schillernden Ausstrahlung zwischen klassizistischer Idealisierung und üppiger Sinnlichkeit eine große Resonanz in der

38 Ariadne auf dem Panther

Kunstwelt. Es wurde bewundert und gelobt, aber auch kritisiert und in unzähligen verkleinerten Kopien aus verschiedensten Materialien reproduziert und als Andenken verkitscht. Heute befindet sich die Marmorgruppe im Liebieghaus in Frankfurt.

WPC

Ariadne auf dem Panther (des Dionysos), Gießerei Andreas Komo & Sohn nach Johann Heinrich Dannecker (1758–1841), Frankfurt, nach 1900, Bronzeguss, H. 35 cm, B. 33 cm, T. 15 cm, HMF.X.1970.034

Literatur: Beck 1979; Holst 1987; Nagel 1993

Peter Rhein. **Erste Probe** Philipp Lenz.
Ä.S.M. der neuen J.S.M.
Wasserleitung
a. 31. Juli
1830.

39
Schützenscheibe

Die städtische Wasserversorgung gehörte zu den wichtigen Infrastrukturmaßnahmen des 19. Jahrhunderts. Allerdings besaß Frankfurt schon lange zahlreiche öffentliche Brunnen, die aus dem Grundwasser und aus den Quellen des Friedberger Feldes gespeist wurden. Hier konnte die Bevölkerung, wenn sie nicht über private Hausbrunnen verfügte, ihren täglichen Wasserbedarf decken. Die steigende Einwohnerzahl und die Seuchenprävention erforderten jedoch das Anlegen von neuen Leitungen und Brunnen. Das Bauamt beauftragte daher 1825 den Wege- und Brückenbauinspektor Philipp Jakob Hoffmann, den Vater des bekannten Arztes und Struwwelpeter-Autors Heinrich Hoffmann, mit deren Planung und Bau. Im Norden der Stadt wurden die Quellen des Knoblauchfeldes erschlossen und belieferten die Frankfurter ab 1834 mit täglich etwa 1.500 Kubikmetern Frischwasser. Verteilerstationen befanden sich am Eschenheimer und am Friedberger Tor.

Hoffmanns Wasserkünste vereinten das Angenehme mit dem Nützlichen: Brunnen für's Gemüt und Wasser für die Haushalte.

Am 31. Juli 1830 testete Hoffmann zum ersten Mal die neue Wasserleitung. Seine Tochter Sophie berichtete darüber an ihren Bruder Heinrich: „Am Samstag vor 8 Tagen ließ er [der Vater] vor dem Eschenheimer Thor ein Springwerk errichten, zur Belustigung der Frankfurter, die dann auch den ganzen Sonntag dahin wanderten. Die ganze Stadt sprach von nichts anderem als diesem Springbrunnen und seinem Errichter. Seit dem vorigen Sonntag ist am Eschenheimer Tor der erste Röhrbrunnen. Alle Bewohner der Umgegend lassen dort schon ihr Wasser holen."

Eine der Schützengesellschaften, die ihre Schießscheiben gerne mit aktuellen Ereignissen schmücken ließen, wählte für das Jahr 1830 die Probe der neuen Wasserleitung als Thema und beauftragte den Maler Philipp Jakob Bauer. Bauers Gemälde zeigt das staunende Publikum in Sonntagskleidung an der Absperrung um die emporschießende Wasserfontäne. *WPC*

Erste Probe der neuen Wasserleitung am 31. Juli 1830 (Schützenscheibe), Philipp Jakob Bauer (1792–1838), Frankfurt 1830, Ölmalerei auf Tannenholz, Dm. 84,5 cm, T. 3,5 cm, HMF.B0764

Literatur: Rödel 1983

40
Schnupftabakdose

Seit dem ausgehenden 18. Jahrhundert erlebte Frankfurt eine wachsende Rivalität durch die Messestadt Leipzig und durch die Nachbarstadt Offenbach. Der Großherzog von Hessen-Darmstadt baute die ihm nach den Napoleonischen Kriegen zugesprochene Stadt Offenbach als wirtschaftliche Konkurrenz zu Frankfurt aus. Seit dem Beitritt in den Preußischen Zollverein am 14. Februar 1828 genehmigte er Offenbach, zeitgleich zu den Frankfurter Messen eigene Messen zu veranstalten. Zudem bot er den Offenbacher Messebesuchern großzügige Steuer- und Handelsvorteile an, inklusive zollfreier Lagerung der Waren. Dies führte zu einem Aufblühen der Offenbacher Wirtschaft.

Offenbach bedrohte Frankfurts jahrhundertealte Rolle als Messestadt.

DIE NEUEN TROJANER
Wie die Frankfurter die Offenbacher Mauth an sich ziehen.

Karikatur „Die neuen Trojaner oder Wie die Frankfurter die Offenbacher Mauth an sich ziehen", Frankfurt am Main/Offenbach, um 1845, Lithographie, HMF.C07409

Nachdem Kurhessen 1831, Bayern und Baden-Württemberg 1833 dem Zollverein beigetreten waren, sah sich Frankfurt zunehmend isoliert und eingekreist. Nach langwierigen Verhandlungen wurde auch Frankfurt am 2. Januar 1836 Mitglied des Zollvereins. Die Entscheidung über den Beitritt Frankfurts war in Teilen der Bevölkerung und des Senats lange umstritten, da man eine preußische Vorherrschaft und einen zunehmenden Verlust der Unabhängigkeit befürchtete. Doch bald stellte sich heraus, dass der Zollverein wirtschaftliche Barrieren abbaute und den Mitgliedern finanzielle Vorteile bei der Verteilung der Mauteinnahmen bot, die sich Offenbach und Frankfurt zunächst teilen mussten.

Die Schnupftabakdose wurde nach dem Beitritt Frankfurts zum Deutschen Zollverein angefertigt. Die Abbildung auf dem Deckel zeigt einen Ausschnitt aus der anonymen Lithographie „Die neu-

40 Schnupftabakdose

en Trojaner oder: Wie die Frankfurter die Offenbacher Mauth an sich ziehen". Auf der Karikatur ziehen Frankfurter Bürger das Offenbacher Zollamt auf einem Wagen in ihre Stadt zurück. Ihnen folgen zahlreiche Messebesucher mit Firmenschildern und Sackkarren. Durch die Rückgewinnung des Frankfurter Messemonopols blühte der hiesige Handel wieder auf und steigerte die Beliebtheit solcher Karikaturen in der Frankfurter Bevölkerung.

Eine Anekdote in der Frankfurt-Chronik unter dem Eintrag von 1836 steht in einem schönen Kontrast zur Tabaksdose:

„Beim Abschluss des Zollvertrages werden den Frankfurter Bevollmächtigten preußische Orden verliehen. Der Frankfurter Senat verteilt seinerseits die üblichen Geschenke. Der Generalpostmeister v. Nagler erhält eine mit 20 Brillanten besetzte Dose mit dem Bilde der Frankfurter Mainbrücke, die dieser gleich wieder an den Juwelier Speltz veräußert." *PS*

Schnupftabakdose, Frankfurt, 1836 – 1846, Pappmaché, Lack, Lithographie im Umdruckverfahren, Dm. 9 cm, H. 2,2 cm, HMF.X16500

Literatur: Eichstaedt 2011; Kat. Frankfurt 1991; Stage 1971

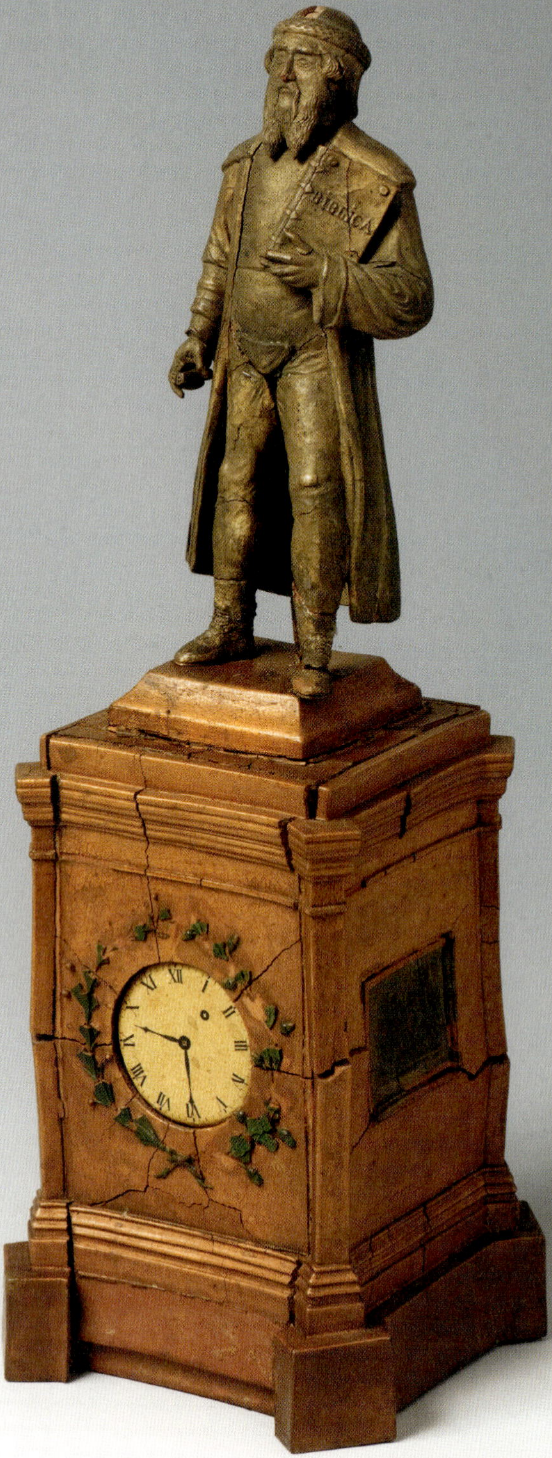

41
Gutenberg-Denkmal

Am 3. April 1833 stürmten circa 50 vorwiegend studentische Aufständische die Hauptwache und die Konstablerwache: der Frankfurter „Wachensturm". Dort saßen die Publizisten Funck und Freyeisen ein. Im revolutionären Siegestaumel sollte danach das Palais Thurn und Taxis als Regierungssitz des Deutschen Bundes besetzt und die Republik ausgerufen werden. Dieser Versuch einer deutschen Revolution nach dem Vorbild der französischen Juli-Revolution 1830 scheiterte kläglich, auch weil die Frankfurter Bürger nicht mitzogen. Die Teilnehmer des Aufstandes flohen ins Ausland oder sie wurden inhaftiert und saßen bis 1838 in der Konstablerwache ein.

Die Revolutionäre des Frankfurter Wachensturms bildeten im Gefängnis das Mainzer Denkmal ihres Freiheitshelden Gutenberg als „Brotmännchen" nach.

Das fast 40 cm hohe Miniaturdenkmal von Johannes Gutenberg, dem Erfinder des Buchdrucks im 15. Jahrhundert, wurde von den Inhaftierten aus gekautem Brot geformt und 1840, zur Vierhundertjahrfeier der Erfindung des Buchdrucks, in Frankfurt zugunsten der Angehörigen der Inhaftierten versteigert. 1973 wurde es für die Museumssammlungen erworben.

Vorbild dieser einzigartigen Skulptur war das Mainzer Gutenberg-Denkmal, das der dänische Bildhauer Bertel Thorwaldsen 1837 gegossen hatte: für den schon zur Zeit der Mainzer Republik (1798–1814) eingerichteten Gutenbergplatz. Es war eines der ersten bürgerlichen Denkmäler: von Bürgern für ei-

100 * Frankfurt

Erinnerungsblatt an die 4. Säcularfeier der Erfindung der Buchdruckerkunst am 24.06.1840 mit Abbildung des Gutenbergdenkmals auf dem Frankfurter Roßmarkt, kol. Kupferstich, HMF.C00221

nen „Bürger" erschaffen. Der Buchdruck galt seit der Französischen Revolution als ein Symbol des Fortschritts für die Verbreitung von Wissen, Aufklärung und Zivilisation. Gutenberg wurde seither von demokratisch gesinnten Bürgern als Garant der Gedanken- und Pressefreiheit und somit als früher Revolutionär verehrt.

Das Frankfurter Gutenbergfest vom 24. Juni 1840 fand dementsprechend unter großer Anteilnahme der Bevölkerung statt, über 50 Vereine und Zünfte präsentierten sich mit neu gestalteten Fahnen. Es stand in einer Reihe mit „Kulturfeiern", die jeweils nationale Gefühle und demokratische Ziele zum Ausdruck brachten, wie z. B. das Mozartfest als Erstes Deutsches Sängerfest 1838, die Einweihung des Goethe-Denkmals 1840 oder der Germanistentag von 1846.

JG

Miniatur des Mainzer Guten-Dergdenkmals, Frankfurt, um 1835, Holz, Brot, Sockel H. 20, B. 11 cm; Figur H. 18 cm, B. 9 cm, HMF.X1991020

Literatur: Kat. Frankfurt 1994; Steen 1978

42

Goethe-Denkmal

Die Idee, Goethe ein Denkmal zu widmen, stammt aus dem Jahr 1819. Zur Feier seines 70. Geburtstages kam am 28. August 1819 eine Festgesellschaft im Gasthof Weidenbusch zusammen. Im Bankier Simon Moritz von Bethmann hatte die Denkmalsidee einen einflussreichen und finanzkräftigen Fürsprecher. Der ehemalige Staatsrat in russischen Diensten übernahm die Geldbeschaffung für den geplanten Tempel auf der Maininsel vor dem Schneidwall. Bedeutende Künstler wie Christian Rauch und Bertel Thorwaldsen wurden mit der Anfertigung von Arbeitsmodellen beauftragt.

Drei Privatleute finanzierten das erste Frankfurter Goethe-Denkmal in der alten Stadtbibliothek.

Auch Bettine von Arnim gehörte zu denen, die dem verehrten Dichter in seiner Vaterstadt ein Denkmal setzen wollten. Sie hatte dazu eigene Vorstellungen, die sie in einer Bleistiftzeichnung niederlegte. Sie zeichnete eine Statue, bei der Goethe wie ein antiker Gott mit nacktem Oberkörper auf einem Marmorthron sitzt. In den Händen hält er einen Lorbeerkranz und eine Leier, die von einem Engel gespielt wird. Die Basis ziert ein Adler, womit Goethe in die Nähe des Göttervaters Zeus gerückt wird.

Doch nur einige Tausend Gulden von den erforderlichen 50.000 kamen nach dem Spendenaufruf zusammen. Offensichtlich nahmen es die Bürger Goethe übel, dass er schon vor einiger Zeit das Frankfurter Bürgerrecht aufgegeben hatte. Mit dem Tod Bethmanns 1826 starb auch die Denkmalidee.

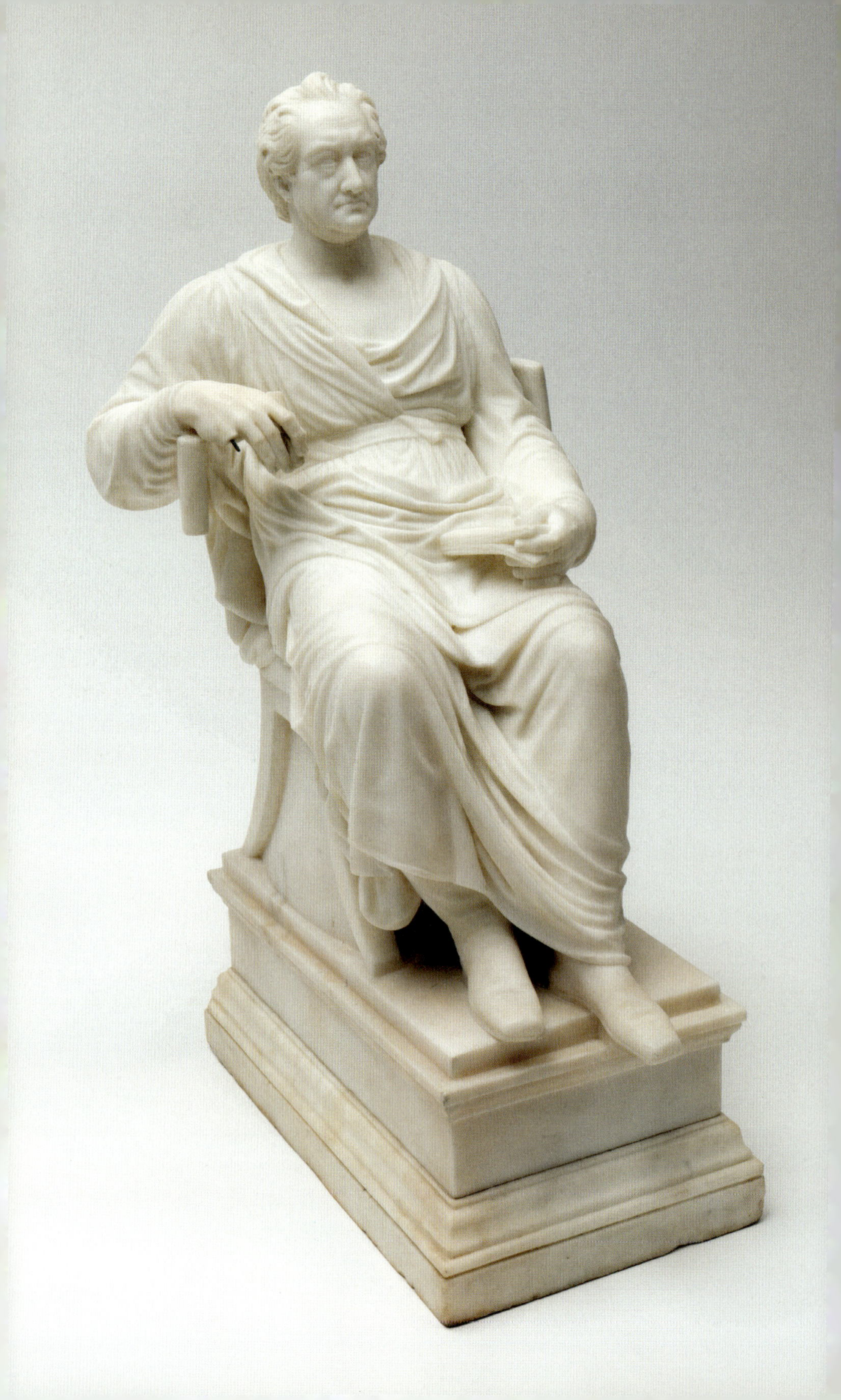

42 Goethe-Denkmal

Die drei reichen und angesehenen Bürger und Kaufleute Heinrich Mylius, Eduard Rüppell und Marquard Georg Seufferheld beschlossen die „Schmach" Frankfurts zu tilgen. Sie beauftragten 1834 den Mailänder Bildhauer Pompeo Marchesi, eine sitzende Goethe-Figur in Marmor aus Carrara auszuführen. Ihren Platz fand sie 1840 in der Stadtbibliothek am Obermaintor. Als Dank für den Auftrag fertigte Marchesi für jeden der drei Auftraggeber eine Miniatur an, von der eine ins Historische Museum kam. Die beiden anderen Miniaturen befinden sich im Goethe-Museum und in der Stadt- und Universitätsbibliothek.

Bettine von Arnim, Entwurf für ein Goethe-Denkmal, Bleistiftzeichnung von 1832, Staatliche Schlösser und Gärten Hessen

Die Initiative der drei Bürger rief wiederum das seit Jahren ruhende Denkmalkomitee erneut auf den Plan. Im Namen der Bürgerschaft unternahm das Komitee 1837 einen erneuten Anlauf für eine weitere, also zweite Goethe-Statue. Zwist und Uneinigkeit in Frankfurt führten also dazu, dass es zwei Goethe-Denkmäler in der Heimatstadt des Dichters geben sollte: Drei Jahre später waren von den erforderlichen 53.000 Gulden aber erst 28.000 beisammen. Als Künstler war wiederum Bertel Thorwaldsen vorgesehen, dem es aber nicht gelang, innerhalb von drei Jahren einen Entwurf abzuliefern. Trotz des noch fehlenden Geldes ging der Auftrag 1841 dann an Ludwig von Schwanthaler in München. Bei der Enthüllung im Jahr 1844 hielt sich die Begeisterung al-

Carl Friedrich Mylius: Goethe-Denkmal von Ludwig Schwanthaler, Frankfurt um 1855, Fotografie

lerdings in Grenzen. Kritiker bemäkelten die falsche Knopfsetzung am Mantel und die plumpen Stiefel. Nach einigen Standortwechseln steht das Denkmal heute auf dem Goetheplatz.

Die Stadtbibliothek und damit auch das Goethe-Denkmal von Marchesi wurden im März 1944 durch Bomben zerstört. Im Foyer des Literaturhauses, das sich heute an diesem Standort befindet, steht eine Bronze-Nachbildung des Denkmals. *FB*

Denkmalskulptur für Johann Wolfgang von Goethe, Pompeo Marchesi (1789–1858), Mailand, 1842, Marmor, H. 48 cm, B. 23 cm, T. 30 cm, HMF.X.2009.4867

Literatur: Kat. Frankfurt 1994; Kat. Frankfurt 1999

43

Prachteinband für Salomon Rothschild

Die Familie Rothschild lebte seit dem 16. Jahrhundert in der Judengasse. Mayer Amschel Rothschild gelang von dort der legendäre Aufstieg vom kleinen Münzhändler zum Hofbankier. Nach der Auflösung des jüdischen Ghettos 1796 bauten seine fünf Söhne innerhalb weniger Jahre aus dem väterlichen Unternehmen eines der wichtigsten Bankhäuser Europas auf. Für ihre Rolle als Herren des europäischen Finanzmarktes sowie als Vertraute von Ministern und Königen wurden sie bewundert und gefürchtet.

Das prächtige Geschenk für Salomon Rothschild zu seinem 70. Geburtstag verdeutlicht dessen hohes gesellschaftliches Ansehen.

Salomon Mayer Freiherr von Rothschild (1774–1855) war der zweite Sohn Mayer Amschels. 1817 begründete er in Wien eine der Zweigstellen des Frankfurter Stammhauses. Dort wurde er zum Ratgeber des österreichischen Staatskanzlers Metternich in finanziellen Angelegenheiten. Rothschilds Name ist eng mit der Gründung früher europäischer Dampfeisenbahnen verbunden: In Österreich trieb er nach 1830 den Eisenbahnbau voran.

Mayer Rothschild erhielt den Prachteinband mit Urkunde zum Geburtstag am 9. September 1844. Die rechte Seite des dreieinhalb Kilogramm schweren Einbandes setzte die Aufstiegsgeschichte in Bilder um: Dafür stehen Symbole wie der Handelsgott Merkur, Schiffe auf dem Meer, aufgehäufte Waren und

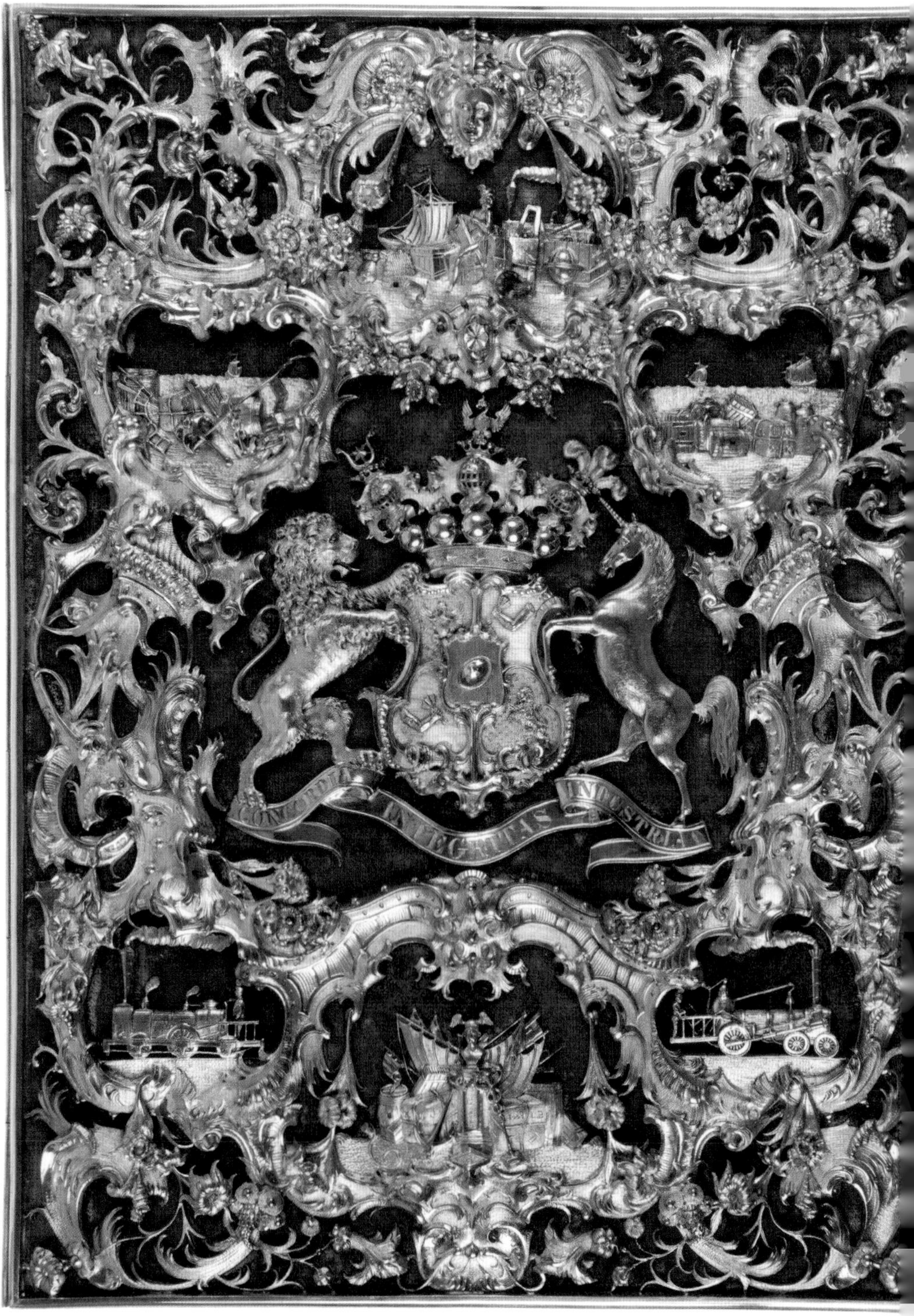
CONCORDIA
INTEGRITAS
INDUSTRIA

IMMORTELLE
der
ERINNERUNG.

Dem Hochgebornen Herrn Herrn

S. M. BARON von ROTHSCHILD,

Königlich Preußischem und Bairischen Geheimen Kommerzienrath, Churhessisch
Residirendem, Geheimen Finanzrath, Hofbankier von Bayern und Neapel, Ritter
des Kaiserlich Österreichischen St. Wladimir-Ordens, der Königlich Preußischen hohen
Rothen Adler-, des Königlich Dänischen Danebrog- und des Königlich Sicilianischen
Ferdinands-Ordens Ritter, des Grossherzoglich Hessischen Ludwigs-Ordens und
Commandeur des Churfürstlich Hessischen Löwen-Ordens, Ehrenbürger freier
Stadt Frankfurt am Main, Ehrenmitglieder von Wien und Berlin, gewidmet

ZUR FEIER SEINES
SIEBZIGSTEN GEBURTSFESTES
am 9. September 1844

im Gefühle der innigsten Verehrung gewidmet
von

JOHANN GASTL
k. k. priv. Großhändler.

zwei Lokomotiven. In der Mitte befindet sich das Familienwappen. Die Hand mit den Pfeilen symbolisiert die fünf Brüder, die wie die fünf Finger einer Hand durch einen Gesellschaftsvertrag verbunden sind. Getragen wird das Wappenschild von Löwe und Einhorn – sie verkörpern Kraft und Einigkeit. „Concordia, Integritas, Industria" steht als Familienmotto auf dem Schriftband und darunter die Übersetzung: Eintracht, Redlichkeit und Fleiß.

Die Frankfurter Niederlassung der Bank wurde 1901 geschlossen; 2011 starb die letzte noch in Frankfurt lebende Nachfahrin. Die Bankhäuser in Paris und London bestehen bis heute und befinden sich im Besitz verschiedener Zweige der Familie. *AG*

Prachteinband der Familie Rothschild, Mayerhofer & Klinkosch, Wien, 1845, zum Teil vergoldetes Silber, H. 46 cm, B. 34 cm, T. 4,5 cm mit Schmuckelementen, HMF.X.1988.0804

Der Gründer des Welthauses Rothschild im Kreise seiner Söhne und Enkel, in: Das Goldene Buch des Judentums, Wien 1890, HMF.C12452

Das Welthaus Rothschild.

Der Struwwelpeter

Ein lustiges Kartenspiel für kleine Leute

Vom Verfasser und Verleger autorisirte Ausgabe

BD · 314

44

Struwwelpeter

Eingeklemmt zwischen „Karl May" und „Hausmusik" thront der Struwwelpeter in der langen Reihe der „Deutschen Erinnerungsorte", die von Historikern um die Jahrtausendwende zum kollektiven Kulturerbe erhoben wurden. Das war dem ‚Frankfurter Bub' nicht in die Wiege gelegt. Sein geistiger Vater, der Nervenarzt Dr. Heinrich Hoffmann, zeichnete und schrieb mangels eines geeigneten Weihnachtsgeschenks für seinen Sohn Carl 1844 selbst ein Bilderbuch. Es enthält kurze, drastische, warnende Geschichten in einprägsamen Bildern und Versen, die auch heute noch viele Erwachsene auswendig können. Wer kennt sie nicht? Struwwelpeter, der böse Friederich und Paulinchen, Ludwig, Kaspar und Wilhelm, der wilde Jäger und der Hase, der Daumenlutscher, der Suppen-Kaspar und der Zappel-Philipp, Hans Guck-in-die-Luft und der fliegende Robert.

„Sieh einmal, hier steht er. Pfui! Der Struwwelpeter!": Ein Frankfurter Kinderbuch als Weltbestseller.

Seit dem ersten Druck bei Zacharias Löwenthal (Karl Friedrich Loening) in Frankfurt 1845 folgte eine Auflage, eine Übersetzung nach der anderen. Der Struwwelpeter wurde ein Welterfolg und fand zahlreiche Umarbeitungen und Parodien; bis heute. Auch in andere Medien wurden seine Helden übertragen; es gibt sie als Kartenspiel, als Figuren des Winterhilfswerks im Zweiten Weltkrieg und als Rockoper „Shockheaded Peter". Besonders die politische Karikatur bediente sich gerne des wandlungsfähigen Vorbildes, vom „Politischen Struwwelpeter" der Revolution von 1848 bis zum Struwwel-Hitler der englischen Kriegspropagan-

Der Struwwelpeter. Ein lustiges Kartenspiel für kleine Leute, Frankfurt, vor 1895

da. Einer der Karikaturisten der sogenannten Neuen Frankfurter Schule nahm sich ebenfalls seiner an: Friedrich Karl Waechter mit seinem „Anti-Struwwelpeter" von 1970. Aber selbst die Diskussion über die antiautoritäre Erziehung in den 1970er Jahren konnte dem Erfolg des Struwwelpeters nichts anhaben: Der Struwwelpeter, ein widerspenstiger, ein aufmüpfiger ‚Frankfurter Bub' als unsterblicher Weltbürger. Nicht schlecht, Herr Hoffmann.

WPC

Der Struwwelpeter. Ein lustiges Kartenspiel für kleine Leute, Heinrich Hoffmann (1809–1894), Verlag Bernhard Dondorf, Frankfurt, vor 1895, Farblithographie, Typendruck, H. 13,4 cm, B. 10,1 cm, T. 2,3 cm, HMF.C67431

Literatur: Carcenac-Lecomte 2001, Dolle-Weinkauff/Ewers 2009

45
Regenschirm einer Revolutionärin

Henriette Zobel geb. Pfaff (geb. 1813) wuchs als Tochter eines Bäckers in Oberrad und Offenbach auf. Sie war in erster Ehe mit einem Buchdrucker, in zweiter Ehe mit dem Lithographen Karl Zobel verheiratet, mit dem sie zunächst in Seckbach und dann in Bornheim wohnte. Sie galt als selbstständig und politisch interessiert. Von der Revolution erhoffte sie sich eine Verbesserung ihrer eigenen Situation.

Der Regenschirm erinnert an eine enttäuschte Revolutionärin und steht damit stellvertretend für die gescheiterte Revolution von 1848.

Franz Heister, J. B. Bauer: Die Eröffnung der Nationalversammlung in der Paulskirche zu Frankfurt den 18. Mai 1848, Kreidelithographie, HMF.C05444

Damit war sie in Frankfurt nicht allein. An der Nationalversammlung in der Paulskirche nahmen viele Bürger und auch Bürgerinnen als Gäste teil. Als die Versammlung dem preußisch-dänischen Waffenstillstand am 16. September 1848 zustimmte, kam es zum Aufstand. Viele Bürgerinnen und Bürger sahen mit diesem Beschluss die Revolution und die demokratischen Ideale verraten. Die republikanische Linke versammelte sich darauf in der Stadt. Als die rechtskonservativen Abgeordneten Fürst Felix von Lichnowksy und General Hans von Auerswald zu Pferd für das Preußische Militär Bornheim erkundeten, wurden sie von der Menschenmenge als Verräter der Revolution verfolgt und dann ermordet. Als Täter wurden zwei Männer und Henriette Zobel verurteilt. Sie erhielt die höchste Strafe. Zeugen konnten sich angeblich gut an die mit Hut, Schal und Schirm ausgestattete Frau erinnern. Die Medien der Zeit ließen sie als schirmschwingende Furie in die Geschichte eingehen.

45 Regenschirm einer Revolutionärin

1853 wurde Henriette Zobel wegen „Theilnahme an einem Complott zur Tödtung des Generals von Auerswald sowie der Anstiftung und Rädelsführung dabei" zu 16 Jahren Zuchthaus verurteilt. Mit Schirm und Steinen soll sie auf den Abgeordneten eingeschlagen haben. Die Anklage auf Komplott und Anstiftung wurde zwei Jahre später fallengelassen. In einem Brief beklagte sie die schlechten Haftbedingungen: „Ich bekomme einmal Suppe, und Wasser u. Brod, Herr Doktor! Wie kann ich da bestehen in dem ich mich schon 4 ½ Jahr in diesem Elend befinde (…)?" „Nicht einmal ein Bettuch kein Handtuch, keinen Waschkübel habe ich bekommen, was doch gewiß selbst für den Unglücklichsten unentbehrlich ist." (ISG, Criminalia Akten). Doch erst nach 17 Jahren Gefängnis wurde sie 1865 aufgrund ihres schlechten Gesundheitszustandes entlassen. Danach verliert sich ihre Spur.

Ludwig von Elliot: Die Ermordung Lichnowsky's, mit H. Zobel im Vordergrund, Frankfurt, 1848, Lithographie, HMF.N23905

Nicht ein Schirm, sondern eine Kugel hatte zum Tod des Generals geführt. Es ist deshalb wahrscheinlich, dass an Henriette Zobel ein Exempel statuiert werden sollte – Frauen hatten in der Politik (noch) nichts zu suchen. Der Schirm mit dem abgebrochenen Griff galt als Beweisstück vor Gericht und kam 1950 aus dem Stadtarchiv ins Museum. NG

Regenschirm der Henriette Zobel, Frankfurt, um 1848, Holz, Metall, Baumwolle, Leinwandbindung, Papier, Siegelwachs, Dm. aufgespannt 142 cm, HMF.X.1950.005

Literatur: Franke 2015; Jansen 2005; Köstlin 1853; Ludwig 2007

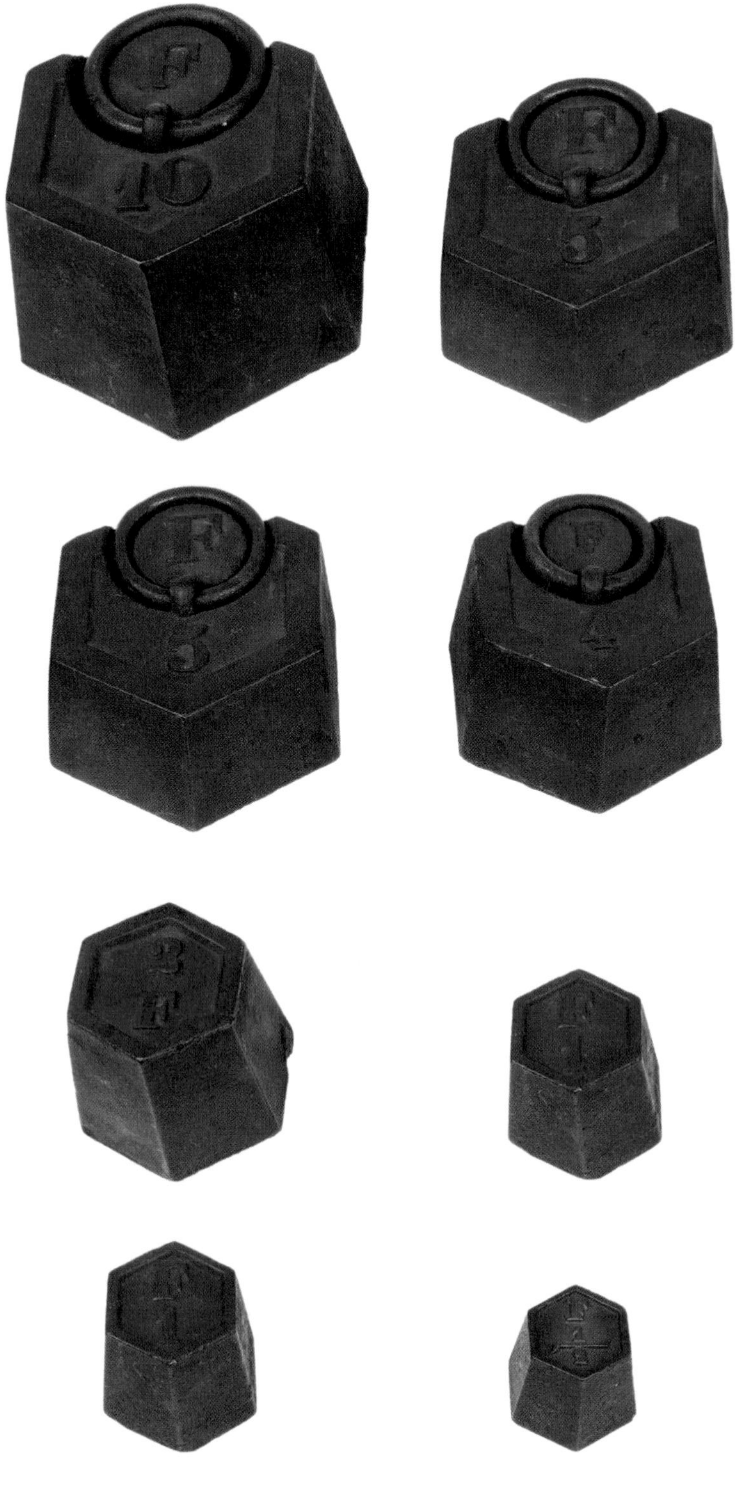
F
10
F
5
F
5
F
4
2
F

46
Frankfurter Zollpfundgewicht

Das Zollpfund wurde während der Französischen Revolution im Jahr 1793 vom französischen Nationalkonvent festgelegt. Folgende Berechnung lag ihm zugrunde: der Meter als 10-millionster Teil des Erdquadranten auf dem Meridian von Paris definiert, unterteilt in 100 cm. Ein Kilogramm ergab sich aus dem Gewicht von Wasser in einem Kubus von 10 x 10 x 10 cm. Es wurde in 1.000 Gramm unterteilt. Die Hälfte davon war das Pfund Pariser Herkunft zu 500 Gramm.

Der politischen Einheit Deutschlands ging die Vereinheitlichung von Gewicht und Währung voran.

Pfundgewichte gab es in Antike, Mittelalter und Neuzeit. Je nach Ort wogen sie zwischen etwa 327 und 560 Gramm. In Frankfurt rechnete man mit einem leichten Pfund zu 467,7 Gramm und einem schweren Pfund zu 505,1 Gramm.

Der Deutsche Zollverein als Zusammenschluss von Staaten für die Handels- und Zollpolitik wurde 1834 gegründet. Ziel war die Schaffung eines einheitlichen Wirtschaftsgebietes. Schon 1833 verwendeten einige Staaten das Zollpfund für Warenbewegungen untereinander. Auch betrieb der Zollverein eine Angleichung der Währungen durch den Münchner (1837) und den Dresdner (1840) Münzvertrag. Grundlage hierfür war die Kölner Mark, wie sie die Berliner Münzprägeanstalt verwendete. Denn die Markgewichte der anderen Münzstätten stimmten nicht genau überein. Die Mark wurde 1837 auf 233,885 französische Gramm definiert.

Das Zollpfund wurde 1854 zu 500 Gramm vom Deutschen Zollverein festgelegt und auch von den beteiligten Staaten im Inneren benutzt. 1857 wurde es Grundlage des Wiener Münzvertrages. Darin wurde festgelegt, dass aus einem Pfund Feinsilber 30 preußische Taler oder 52 1/2 süddeutsche Gulden oder 45 österreichische Gulden hergestellt werden sollten. Vereinsmünze wurde das Talerstück. Münzbilder, Umschriften und technische Daten der Vereinstaler wurden genau festgelegt. Der dritte Teil des Vereinstalers wurde 1871 bei Einführung der neuen Reichswährung unter dem Namen „Mark" zur Leitmünze des Deutschen Reiches. FB

Frankfurter Zollpfundgewichtssatz mit 8 Gewichten, Frankfurt, um 1850, gegossenes Eisen, Dm. 3,6 cm bis 8 cm, HMF.X17936

Literatur: Bleibtreu 1863

47

Totenmaske

Der letzte Bürgermeister der Freien Stadt Frankfurt stammte aus einer angesehenen Kaufmannsfamilie. 1807 geboren, absolvierte er eine kaufmännische Lehre, wurde Geschäftsführer einer in Familienbesitz befindlichen Wollfirma und 1852 Direktor der Chemischen Fabrik Griesheim. 1852 wurde er in den Senat der Freien Stadt Frankfurt gewählt. Seiner Ausbildung entsprechend war er als Senator überwiegend mit Finanzangelegenheiten beschäftigt. Als Mitglied des Frankfurter Senats vertrat er die Stadt bei Verhandlungen im Deutschen Zollverein. Er war Anhänger der liberalen Gothaischen Partei und setzte sich für die Auflösung der innerstädtischen Zunftbeschränkungen ein. Dreimal, 1857, 1862 und 1864, war er Jüngerer (= Zweiter) Bürgermeister. Das Amt des Älteren Bürgermeisters bekam er durch ein in Frankfurt übliches Losverfahren, die sogenannte Kugelung. Dadurch wurde er zum Älteren Bürgermeister und somit Stadtoberhaupt für das Jahr 1866 gewählt.

Der letzte Bürgermeister der Freien Stadt Frankfurt beging Selbstmord wegen der hohen Geldforderungen der preußischen Besatzungsmacht.

Fellner stand an vorderster Stelle, als Frankfurt durch Preußen besetzt wurde. Im Deutschen Krieg eroberten die Preußen am 16. Juli 1866 kampflos die als feindlich angesehene Stadt. Fellner blieb im Amt und wurde von der preußischen Militärverwaltung vereidigt. Er versuchte, eine vermittelnde Stellung zwischen den politischen Gremien der Stadt und den Besatzern einzunehmen. Dies scheiterte jedoch an den völlig überzogenen

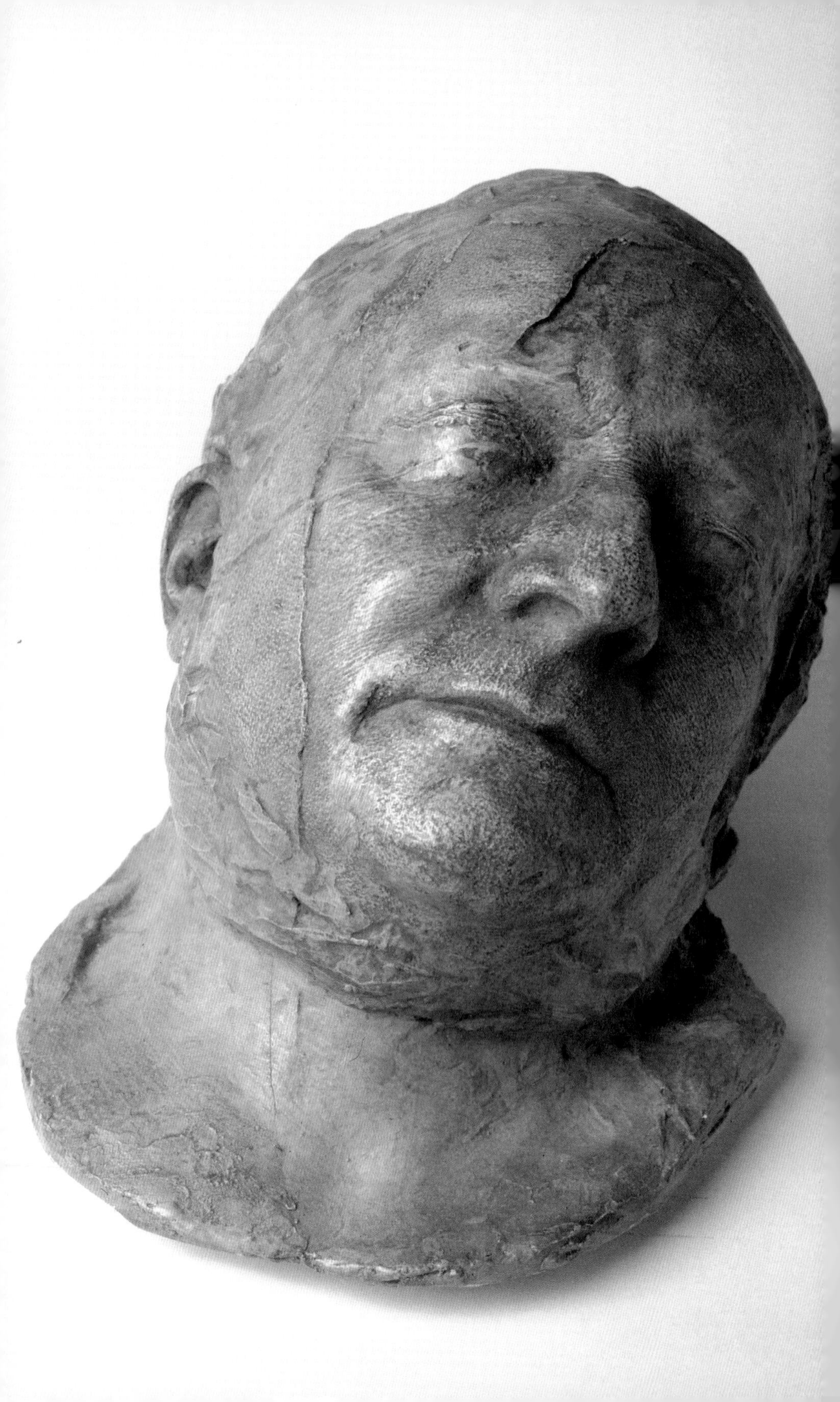

47 Totenmaske

Valentin Schertle: Porträt von Bürgermeister Fellner, um 1825, HMF.C29275

preußischen Kontributionsforderungen. Ein erster Betrag von 5,8 Millionen Gulden wurde sofort bezahlt. Es folgte eine zweite Forderung über 25 Millionen Gulden. Die 30.800.000 Gulden entsprächen heute etwa 582 Millionen Euro. Bei einer Zahl von 35.000 Einwohnern und nur 8.000 Steuerpflichtigen hätte also jeder Bürger durchschnittlich 3.850 Gulden – umgerechnet ca. 72.750 Euro – zahlen müssen.

Die zweite Forderung wurde von der gesetzgebenden Versammlung und der Ständigen Bürgerrepräsentation abgelehnt. Die preußische Besatzungsmacht betrachtete dies als offene Rebellion und deutete an, dass die Stadt bei Nichtzahlung mit Bombardierung und Plünderung rechnen müsse. Die Militärverwaltung verlangte vom Bürgermeister eine Liste mit Namen und Besitzverhältnissen aller städtischen Amtsträger. Ratlos und verzweifelt erhängte sich Karl Konstanz Viktor Fellner am Morgen des 24. Juli 1866 im Garten seines Wohnhauses in der Seilerstraße.

Die Familie ließ eine Totenmaske abnehmen, die später in das Historische Museum kam. Der preußische Stadtkommandant ordnete an, dass das Begräbnis Fellners zwei Tage später um 4.30 Uhr morgens erfolgen solle. Die Bekanntgabe des genauen Begräbnistermins wurde der Familie untersagt. Trotz der frühen Uhrzeit erschienen über 6.000 Bürger bei der Trauerfeier. Dort überreichte Fellners Schwager, der Appellationsgerichtsrat Friedrich Kugler, dem zuständigen neuen preußischen Zivilkommissar für Nassau, dem Wetzlarer Landrat von Diest, die leere Proskriptionsliste und den Strick, mit dem Fellner sich erhängt hatte. Zwar wurde sein Wohnhaus in der Seilerstraße 1960 abgerissen, doch erinnert heute eine Gedenktafel auf dem ehemaligen Fellnerschen Gartengrundstück in der Friedberger Anlage an Karl Konstanz Viktor Fellner, der durch seinen Selbstmord als Märtyrer der Frankfurter Freiheit gilt. *FB*

Totenmaske von Karl Konstanz Viktor Fellner (1807–1866), Frankfurt 1866, Gipsabguss, H. 35 cm, B. 22 cm, T. 17 cm, HMF.X.1962.007

Literatur: Kanngießer 1877; Klötzer 1966

48

Kanone

Während des Deutschen Krieges von 1866 besetzten preußische Truppen am 18. Juli 1866 Frankfurt. Die sechs Kompanien des Frankfurter Linienbataillons blieben mit 700 Mann in ihren Kasernen. Am Abend übergaben sie mit allen militärischen Ehren die Hauptwache an das preußische Militär. Die neuen Machthaber erhoben umgehend hohe Geldforderungen. Bei Verweigerung drohten sie mit Plünderung und Beschießung der Stadt. Da er die Folgen nicht mittragen wollte, beging der Bürgermeister Fellner Selbstmord (Nr. 47).

Die Stadt erinnerte mit Rückgabeforderungen symbolischer Gegenstände auch noch 40 Jahre später an die preußische Annexion.

Das Zeughaus stand 1866 am Rahmhof, dem heutigen Vorplatz der „Neuen Börse". 1766 befanden sich in den Zeughäusern an der Konstablerwache, am Graben und am Rahmhof noch 166 Kanonen und 660 Gewehre, die ab 1803 als veraltet aussortiert wurden. Übrig waren 1866 nur noch 22 Fahnen und einige historische Frankfurter Stadtkanonen. Diese Kriegsbeute wurde nach Berlin überführt.

40 Jahre später bemühte sich der Magistrat in einer Eingabe an den Kaiser um eine Rückführung des 1866 beschlagnahmten städtischen Eigentums. Dem wurde nicht stattgegeben, doch zumindest sollte der Bitte mit einer Geste entsprochen werden. Auf Veranlassung des Kaisers wurden zwei Kanonen von 1711 abgegossen und dem Historischen Museum zugestellt. Sie tragen wie die in Berlin gebliebenen Originalkanonen von 1711 die

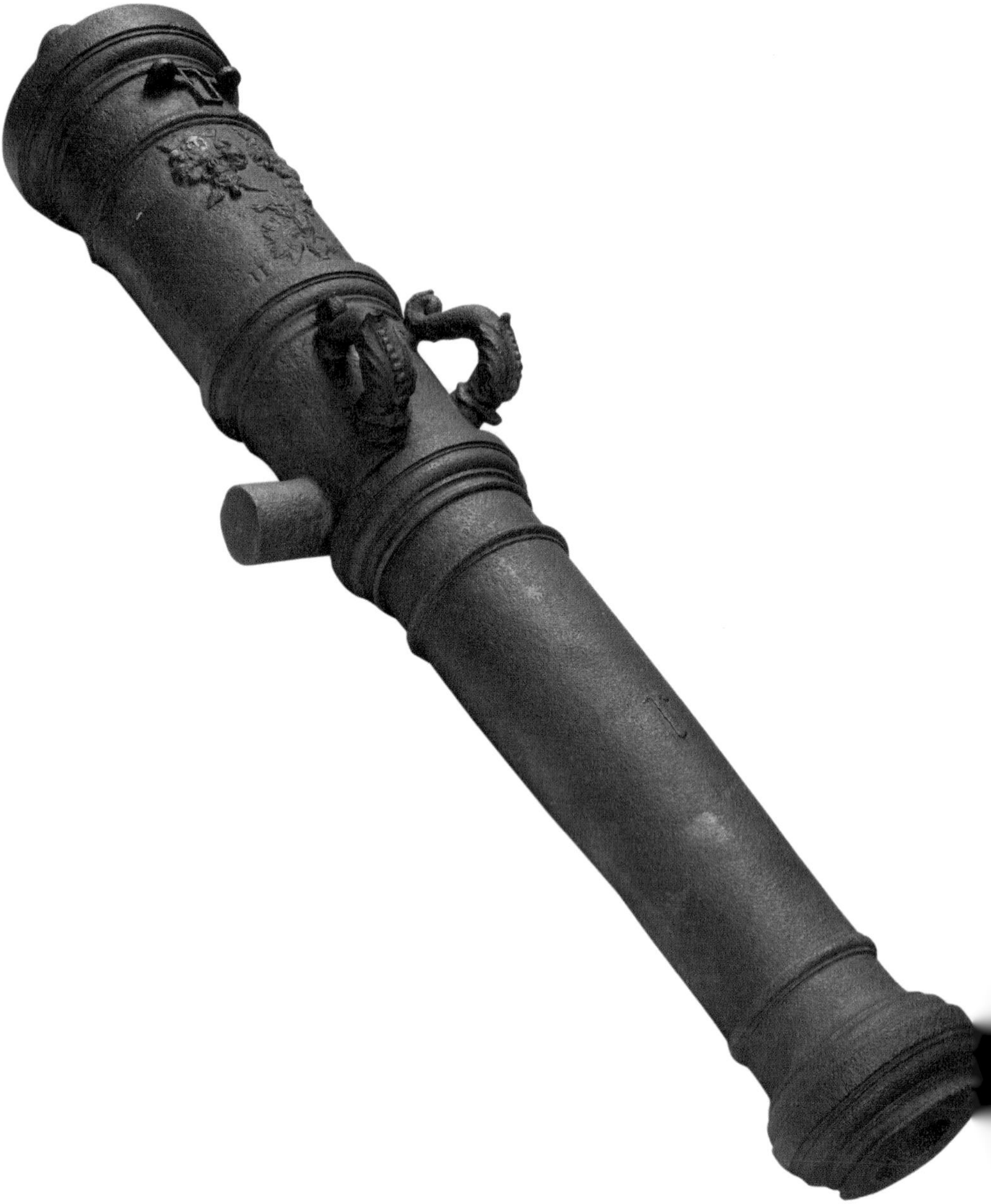

48 Kanone

Carl Friedrich Mylius: Das alte Zeughaus im Rahmhof vor dem Abbruch, Frankfurt, 1871, Fotografie, HMF.C09727

Wappen der Stadt Frankfurt, des Älteren Bürgermeisters Heinrich A. Barckhausen und des Jüngeren Bürgermeisters Conrad Hieronymus Eberhard gen. Schwind.

Das Museum inventarisierte die Abgüsse der Kanonen am 30. Juni 1907. Der Eintrag enthält die Bemerkung: „Durch Magistrat gedankt." Der gesamte Vorgang zeigt das immer noch gespannte Verhältnis zwischen der preußischen Zentrale und einer Stadt Frankfurt, die hohen Wert auf die Symbole ihrer Identität legte. FB

Abguss einer Kanone, Berlin um 1905, Eisenguss, Dm. 21 cm, L. 120 cm, HMF.X24066

Literatur: Kanngießer 1877

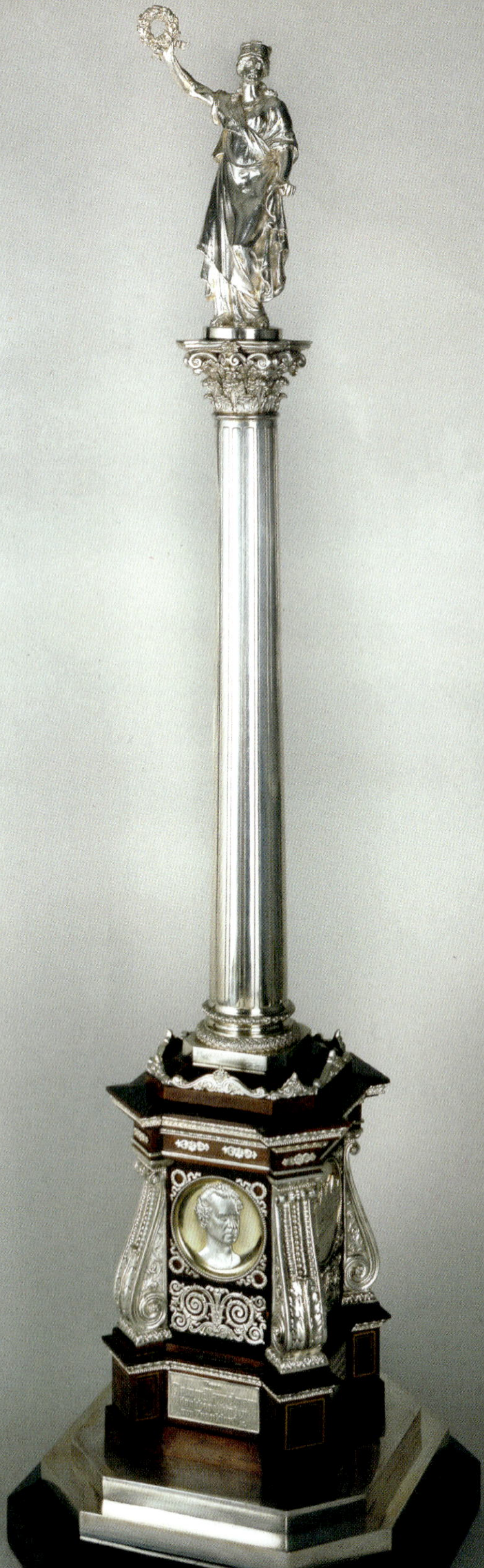

49

Classen-Kappelmann-Säule

Frankfurter Bürgerinnen und Bürger schenkten 1867 Johann Classen-Kappelmann eine Denkmalsminiatur. Sie dankten ihm damit dafür, dass er als Abgeordneter im Preußischen Parlament gegen die Besetzung durch preußisches Militär und die Herabsetzung Frankfurts 1866 zur Provinzstadt durch das preußische Königshaus gesprochen hatte.

Frankfurt trotzte der preußischen Besetzung 1866 mit Denkmälern und Symbolen für die Freiheit der Bürgerstadt.

„Zuerst nahm man ihnen das Geld, dann die Freiheit und dann befahl man ihnen in der Kirche für das königliche Haus zu beten." Diese gegen Preußen gerichtete Kritik brachte Johann Classen-Kappelmann (1816–1879) in Frankfurt viele Anhänger. Der Kölner Abgeordnete hatte mit seiner Rede am 22. Januar 1867 als einer von wenigen den Frankfurter Bürger Albert Trier unterstützt, der eine Rückerstattung der preußischen Kriegskontributionen an Frankfurt forderte. Frankfurt sei, so betonte Classen-Kappelmann, von Preußen nicht nur finanziell ruiniert worden, sondern habe auch seine politische Selbstständigkeit verloren.

Wegen seiner Haltung als national-liberaler Demokrat war der Kommunalpolitiker und Industrielle der preußischen Regierung schon lange verdächtig. Sein Rückhalt in der Kölner Bevölkerung war jedoch so groß, dass er im Juli 1866 in das Preußische Abgeordnetenhaus gewählt wurde.

Allerdings konnten die Frankfurter Demokraten ihren Unterstützer Classen-Kappelmann nicht als ihren Vertreter für den Norddeutschen Reichstag gewinnen, dem Parlament der deutschen Staaten nördlich des Mains. Sie dankten ihm jedoch mit einer silbernen Säule. Auf dieser thront die Figur der Francofurtia, das Sinnbild der Stadt Frankfurt. Claasen-Kappelmann wird als Kämpfer für die Gerechtigkeit und Demokratie geehrt: Sein Porträt auf dem Fuß der Säule ist umgeben von weiteren Medaillons, der Verkörperung der Gerechtigkeit mit Schwert und Waage, der Paulskirche und der Börse. Darunter dankt Frankfurt seinem „Freund in der Noth". *DL*

Denkmalsminiatur in Form einer Säule mit Figur der Francofurtia, 1867, Silber, Holz, Sockel H. 33 cm, B. 33 cm, H. 117 cm, HMF.X.1971.058

Literatur: Kat. Frankfurt 1994; Kat. Frankfurt 2007; Kat. Köln 2015

50
Miniatur des Frankfurter Doms

Im Zuge des Deutschen Krieges von 1866 wurde Frankfurt am 16. Juli 1866 von preußischen Truppen kampflos besetzt und zehn Wochen später annektiert. König Wilhelm I. von Preußen stattete seiner neuen Provinzstadt am 15. August 1867 einen Antrittsbesuch ab. Es war der Tag Mariä Himmelfahrt, an dem das traditionelle Kirchweihfest gefeiert wurde. Der König reiste mit dem Zug an.

Das Feuer im Dom fiel mit dem Antrittsbesuch des preußischen Königs zusammen und verankerte sich im Stadtgedächtnis als eine Folge der Besetzung.

Zu diesem Zeitpunkt war der Frankfurter Dom eine rauchende Ruine. Kurz nach Mitternacht war in einer Brauereigaststätte an der Fahrgasse ein Feuer ausgebrochen. Brennende Hopfenbündel entzündeten das Domdach. Wind trieb das Feuer an den Turm, wo der Glockenstuhl in Brand geriet. Die Glocken stürzten herab und schmolzen. König Wilhelm I. wurde zum Augenzeugen dieser Ereignisse.

Er versprach Hilfe beim Wiederaufbau und überwies einen beträchtlichen Geldbetrag. Für das 1877 gegossene neue Domgeläut spendete er erbeutete französische Geschützrohre von 13 Tonnen Gewicht. Die Frankfurter verknüpften die Annexion, welche durch den Besuch des preußischen Königs einmal mehr sichtbar wurde, mit der Tragödie des Brandes. Bald erschienen Zeichnungen mit einem preußischen Adler, der den Frankfurter Dom anzündet. Der Dom wurde nach idealisierten mittelalterlichen Plänen wieder aufgebaut und 1878 der Gemeinde übergeben.

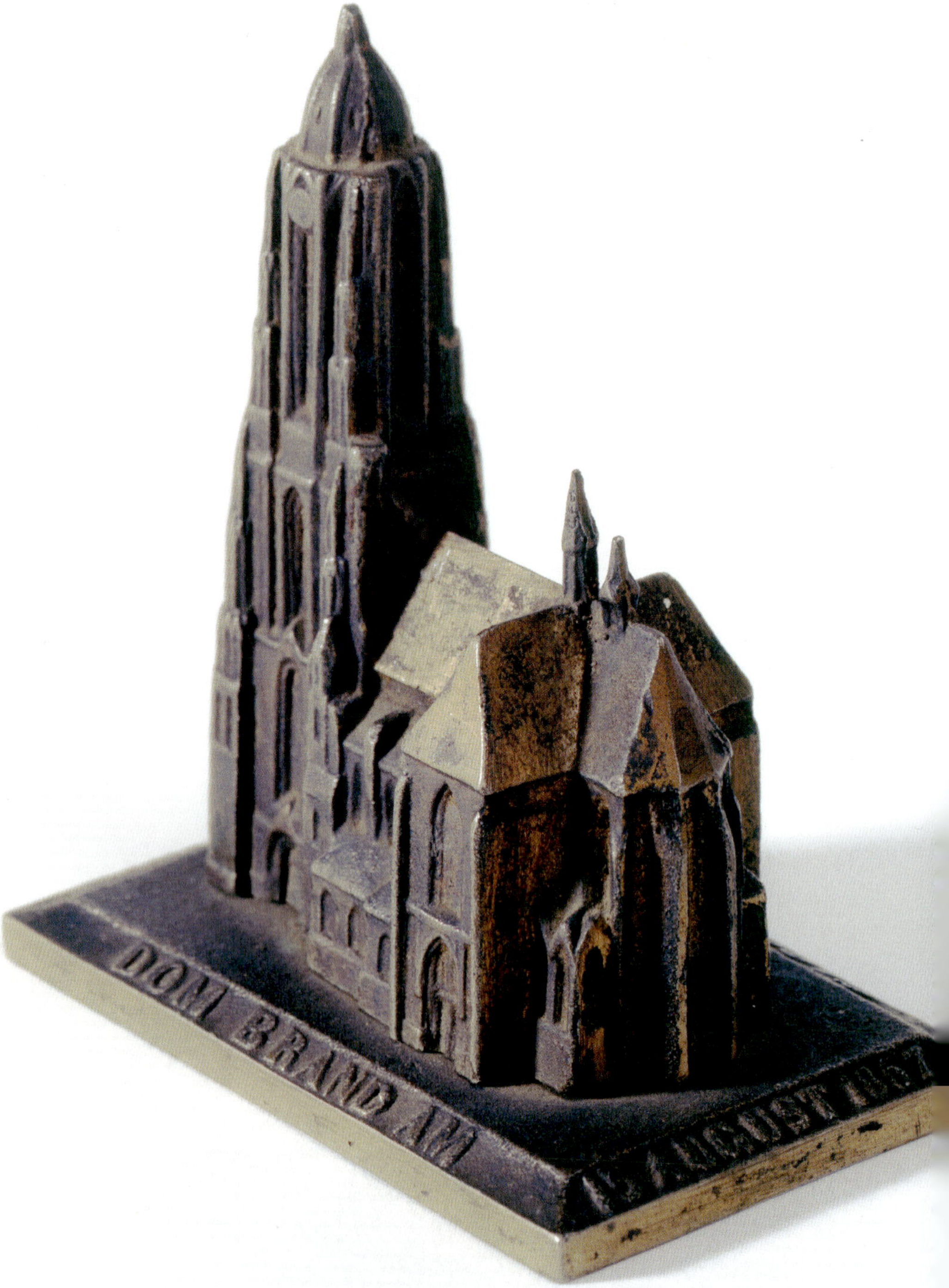
DOM BRAND AM

50 Miniatur des Frankfurter Doms

Die Miniatur ist ein Andenken an den Brand. Auf dem Sockel steht: GLOCKENMETALL FRANKFURTER DOM BRAND AM 15. AUGUST. 1867. Das Material stammt angeblich vom Rest der Carolusglocke. Gleich mehrere Tonnen Bruchstücke und Schmelzgut wurden zu Andenken umgearbeitet. Treibende Kraft war der Antiquitätenhändler Benak, der auch kleine Teller, Deckeldosen, Tischglocken und sehr viele Medaillen anfertigen ließ. Ob sie alle vom Glockenmetall aus dem Dombrand stammten, wurde bereits zur Entstehungszeit angezweifelt. FB

Johann Heinrich Hasselhorst: Der Dombrand vom 15. August 1867, Frankfurt 1867, Tusche auf Papier, HMF.B6071

Miniatur des Frankfurter Doms aus dem geschmolzenen Metall der Domglocken, Frankfurt 1867, Bronze, H. 9 cm, B. 7,5 cm, T. 4 cm, HMF.X.1988.0451

Literatur: Heuser 2004; Joseph/ Fellner 1894

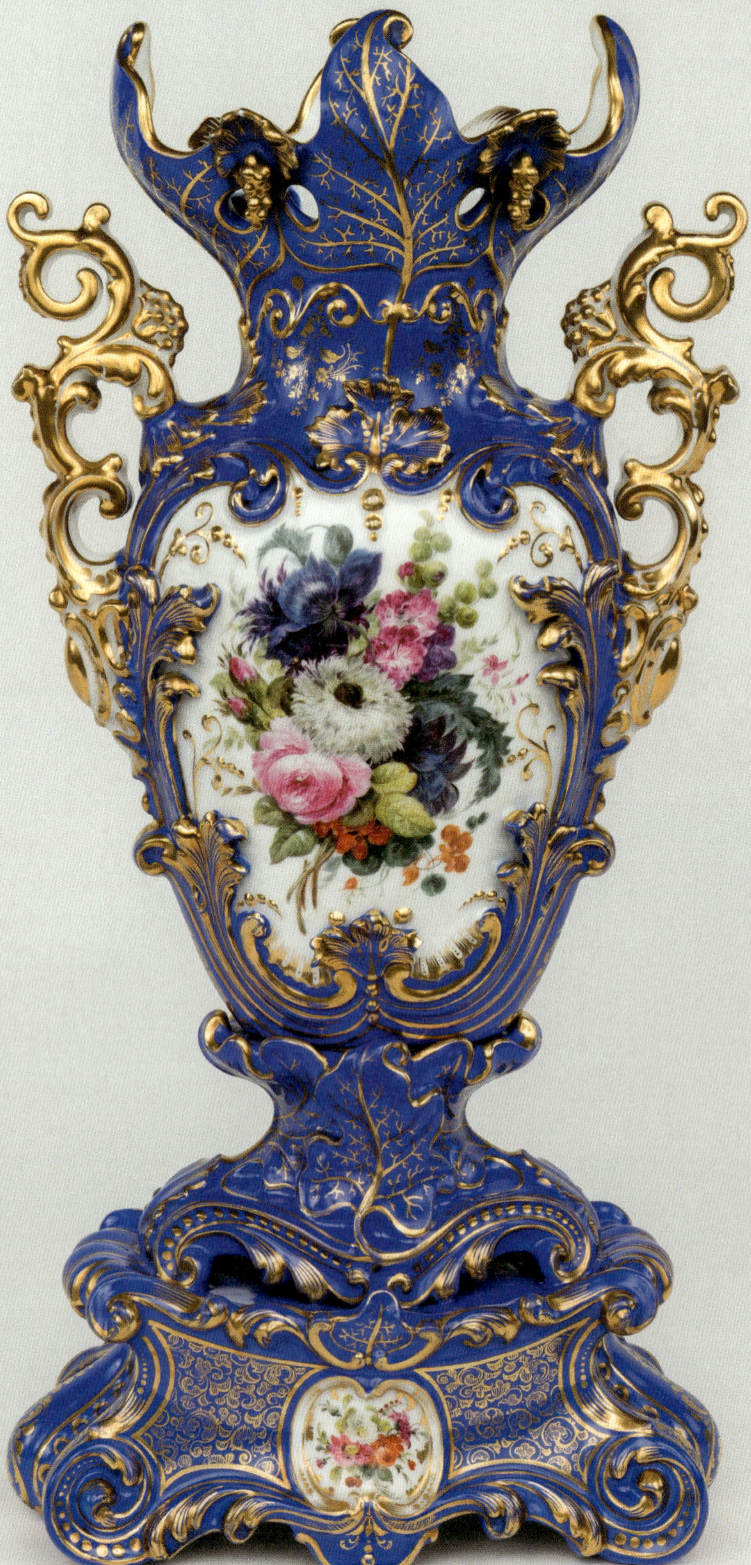

51

Vase aus dem Friedenszimmer

Der „Friede von Frankfurt" bestätigte den Vorfrieden von Versailles und beendete den Deutsch-Französischen Krieg von 1870/71. Das siegreiche Deutschland erhielt von Frankreich die Gebiete Elsass und Lothringen mit Straßburg und Metz sowie eine Reparationssumme von fünf Milliarden französischer Francs. Mit diesem Geld konnten die Kosten einer deutschen Münzvereinheitlichung getragen werden. Diese war die Voraussetzung zur Schaffung der einheitlichen Währung „Mark".

Am 10. Mai 1871 wurde im Hotel „Zum Schwan" der Friede von Frankfurt geschlossen und damit die Grundlage für die Einführung der Mark geschaffen.

Reichskanzler Otto von Bismarck und der französische Außenminister Jules Favre führten die Verhandlungen im Luxushotel „Zum Schwan" im Steinweg. Frankfurt war nur fünf Jahre zuvor preußisch geworden. Hier nun diesen historischen Frieden zu schließen, war für Bismarck eine Chance, die Stadt mit Preußen zu versöhnen. Das betonte er auch in einer Rede: „Es ist mir ein schöner Gedanke, dass der erste große politische Akt des wiedererstehenden Deutschen Reiches gerade in Frankfurt, der alten deutschen Kaiser- und Krönungsstadt, sich hat vollziehen können. Ich wünsche von Herzen, dass der Friede von Frankfurt auch den Frieden für Frankfurt und mit Frankfurt bringen werde."

Das Zimmer blieb nach dem Friedensschluss erhalten und konnte besichtigt werden. Nach Umbau des Hotels kamen 1935 insgesamt 34 Teile der Zimmerausstattung in das Historische

Otto Philipp Donner von Richter: Unterzeichnung des Frankfurter Friedensvertrages, Entwurf für ein Ölgemälde, HMF.B1092

Museum. Dazu gehört auch die Vase mit dem gemalten Blumenbukett aus Anemone, Nelke, Rose und Malve. Sie stand zwischen den beiden Fenstern auf einem Guéridon, einem Beistelltisch aus schwarzem Ebenholz. Die mit plastischen Voluten und Blüten, Schnörkeln und Blättern geschmückte Vase entspricht ganz dem Stil des Neorokokos.

PS

Vase aus dem Friedenszimmer im Hotel „Zum Schwan", um 1870, Porzellan, H. 55 cm, B. 26 cm, T. 15 cm, HMF.X03459z

Literatur: Kramer 1964, S. 345, 350f.

Fotografie eines Interieurs im Historischen Museum Frankfurt 1978 (Dependance Rothschild-Palais) mit Möbeln aus dem ehemaligen Friedenszimmer des Hotels „Zum Schwan" im Steinweg, HMF.Ph1302

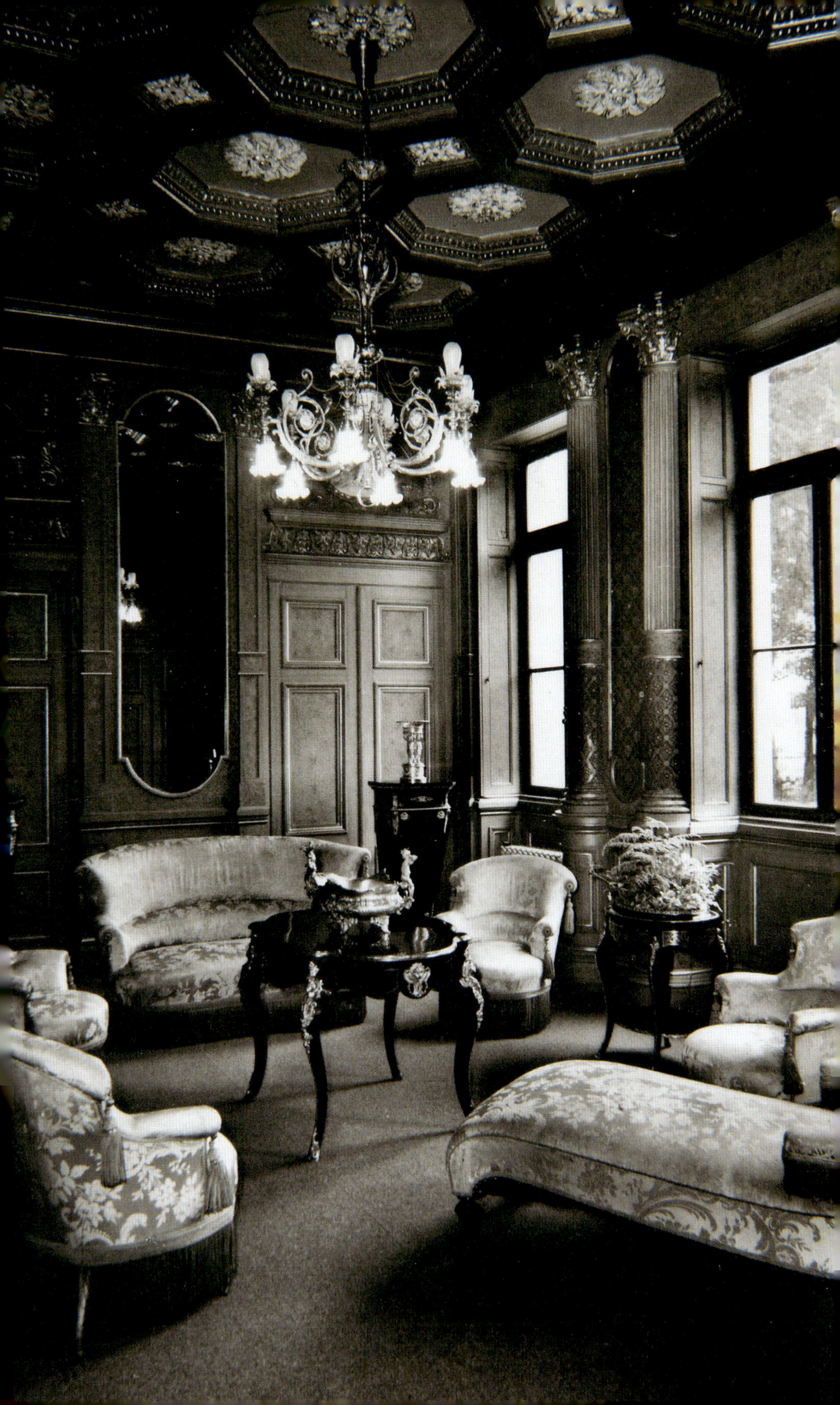

52
Wäldchestag

Auch Frankfurt hat seinen Nationalfeiertag: den Wäldchestag. Der ursprüngliche Anlass des Volksfestes war die 1372 den Frankfurter Bürger/innen vom Kaiser erteilte Erlaubnis, im Stadtwald Brennholz zu sammeln. Seit Beginn des 19. Jahrhunderts pilgerten sie alljährlich am Dienstag nach Pfingsten in großen Scharen, bepackt mit Speis und Trank, in den Stadtwald und ließen sich rund um das Forsthaus zu einem ausgebreiteten Picknick, zu Tanz und Spiel nieder. Die begüterten Bürger/innen fuhren in ihren Kutschen vor und kehrten ins Wirtshaus ein.

„Ums Forschthaus drum erum / is nor die richdig Gegend – / des Pingst-Elysium! – / Das heeßt derr, wann's net regent." (F. Stoltze, 1873)

Der am Städel ausgebildete und später selbst dort als Professor tätige Frankfurter Maler Heinrich Hasselhorst hielt das ausgelassene Treiben des Festes auf einem Gemälde fest, das er mit mehreren Bleistiftzeichnungen in seinen Skizzenbüchern vorbereitet hatte. Diese Skizzen verdichtete er im Atelier zu einem vielfigurigen Sittenbild, das die Inspiration durch Gemälde Edouard Manets und Adolph Menzels verrät.

Auf Hasselhorsts Gemälde begegnen sich Bürger, Handwerker und Arbeiter auf Augenhöhe. Schon der Literat Eduard Beurmann hatte 1835 den Wäldchestag als einen politikfreien Raum gesehen, auch weil der Frankfurter an sich unpolitisch sei: „Es giebt im Wäldchen keine Polizei, keine Inquisition, keine Aristokratie, keine Demokratie, keinen Argwohn und keine Revolution, aber doch Freude und Einigkeit. Es giebt im Wäld-

52 Wäldchestag

Heinrich Hasselhorst: Szenen auf dem Wäldchestag, Frankfurt, 1870er Jahre, Bleistiftzeichnungen, HMF.C73405

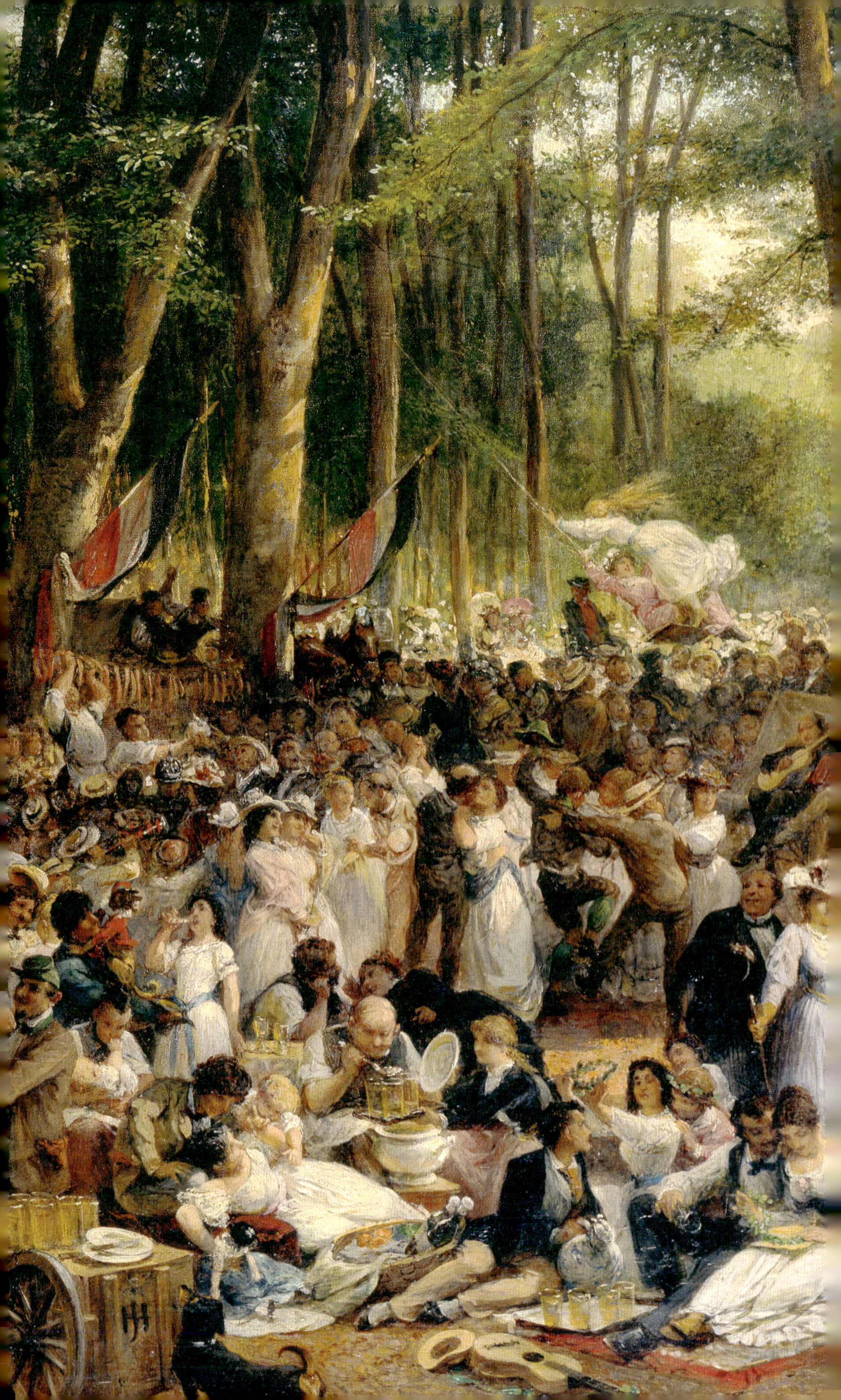

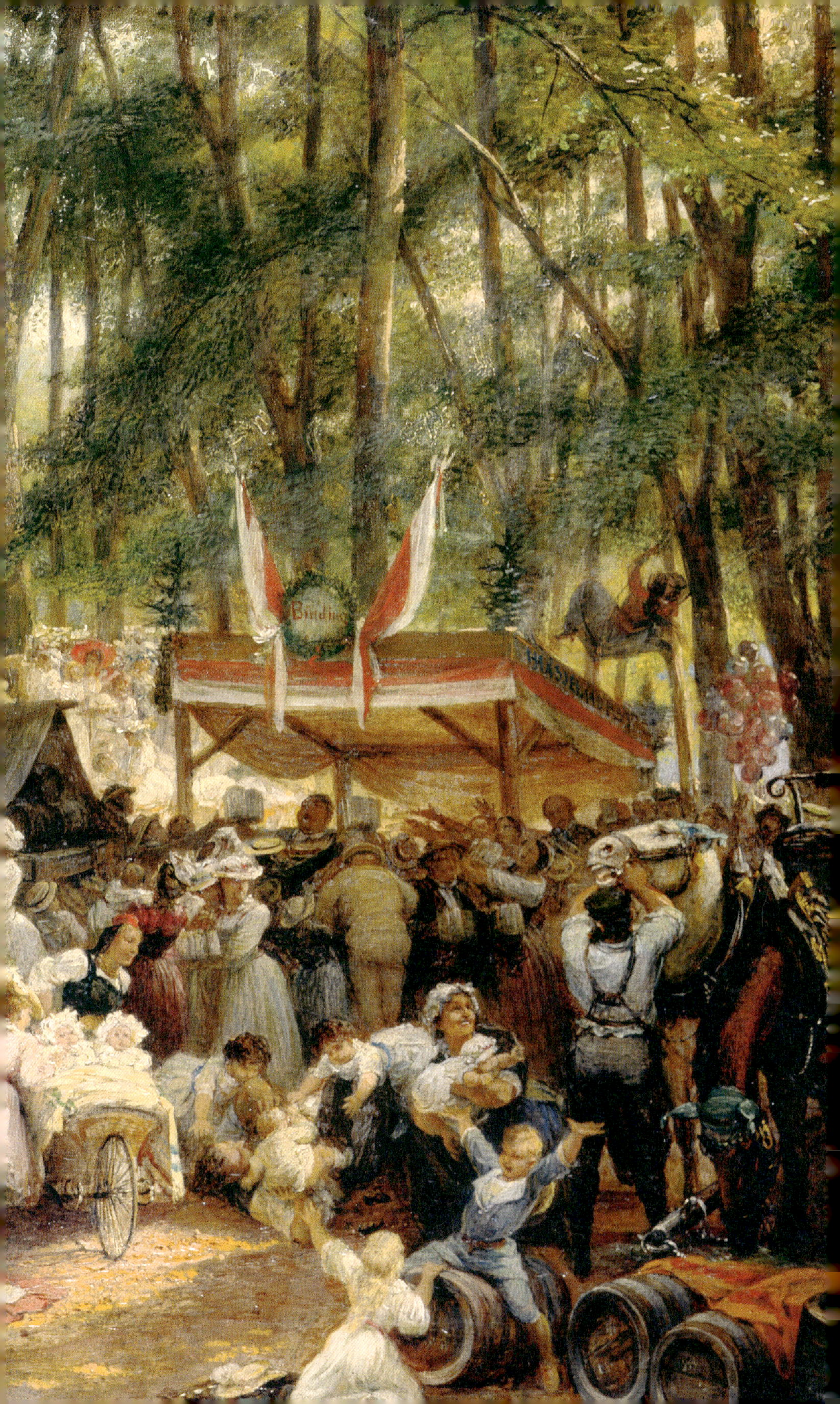

chen keine Stände – sondern nur Menschen, aber doch – Freude und Einigkeit." Sah Hasselhorst das auch so? In seinem Gemälde blieb die Politik nicht ganz ausgespart, stehen sich doch das Rot-Weiß der Frankfurter und das Schwarz-Rot-Weiß der Bundes- oder Reichsfahne gegenüber. Und mitten im Gewühl erkennen wir eine einsame Ordnungskraft mit Frankfurter Pickelhaube. Die Frankfurter Zeitung schrieb am 1. Juni 1871: „Abgesehen von einigen kleinen Prügelscenen verlief das Waldfest höchst schön." WPC

Der Wäldchestag, Heinrich Hasselhorst (1825–1904), Frankfurt, 1870er Jahre, Ölmalerei auf Leinwand, H. 57, 5 cm, B. 78 cm, HMF.B1110

Literatur: Bott 1960; Kat. Frankfurt 2017; Mendelssohn 1986

53
Trambahn

Die Erfindung der Eisenbahn wirkte sich auch auf den innerstädtischen Verkehr aus. Der Main-Taunus-Bahnhof, der 1839 den Verkehr zwischen Frankfurt und Höchst, 1840 dann bis nach Wiesbaden aufnahm, lag wie alle Westbahnhöfe außerhalb der Stadt. Die Bahnreisenden benötigten deshalb Anschluss an die Innenstadt.

Ab 1839 setzte ein Droschkenbesitzer drei Pferdeomnibusse ein. Diese verkehrten noch nicht regelmäßig. Zudem weigerte sich mancher Reisender, der in der 1. Klasse angereist war, sich mit Reisenden der 4. Klasse ein Gefährt zu teilen. Ab 1840 schlossen sich mehrere Unternehmer zur Frankfurter Droschkenanstalt zusammen,

Die regelmäßig verkehrende Pferdetrambahn sorgte für Mobilität in der wachsenden Stadt.

die einige der 660.000 Passagiere, die die Eisenbahn 1840 benutzten, transportierten. Mit der Gründung der Frankfurter Omnibusgesellschaft (FOG) 1863 etablierte sich der öffentliche Nahverkehr. Von der Bockenheimer Warte im Westen bis zum Hanauer Bahnhof im Ostend ging ein Bus der Linie A. Von Nord nach Süden verkehrte die Linie B zwischen Westendplatz und dem Offenbacher Bahnhof.

Linke Seite: Ludwig Ravensteins Spezialplan von Frankfurt am Main, Bockenheim und Bornheim. Revidiert 1879, Detail, HMF.C14709

Den Durchbruch für den effektiven Personennahverkehr brachte 1872 die Pferdetram – ein mit Pferdekraft gezogener Waggon auf Schienen. Am 19. Mai 1872 fuhr die erste Bahn von Bockenheim (Schönhof) bis zur Großen Bockenheimer Gasse in der Nähe der Hauptwache. Ein

53 Trambahn

Carl Hertel: Zeil mit Pferdebahn (von der Hauptwache nach Osten), Frankfurt, um 1880, Fotografie, HMF.C29106

unabhängiges, belgisches Unternehmen Donner, de la Hault & Cie hatte dafür die Konzession von der Stadt bekommen und nannte sich Frankfurter Trambahn-Gesellschaft (FTG). Später verliefen die Schienen der Pferdetram über die Zeil bis zum Hanauer Bahnhof im Osten. Ab 1891 beteiligte sich die Stadt stärker an der FTG, 1898 gingen nahezu alle Linien in den Besitz der Stadt über. Die Trambahn war sehr beliebt und notwendig, um die arbeitende Bevölkerung zwischen Arbeits- und Wohnort zu transportieren. Noch 1897 verfügte die Trambahn über ein Netz von 30 km und mehr als 900 Pferden, doch nach und nach wurden alle Linien elektrifiziert. 1899 fuhr die erste elektrische Bahn zwischen Palmengarten, Lokalbahnhof und Bornheim. Sukzessive wurden die Pferde ersetzt; 1904 fuhr die letzte Pferdetramlinie zwischen Schönhof

Die Siemensbahn an der Ausweiche Offenbacher Landstraße, Frankfurt 1884, Fotografie, HMF.C28204

und Rödelheim. Die Waggons blieben erhalten und wurden zum Teil umgerüstet.

Das Modell kam 1965 ins Museum; der Großvater des Schenkers, ein Klempner, hatte es selbst angefertigt. Der sogenannte „Imperialwagen" erinnert an die frühe Zeit der Pferdetram; ab 1875 wurden in Frankfurt einstöckige, grüne Waggons eingesetzt. *NG*

Frankfurter Trambahn, Frankfurt, um 1875, Weißblech, H. 23 cm, B. 52 cm, T. 14 cm, HMF.X.1965.034

Literatur: Michelke/Jeanmaire 1972; Verkehrsgesellschaft Frankfurt am Main 2012

54

Apfelweinglas

Eine Reise durch die westlichen Provinzen führte Kaiser Wilhelm vom 18. bis 20. Oktober 1877 nach Frankfurt. Der Magistrat lud zu Besichtigungen in der Stadt, nächtlichen Illuminationen und einem Fackelzug samt Dinner und Ball ein. An den Festen nahmen insgesamt mehr als 7.000 Personen teil. Überall wurde dem Kaiser – wie bei den Kaiserwahlen bis 1792 – mit begeisterten Hochrufen gehuldigt.

1877 trank Kaiser Wilhelm I. in Sachsenhausen das Frankfurter Nationalgetränk Apfelwein.

Am 19. Oktober führte die Rundfahrt in einer offenen Kutsche zum gerade im Wiederaufbau befindlichen Dom. Denn zehn Jahre zuvor, kurz vor dem letzten Besuch des Kaisers, war der Dom durch einen Brand stark beschädigt worden. In Sachsenhausen empfingen ihn die Bürger und reichten ihm Apfelwein in einem Glas, das mit einer bestickten Serviette umhüllt war. Der Apfelwein hatte sich seit dem 16. Jahrhundert im Rhein-Main-Gebiet durchgesetzt und im 19. Jahrhundert den Weinanbau verdrängt. Zunächst war das Klima die Ursache, später die Reblaus, die die Weinreben vernichtete. Vor allem aber benötigte die Industrialisierung immer größere Flächen.

Die Inschrift an der silbernen Becherwandung des Glases lautet: „Beim Empfange durch die Bürger Sachsenhausens am 19. Oct. 1877 trank Kaiser Wilhelm aus diesem Glase, der Sachsenhäuser altes Nationalgetränk: Aepfelwein!" Am Fuß der Silbermontierung hat sich der Stifter Ernst Schalk, der Präsident des Sachsenhäuser Comités, mit seinem Namen verewigt.

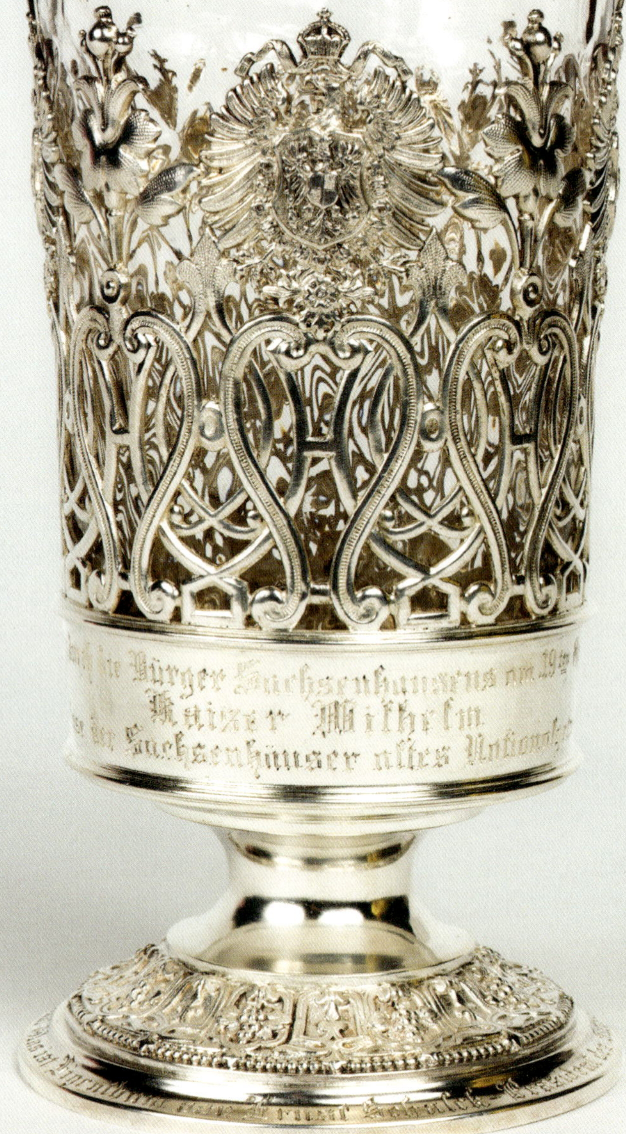
Kaiser Wilhelm

54 Apfelweinglas

Ausschnitt aus der „Allgemeine[n] Illustrirte[n] Zeitung" zum Besuch des Kaisers Wilhelm I. in Frankfurt am Main am 18./19. Oktober 1877 nach einer Originalzeichnung von H. Junker, HMF.C10097

Das Apfelweinglas ist in einer aufwendigen Silbermontierung gefasst. Über Rankenornamenten und Blüten schweben vier preußische Adler mit Kaiserkrone und dem Frankfurter Stadtwappen in den Fängen. Dies sollte das Selbstwertgefühl der Frankfurter unter preußischer Herrschaft demonstrieren. PS

Apfelweinglas, Frankfurt, 1877, Glas, getriebenes und durchbrochenes Silber, Dm. oben Glas 7,8 cm, Dm. unten Silber 8,2 cm, H. 17 cm, HMF.X26555

Literatur: General-Anzeiger Frankfurt 1877; Provinzial-Correspondenz 1877.

DEM WAHREN SCHOENEN GUTEN.

55
Opernhaus

Die Eröffnung des Frankfurter Opernhauses am 10. Oktober 1880 mit der Mozart-Oper „Don Giovanni" und in Anwesenheit von Kaiser Wilhelm I. war ein Ereignis von überregionaler Bedeutung. Der von knapp 70 Bürgerfamilien initiierte und teilfinanzierte Bau sollte eigentlich das zu klein gewordene Stadttheater ersetzen. Doch schließlich entstand ein reines Opernhaus, in dem viele Ur- und Erstaufführungen stattfanden.

Das von den Frankfurter Bürgern mitfinanzierte Opernhaus zog ein großes Publikum an und inspirierte zu privaten Aktivitäten.

Angeregt von der Eröffnung begann der Bauunternehmer und Architekt Johann Georg Kugler (1836 – 1907) 1885, ein Miniatur-Theater für seine Tochter Maria (1877 – 1962) zu gestalten. Papiertheater erfreuten sich in der bürgerlichen Gesellschaft großer Beliebtheit. So konnte Kugler viele gedruckte Vorlagen benutzen, die er mit selbstgemalten Stücken ergänzte. Große Teile des Proszeniums (vorderster Bereich der Bühne) sind selbstentworfen. Kugler baute zwei Bühnen übereinander, die gleichzeitig bespielt werden konnten. Die untere Bühne konnte zudem Figuren auftauchen und wieder verschwinden lassen. Die Fassade des Papiertheaters erinnert an das steinerne Vorbild: So nahm Kugler den Sinnspruch „Dem Wahren Schönen Guten" auf und integrierte die Skulpturen sowie die Pegasus-Plastik des Hauptgiebels. Auch die helle Farbe der steinernen Fassade taucht wieder auf. Der Berliner Architekt Richard Lucae hatte den elfenbeinfarbigen Stein aus Frankreich und nicht den für Frankfurt typischen Buntsandstein eingesetzt. Das Vorgehen hatte in der Stadt heftige Debatten ausgelöst.

100 ∗ Frankfurt

Das Frankfurter Opernhaus um 1880, Fotografie, HMF.C12764d

Das Opernhaus blieb nach der Bombardierung im Zweiten Weltkrieg (1944) jahrzehntelang als Ruine stehen. Es wurde 1981 ein zweites Mal eröffnet – nun als vielfältiges Veranstaltungshaus. Die Familie erweiterte das Papiertheater ständig und elektrifizierte es sogar. Bis 1916 erfreute Kuglers Enkel mit eigenen und fremden Stücken Familie und Freunde mit zahlreichen Aufführungen. 1955 schenkte die Familie das Theater dem Museum, zusammen mit vielen Dekorationen, Figuren und Textbüchern von Stücken. Viele der Materialien stammen von der Firma J.F. Schreiber aus Esslingen, die auf diesem Gebiet international führend war. NG

Johann Georg Kugler (1836–1907), Bühnenbild: Dr. Faustus (Schreiber, Esslingen) Frankfurt, 1895–1905, Papier, Pappe, Erle, H. 176, B. 110 cm, T. 61 cm, HMF.X.1954.066

Literatur: Röhler 1972

Rechte Seite: Haustheater der Familie Kugler, Seitenrückansicht mit Blick in die Unterbühne

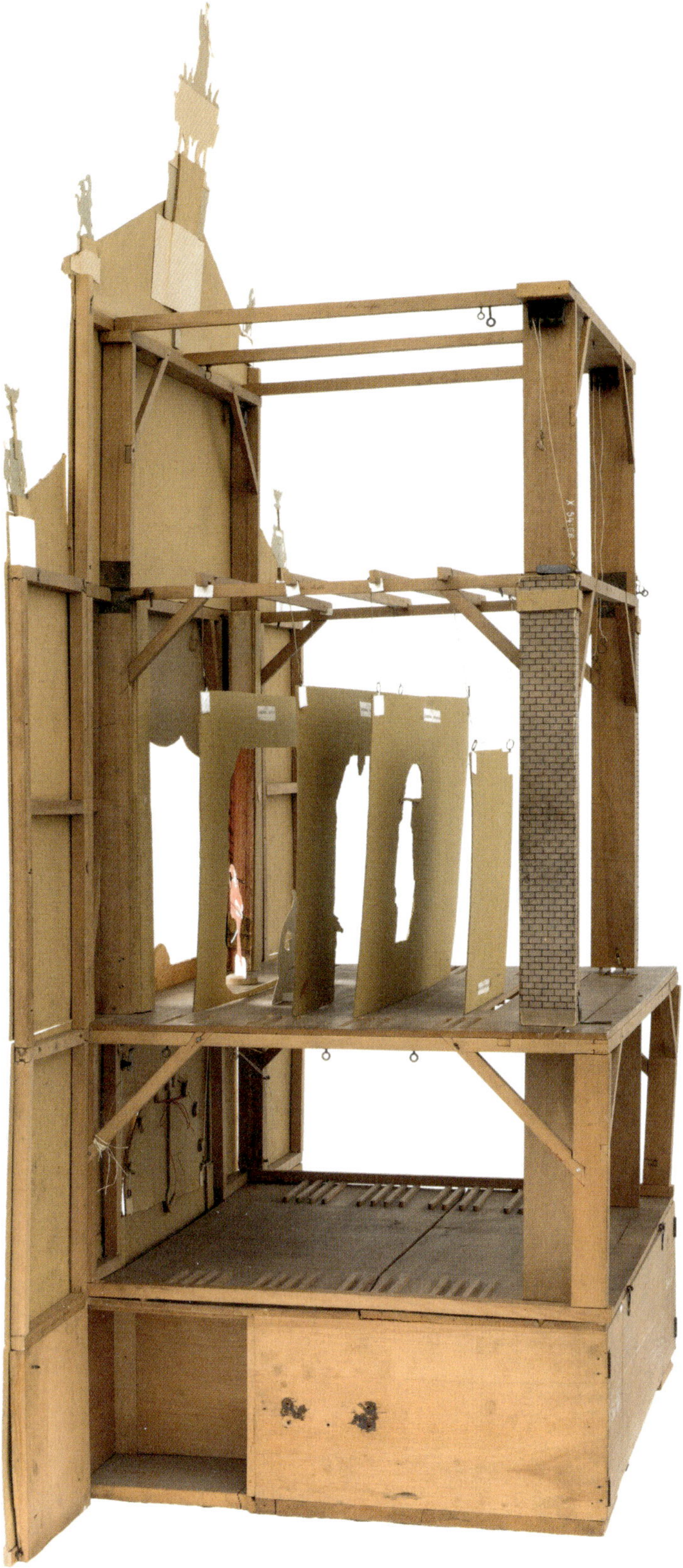

THE
OXFORD
WASHOUT
CLOSET

56
Wasserklosett

Das Klosett läutete komfortablere Wohnverhältnisse für jeden Einzelnen ein und steht zugleich für eine umfassende städtische Infrastruktur: Seit dem 1. August 1887 wurde das Abwasser der Frankfurter/innen in Niederrad in vier Becken mechanisch und chemisch gereinigt – die erste Anlage dieser Art auf dem europäischen Kontinent.

Schwemmkanalisation und Großkläranlage markierten wichtige Etappen auf den Weg zur modernen Großstadt.

1854 schon hatte der englische Wissenschaftler John Snow den Zusammenhang zwischen Cholera-Epidemien und verunreinigtem Wasser nachgewiesen. England entwickelte Abwassertechnologien, die die Seuchengefahr abwenden konnten. In Hamburg liefen ähnliche Versuche. Nach langen Diskussionen im Magistrat beschloss Frankfurt 1865, auf Drängen des Arztes Georg Varrentrapp, eine Schwemmkanalisation nach dem Mischprinzip (mit Spültüren) zu bauen, um die alten Kanäle zu ersetzen.

1867 begannen die Arbeiten überall in der Stadt. Die englischen Ingenieure William Lindley (1808–1900) und Joseph Gordon sorgten für Planung und Bauaufsicht. Später übernahm Lindleys Sohn William Heerlein (1853–1917) die Bauaufsicht. Die Arbeiten verzögerten sich immer wieder, da sich Kanal-Kritiker und „Wasserclosetfanatiker" heftige Auseinandersetzungen lieferten.

Anfangs sollten die Abwässer in den Main oder auf Rieselfelder geleitet werden. Die Kritiker, die Landesregierung in Wiesbaden sowie die Regierung in Berlin verpflichteten jedoch die Stadt, eine

100 * Frankfurt

Carl Friedrich Mylius: Kanalarbeiten in der Judengasse, Frankfurt 1884, Fotografie, HMF.C22587

Kläranlage zu bauen. Maß das Kanalnetz 1869 noch 12,5 km, so wuchs es um 1900 um ein Vielfaches auf 226 km an. Der Bau fand international viel Beachtung und zog einen regelrechten „Kanaltourismus" nach sich.

Als 1871 die Kanalisation auch für Fäkalien freigegeben wurde, boomte die Anschaffung der Wasserklosetts. Waren 1870 nur 49 Wasserklosetts verzeichnet, so stieg die Zahl um 1885 auf über 27.000 an. Die freistehenden Klosetts mit Pflanzen- und Tierschmuck konnten über das Geschäft von Georg Hoffmann (gegründet 1876) bezogen werden. Auch in ärmeren Wohnverhältnissen setzten sich die Klosetts in einfacheren Varianten durch; dort mussten sie sich aber zumeist mehrere Parteien teilen. NG

The Oxford Washout Closet, England, um 1890, Keramik, H. 43 cm, B. 37,5 cm, T. 51 cm, HMF.X.2009.3200. LG, Alfons Dresch GmbH, Frankfurt

Literatur: Bauer 1998

57
Ägyptische Ausstellung

Bei sogenannten Völkerschauen wurden im 19. und frühen 20. Jahrhundert Menschen aus Ländern außerhalb Europas öffentlich zur Schau gestellt. Viele waren aus der Heimat verschleppt oder unter Vorspiegelung falscher Tatsachen angeheuert worden. Veranstalter organisierten die internationalen Tourneen als lukratives Geschäft. Auf Volksfesten, in Zoologischen Gärten oder auch auf Welt- und Kolonialausstellungen traten die Gruppen auf. Die Auftritte variierten von der Darstellung eines „Eingeborenendorfes" bis hin zu szenischen Darbietungen und waren bei der europäischen und amerikanischen Bevölkerung sehr beliebt.

> Die „Ägyptische Ausstellung" führte Menschen und Tiere einem schaulustigen Publikum vor.

Bereits vom 5. bis 23. September 1888 gastierte im Frankfurter Zoo Ernst Pinkert mit seiner „Beduinen-Karawane". Diese Schau mit 18 „Eingeborenen" aus Libyen war jedoch wesentlich kleiner als die „Ägyptische Ausstellung" mit der „Beduinen-Karawane", die im Sommer 1891 gegenüber dem Gelände der Internationalen Elektrotechnischen Ausstellung gastierte. Sie umfasste ungefähr 200 Personen und 150 Tiere und es wurde elektrische Beleuchtung eingesetzt. Das Programm bestand unter anderem aus der Szene „Paschafest", verschiedenen Tanzdarbietungen und der auf dem Plakat dargestellten Szene „Sklavenraub".

Das Plakat zeigt als Ausschnitt aus dieser Szene einen arabischen Beduinen, der mit einer Peitsche gefesselte und versklavte Afrikaner antreibt. Im Hintergrund sind die brennenden Hütten des überfallenen Dorfes zu sehen. Für die Gestaltung des Plakats wurden gängige Vorstellungen und Bilder über fremde Kulturen verwendet. Diese sollten zu einem Besuch animieren. Das „Exotische" wurde zur Unterhaltung der Bevölkerung nach Deutschland geholt: Die Kleine Presse vertrat in einem Artikel die Meinung, dass Ausstellung und Karawane eine Reise nach Nordafrika ersetzen könnten. *AMF*

Werbeplakat „Ägyptische Ausstellung und Beduinen-Karawane", Frankfurt, 1891, Farblithographie, HMF.C08043a

Literatur: Dreesbach 2005; Kat. Frankfurt 1986 b; Kat. Frankfurt 1991

58
Firmenschild Helios

Die Helios Actien-Gesellschaft für elektrisches Licht war nach dem griechischen Sonnengott benannt. Sie wurde 1882 in Köln-Ehrenfeld gegründet. Die Firma vertrieb elektrische Beleuchtungsmittel, zu Beginn vor allem Glüh- und Bogenlampen.

Das Firmenschild war Teil des Ausstellungsstandes der Firma auf der Internationalen Elektrotechnischen Ausstellung vom 16. Mai bis 18. Oktober 1891 in Frankfurt. Die Ausstellung fand entlang der Kaiserstraße zwischen dem Hauptbahnhof und der Gallusanlage statt. Sie umfasste knapp 500 Aussteller, mehr als eine Million Besucher und war von der Pariser Weltausstellung inspiriert. Die Elektrotechnische Ausstellung sollte aber nicht nur einer breiten Öffentlichkeit den aktuellen Stand der Technik und die Möglichkeiten der Elektrizität vorstellen, sondern diente auch als Entscheidungsforum für eine in Frankfurt erbittert geführte Debatte: Sollte das erste zu errichtende Elektrizitätswerk Wechsel- oder Gleichstrom produzieren? Auch in Frankfurt herrschte der „Kampf der Systeme" und erregte Aufsehen, da die Stadt ein Wechselstrom-Kraftwerk favorisierte, wie es beispielsweise auch die Helios AG anbot. Damit schien sich Frankfurt gegen Gleichstromsysteme, die von Thomas Alva Edison und auch Werner von Siemens für alternativlos gehalten wurden, entscheiden zu wollen. Der Vorschlag zu der Elektrotechnischen Ausstellung als Bühne, auf der Wechsel- und Gleichstrom konkurrieren konn-

Die Kölner Firma Helios war ein Pionier der Elektrotechnik und stellte 1891 bei der Internationalen Elektrotechnischen Ausstellung ihre Produkte vor.

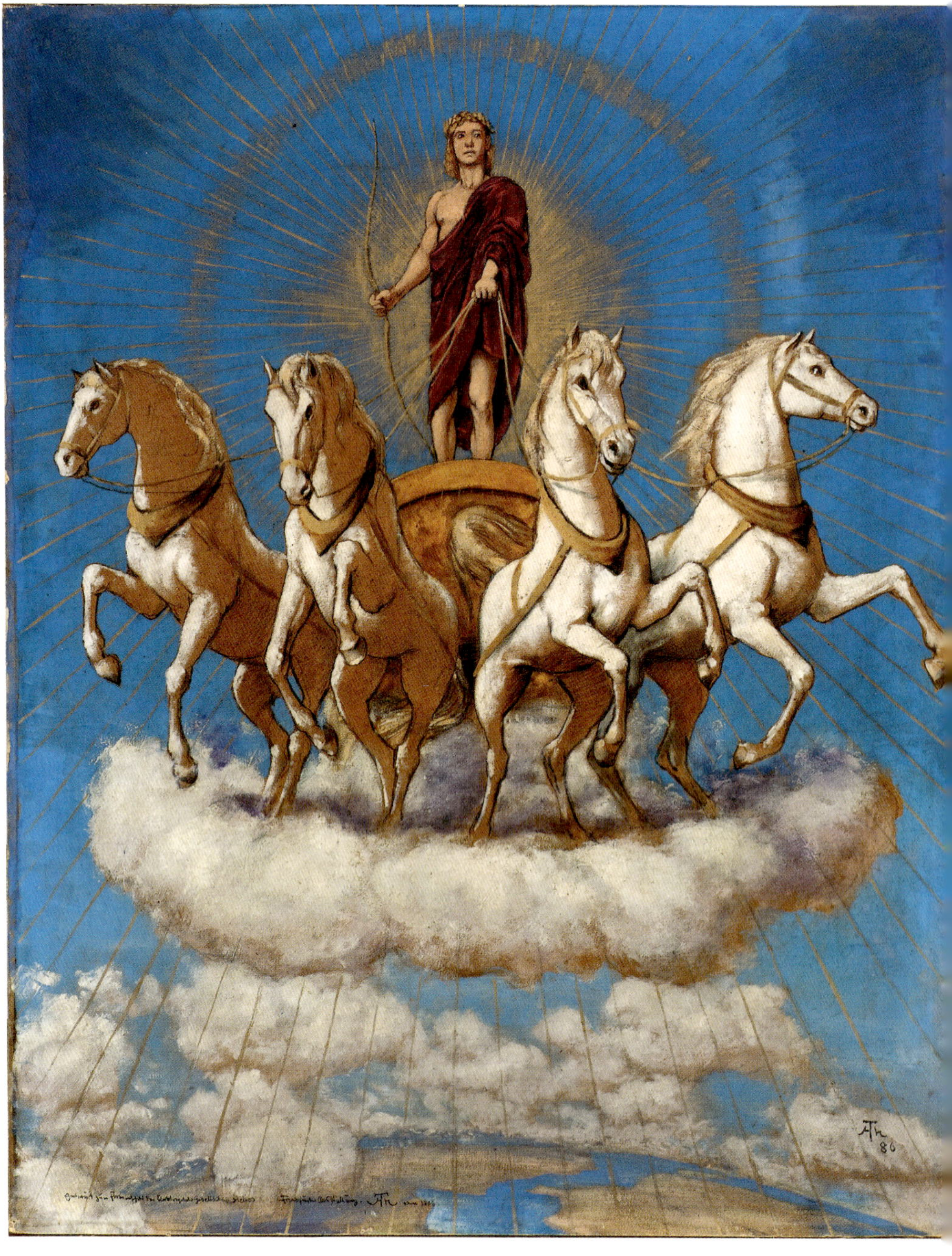

58 Firmenschild Helios

ten, kam schließlich 1889 vom Verleger der Frankfurter Zeitung und Kommunalpolitiker Leopold Sonnemann.

Der Systemstreit war jedoch nicht das alleinige Motiv für eine solche Ausstellung: Es wurden Wege der neuen elektrotechnischen Errungenschaften zur Verbesserung des Lebens der einzelnen Menschen in der Stadt vorgestellt. Wegen ihrer Verteilbarkeit umwehte die elektrische Energie ein demokratischer Hauch: Nicht nur große Städte und bessergestellte Schichten sollten das Privileg von Strom genießen können, sondern alle Bürger, auch in kleinen Städten und Dörfern.

Das Zentrum der Ausstellung war die Maschinenhalle, in der Dampfmaschinen, Generatoren und Gasmotoren nicht nur präsentiert wurden, sondern auch den Strom für die Ausstellung produzierten. Eine Sensation war die Übertragung von hochgespanntem Drehstrom aus dem 160 km entfernten Lauffen am Necker nach Frankfurt. Damit wurde auch der Vorteil von Wechsel- und Drehstrom gegenüber den ausgereifteren Gleichstromsystemen deutlich: die Übertragbarkeit über große Entfernungen hinweg. Der Wechselstrom machte die Helios AG zu einem Pionier der Elektrotechnik in Deutschland, da sie im Jahr 1885 die wichtigsten Patente für das Wechselstromverteilungssystem erworben hatte. Die Helios AG beteiligte sich deshalb auch an der Ausschreibung für das Frankfurter Elektrizitätswerk. Den Zuschlag für den Bau erhielt jedoch die Firma Brown, Boverie & Cie. Obwohl erst das Drehstrom-System eindrucksvoll die Vorteile des Wechselstroms verdeutlicht hatte, entschloss sich Frankfurt aus Kostengründen für ein Kraftwerk mit Einphasen-Wechselstrom-System. Diese Lösung wählten auch andere Städte wie Mainz oder Mannheim. Trotz des generellen Erfolges des Wechselstroms geriet die Helios AG in wirtschaftliche Schwierigkeiten und wurde 1904 von Siemens und der Allgemeinen Elektricitäts-Gesellschaft (AEG) übernommen.

100 ∗ Frankfurt

Anselm Schmitz (Fotografie), Kühl & Co. (Lichtdruck): Helios Aktiengesellschaft für elektrisches Licht Köln Ehrenfeld. Internationale Elektrotechnische Ausstellung Frankfurt 1891, Frankfurt/ Köln, 1891, Lichtdruck, HMF.C15126

Das Firmenschild zeigt Helios, den griechischen Sonnengott, der den Sonnenwagen mit vier weißen Pferden über den Himmel lenkt. Angefertigt hat es Hans Thoma. Er lebte von 1878 bis 1899 in Frankfurt. Der bekannte Landschafts- und Porträtmaler hatte unter anderem auch für den Kölner Schokolade-Fabrikanten und Werbe-Pionier Ludwig Stollwerck Firmenschilder und Sammelbilder entworfen. *AMF*

Entwurf zum Firmenschild der Helios Actien-Gesellschaft, Hans Thoma (1839–1924), Frankfurt, 1886, Ölmalerei auf Pappe, Blattmetall, H. 90 cm, B. 71,5 cm, HMF.B.2007.009

Literatur: Kat. Frankfurt 1991; Mori 2014

59
Schalttafel Hartmann & Braun

Der Mechaniker Eugen Hartmann gründete 1879 in Würzburg eine Werkstatt für optische Apparate und geodätische Instrumente. 1882 wurde der Kaufmann Wunibald Braun Teilhaber der Firma. Die Firma E. Hartmann & Co. zog 1884 in die Stadt Bockenheim westlich von Frankfurt um. Dort spezialisierte sie sich auf die Herstellung elektrischer Messgeräte für physikalische Größen. Nach der Umwandlung in eine Aktiengesellschaft im Jahr 1901 stieg das Produktionsvolumen durch die serielle Herstellung von Schalttafelgeräten. Innovativ waren registrierende Mess-Schreiber, die sechs Messwerte zugleich aufzeichnen konnten. Nach dem Ersten Weltkrieg entwickelte die Firma zusätzlich Analysegeräte zur Gaserkennung. Zu diesem Zeitpunkt waren etwa 3.000 Männer und Frauen bei Hartmann & Braun beschäftigt.

Elektrische Messgeräte aller Art gingen von Bockenheim aus in die ganze Welt.

Im Zweiten Weltkrieg, 1941, wurde ein zweites Werk in Praunheim errichtet. Hier setzte die Werksleitung überwiegend Zwangsarbeiterinnen aus der Sowjetunion ein. Luftangriffe von 1944 führten zur völligen Zerstörung der Anlagen in Bockenheim. Ein Jahrzehnt später stand Hartmann & Braun wieder gut da. 1968 erwarb die AEG die Mehrheit der Anteile an dem Familienunternehmen und gab sie 1981 an Mannesmann weiter. 1993 arbeiteten 3.300 Personen in den beiden Frankfurter Werken. Nach der Übernahme durch Asea Brown Boveri 1999 wurde die Firma vollständig in den Konzern integriert.

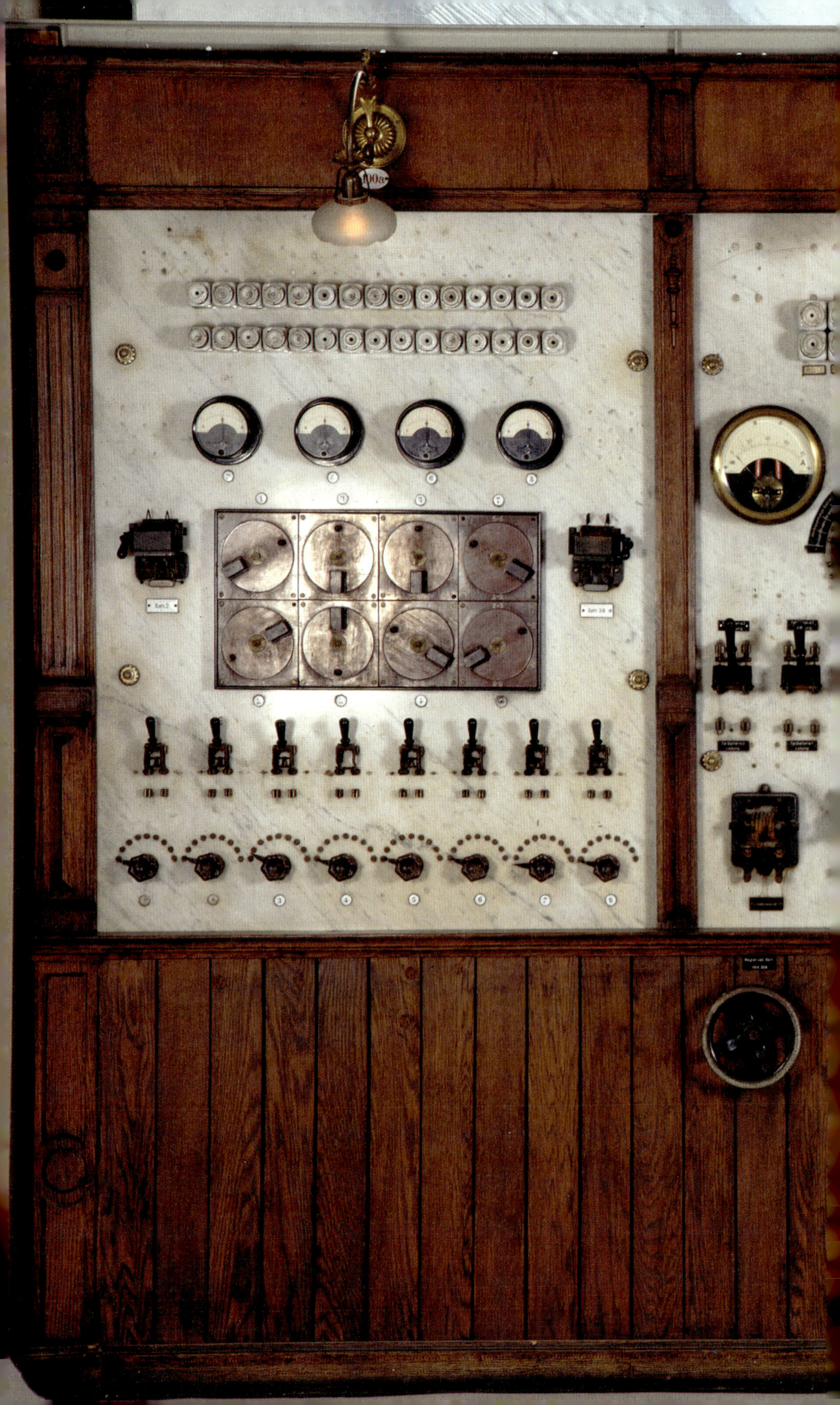
100a

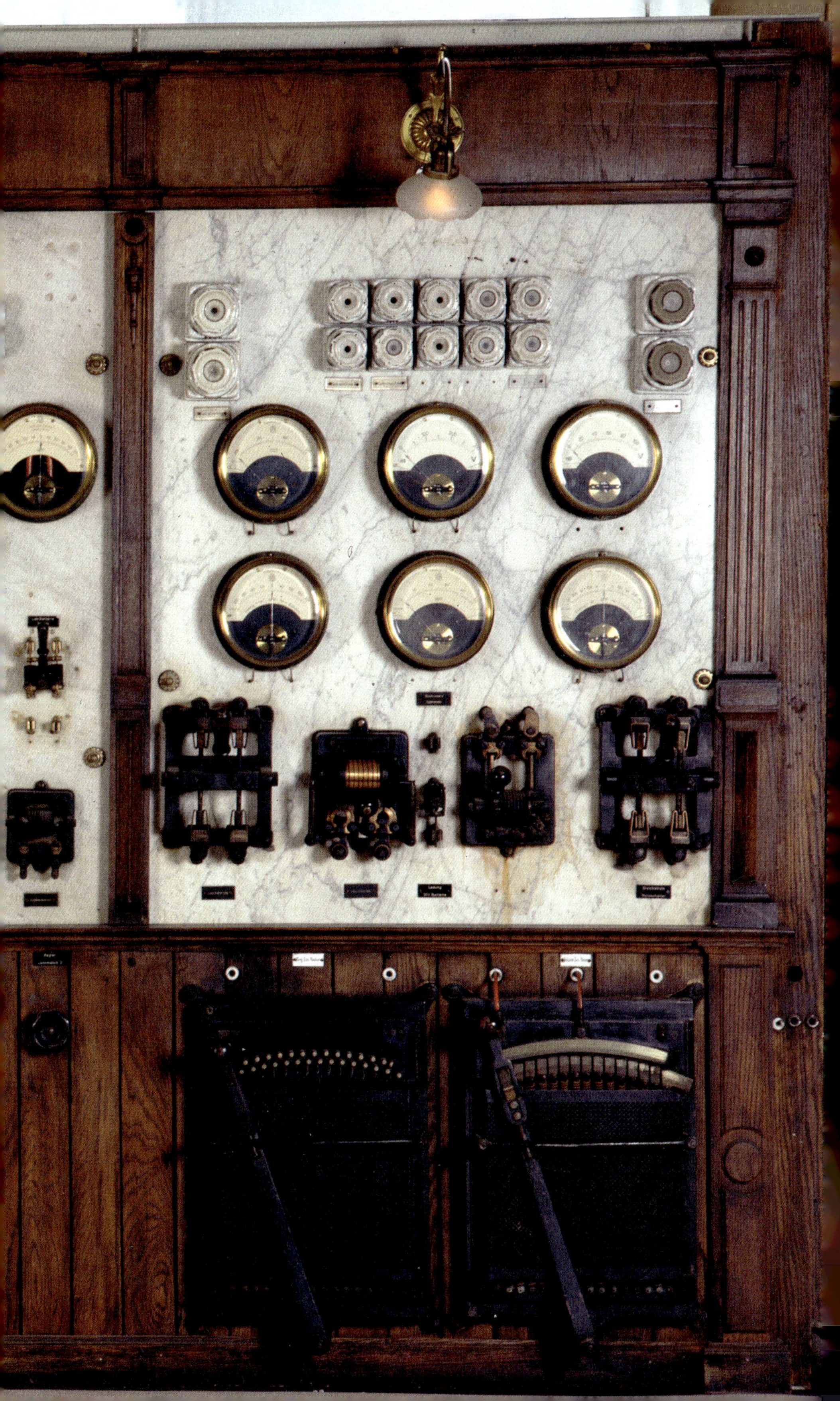

100 * Frankfurt

Die gezeigten Schalttafeln dienten der Schaltung und der Kontrolle der Ladung und Entladung der Akkumulatorenbatterien der Fabrik. Sie waren von 1898 bis 1927 in Betrieb. Die technische Ausstattung ist zeittypisch. In Holzverkleidung gefasste Marmortafeln tragen die Messgeräte, Schalter und Regeleinrichtungen für die Sicherungen. Marmor und Holz wurden wegen der isolierenden Eigenschaften verwendet. *FB*

Drei Schalttafeln, Hartmann & Braun Fabrik elektrischer Messinstrumente, Frankfurt, 1898, Holz, Marmor, Metall, Glas, Kunststoff, Porzellan, Papier, H. 246 cm, B. 344 cm, T. 80 cm, HMF.X.1998.433,1 – 4

Literatur: Hartmann & Braun 1929; Kat. Frankfurt 1994; Lerner 1958

60
Alte Eibe

Im Mai und Juni 1907 verfolgte die ganze Stadt über drei Wochen ein einzigartiges Schauspiel: die „Alte Eibe" wurde vom Senckenbergischen Stift am Eschenheimer Tor nach Bockenheim gebracht. Pro Tag legte sie mit Hilfe von zwei Straßendampfwalzen etwa 200 Meter der 3,5 Kilometer langen Wegstrecke zurück.

Die Verpflanzung der „Alten Eibe" war weithin eine Sensation und sorgte für ein großes Medienspektakel.

Johann Christian Senckenberg hatte 1766 das Areal neben dem Eschenheimer Tor für seine Stiftung erworben. Dort gründete er auch den ersten Botanischen Garten der Stadt, in dem viele exotische Pflanzen und einheimische Arten wuchsen. Die „Alte Eibe" stand an der Begrenzungsmauer und war von außen gut sicht-

Hausen
Bockenheim
Grüneburg
Städtische Irren-Anst.
Palmen-garten
Wasserthurm
Victoria Allee
Moltke Allee
Bismarck Allée
Hohenzollern Platz
Hemmerichsweg
Rangir-Bahnhof
Haupt-Güter Bahnhof
Hellerhof
Bahnhofsplatz
Haupt-Personen-Bahnhof
Infanterie Kaserne
Sicherheits und Handels Hafen
Hochwasserfreie Lagerplatze
Gogels Gut
Petroleumlager
Ober Canal

Frankfurter Friedhof
Israelitischer Friedhof
Bornheimer Friedhof
Bornheim
Günthersburg Park
Zoologischer Garten
Hanauer Bahnhof
Güter Schuppen
Station Fahrthor
Schlachthof
Sachsenhausen
Villa Grunelius
Seehof
Ober

Seite 232–233: Ausschnitt aus dem Verkehrsplan von Frankfurt von Ludwig Ravenstein, 1899, mit dem Weg, den die Eibe genommen hat, HMF.C11536a

bar. Ihr Alter wurde auf 200 bis 300 Jahre geschätzt. Sie galt als seltenes Exemplar und war bereits überregional durch Berichte in Fachzeitschriften bekannt. Im Zuge der Verlagerung der Senckenbergischen Stiftungen an andere Standorte innerhalb der Stadt (1907) bekam der Botanische Garten ein Grundstück zwischen Palmengarten und Grüneburgpark zugewiesen. Die Eibe sollte aufgrund ihrer großen Bedeutung auch mit umziehen.

Verpflanzungen von großen Bäumen kannte man vor allem in Zusammenhang mit der Errichtung von großen Landschaftsparks. Zumeist kam dabei ein Verpflanzwagen zum Einsatz. Die Umsetzung der Eibe erforderte aufgrund ihrer Größe besondere Maßnahmen: sie war damals ca. zwölf Meter hoch und wog wohl 900 Zentner (45.000 kg). Ein Stab von Experten sorgte für die Verpflanzung; darunter waren etwa der englische Gartenexperte Derby und die Frankfurter Baufirma Philipp Holzmann & Co. Schon drei Jahre vorher wurden umfassende Arbeiten am Wurzelwerk unternommen, um die Eibe vorzubereiten. Für den Umzug mussten die Oberleitungen der elektrischen Trambahn abgebaut werden. Die ausladende Krone wurde gestutzt; dennoch gingen einige Fensterscheiben zu Bruch. Aus einem Ast wurden kleine Scheiben geschnitten und an die Geldgeber verschenkt, die den Umzug unterstützten.

Die Zeitungen berichteten täglich über den Umzug, zahlreiche Spottgedichte entstanden und viele Ansichtskarten dokumentierten die Eibe auf ihrer Wanderschaft durch die Stadt. So hieß es in der Kleinen Presse am 2. Juni 1907: „Bunte Papierbänder, wie sie sonst nur zu Karnevalszeiten durch die Luft flattern, haben sich an die Zweige geheftet als Zeichen der gehobenen Gefühle, mit den die Bevölkerung das merkwürdige Schauspiel verfolgt". Am 22. Mai startete der Umzug mithilfe von zwei

60 Alte Eibe

Carl Weiss: Überführung des großen Eibenbaumes, 1907, HMF.C35199

Dampfwalzen; die Einpflanzung im neuen Botanischen Garten war erst am 25. Juni abgeschlossen. Der Botanische Garten wurde nach der Gründung der Goethe-Universität 1914 Teil der Naturwissenschaften. Noch in den 1930er Jahren kam das Gelände, auf dem die Eibe stand, zum Palmengarten. Hier steht sie immer noch als „Senckenberg-Eibe" in der nördlichen Ecke. Auch noch Jahrzehnte nach der Verpflanzung bleibt die Eibe Teil des kulturellen Gedächtnisses der Stadt. *NG*

Astscheibe der „Alten Eibe", Frankfurt, 1907, Eibe, Dm. 8 cm, HMF.X.2007.019

Literatur: Blecken 1994; Blecken 1995

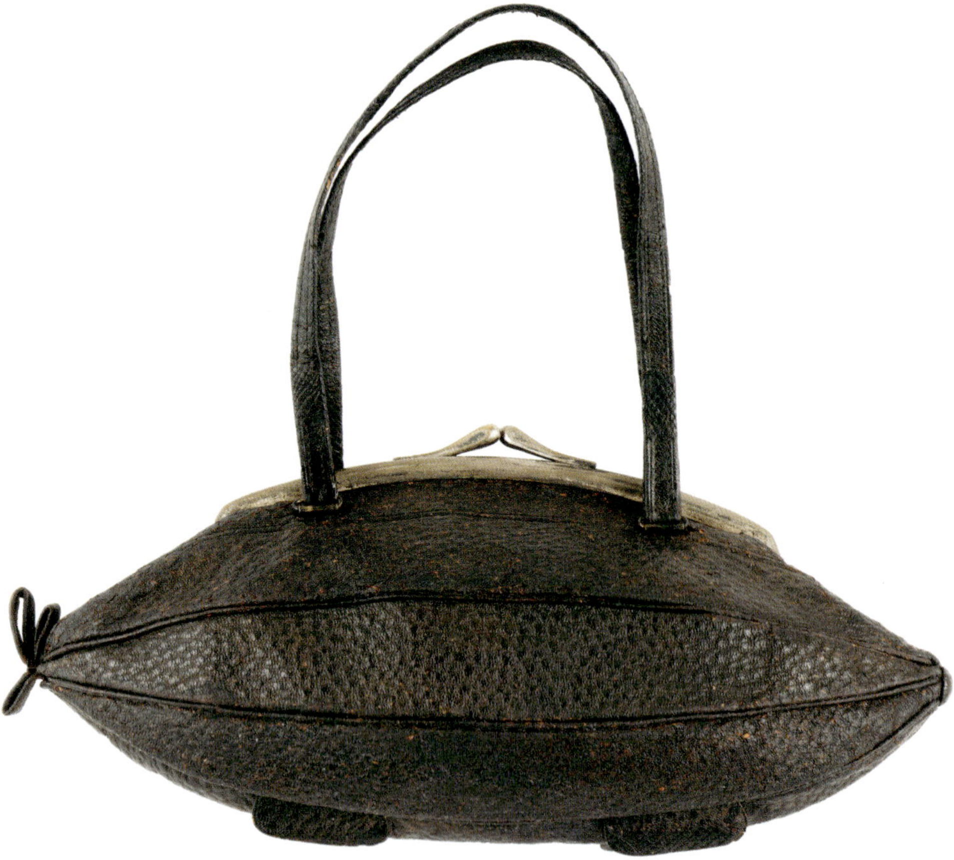

61

Zeppelintasche

Von allen Modeaccessoires eignet sich die Handtasche besonders, kreative Einfälle umzusetzen, da sie eine nahezu freie Formbildung ermöglicht. Seit dieses Utensil zu Beginn des 19. Jahrhunderts zu einem unverzichtbaren Element der modischen Erscheinung der Frau wurde, ist von dieser Möglichkeit vielfältig Gebrauch gemacht worden. Diese lederne Damenhandtasche zitiert in besonders auffälliger Weise das Aussehen deutscher Luftschiffe, der sogenannten Zeppeline.

Ein schwebender Gigant am Handgelenk.

Mit der Erfindung des ersten lenkbaren Starrluftschiffs hatte Ferdinand Graf von Zeppelin im Jahr 1900 eine neue Ära der Luftfahrt eingeleitet. Bis in die 1930er Jahre erlaubten nur diese Fluggeräte eine regelmäßige transatlantische Passagier- und Frachtbeförderung, die mit Flugzeugen erst nach dem Zweiten Weltkrieg in diesem Umfang realisiert werden konnte. Zwischen 1899 und 1938 entstanden 119 Luftschiffe. Das Erscheinen der gigantischen, schwebenden Luftschiffe am Himmel löste eine Massenbegeisterung aus. Graf Zeppelin und seine Erfindung wurden auf diversen Alltagsgegenständen wie Taschenuhren, Aschenbechern, Geschirr und Besteck abgebildet.

Als Einzelanfertigung oder als Teil einer Kleinserie möglicherweise aus einem Offenbacher Lederbetrieb entstand wohl diese Damenhandtasche, die direkt mit einem Ereignis in Verbindung steht: 1909 fand die Internationale Luftfahrtausstellung (ILA), eine Leistungsschau der Luftfahrttechnik mit Fliegerfest

100 ∗ Frankfurt

Luftschiff ‚LZ5' im Landeanflug am 31. Juli 1909 beim Besuch der Internationalen Luftfahrtausstellung (ILA) in Frankfurt, Fotografie, HMF.C17852a

und Vergnügungspark, in Frankfurt statt. Vom 10. Juli bis 10. Oktober wurden auf einem Freigelände in der Nähe der erst kürzlich fertiggestellten Festhalle, dem zu dieser Zeit größten Kuppelbau Europas, unterschiedliche Fluggeräte präsentiert. Wahre Besucheranstürme verursachten die Flüge der Zeppeline ‚LZ 5' und ‚LZ 6' am 31. Juli und 11. September 1909.

Die Bewunderung der Frankfurter für die Giganten der Lüfte blieb bestehen. Noch 1937 konnte die ausgemusterte „Graf Zeppelin" (LZ 127), nun als Museumsschiff auf dem Rhein-Main-Flughafen für jedermann zugänglich, die Besucher in Scharen anlocken. Der Gedenkstein in Bockenheim, Am Dammgraben, zur Erinnerung an die Landung des ersten Zeppelins in Frank-

61 Zeppelintasche

furt und der Straßenname „Zeppelinallee" künden noch heute von dieser Begeisterung.

Die langgestreckte schlanke Form der Zeppeline ist bei diesem Taschenmodell frei nachempfunden worden. Zwei Details verdeutlichen jedoch eine Auseinandersetzung mit dem Vorbild. So sollen die Lederlaschen am Boden die Gondeln am Rumpf der Luftschiffe andeuten, die bei den ersten Modellreihen die Motoren mit ihren Propellern aufnahmen. Erst 1919, mit dem Luftschiff LZ 120, bildeten Führer- und Fahrgasträume eine unter dem Rumpf angeordnete Einheit. Die Lederschlaufen an einem Ende stellen die am Heck befindlichen Ruder des Seiten- und Höhenleitwerks dar.

Ein interessantes Vergleichsstück ist die 1928 angefertigte Damenhandtasche der Offenbacher Firma George Ruff im Deutschen Ledermuseum in Offenbach. Die Tasche in Form eines Flugzeugs nimmt mit dem Schriftzug „Lindbergh" Bezug auf den Luftfahrtpionier Charles A. Lindbergh und seine Atlantik-Überquerung im Mai 1927. Auch in diesem Fall steht ein Ereignis Pate für das Entstehen eines besonderen modischen Accessoires. *MCH*

Damenhandtasche in Form eines Zeppelins, Frankfurt, um 1910, Leder, violett gefärbte Baumwolle (Futter), Metall (Schnappverschluss), H. 12,5 cm, B. 29 cm, T. 10 cm, HMF.X.1971.065

Literatur: Kat. Frankfurt 1994; Knäusel 2002; Kutscher 1995

0,45 Gm.
DOS. III
Salvarsan-
Natr. Sodium
STAATLICH GEPRÜFT
242.49
FARBWERKE HOECHST

62
Paul Ehrlichs Salvarsan

Der Arzt Paul Ehrlich (1854–1915) wirkte seit 1899 als Medizinforscher in Frankfurt. In seiner Zeit an der Berliner Charité nutzte er das Potenzial der erst seit Kurzem verfügbaren Teerfarbstoffe. Ab 1878 führte er farbanalytische Versuche mit großem Erfolg durch und entwickelte Färbemethoden an Bakterien. Seit 1889 erforschte er die Wirkung von Giften auf den Körper und nach welcher Regel dieser mit der Herstellung von Antikörpern reagiert. Zusammen mit Emil von Behring gelang es ihm, das lebensrettende Diphterie-Heilserum zu konzentrieren und zu standardisieren. Gemeinsam erhielten sie dafür 1908 den Nobelpreis.

Im Kampf gegen die Volkskrankheit Syphilis entwickelte Paul Ehrlich das erste Chemotherapeutikum und wurde zum Wohltäter der Menschheit.

Die Bankierswitwe Franziska Speyer spendete im Andenken an ihren 1902 verstorbenen Mann eine Million Mark für ein therapeutisches Forschungsinstitut. Seine ganze Kraft widmete Paul Ehrlich der Suche nach chemischen Stoffen, die ihre volle Wirkung auf den im Organismus hausenden Schädling ausüben, dabei aber den Organismus unbeschadet lassen. Unter seiner Leitung gab es im Georg-Speyer-Haus eine Chemische und eine Biologische Abteilung. Die Chemiker produzierten synthetisierte Testsubstanzen, also neue Wirkstoffe. Die Biologen testeten deren Wirksamkeit gegen verschiedene Krankheitserreger.

Als Ausgangspunkt diente das arsenhaltige Atoxyl, das gegen die Bakterien Trypanosomen (Erreger der Schlafkrankheit) und Spi-

100 ★ Frankfurt

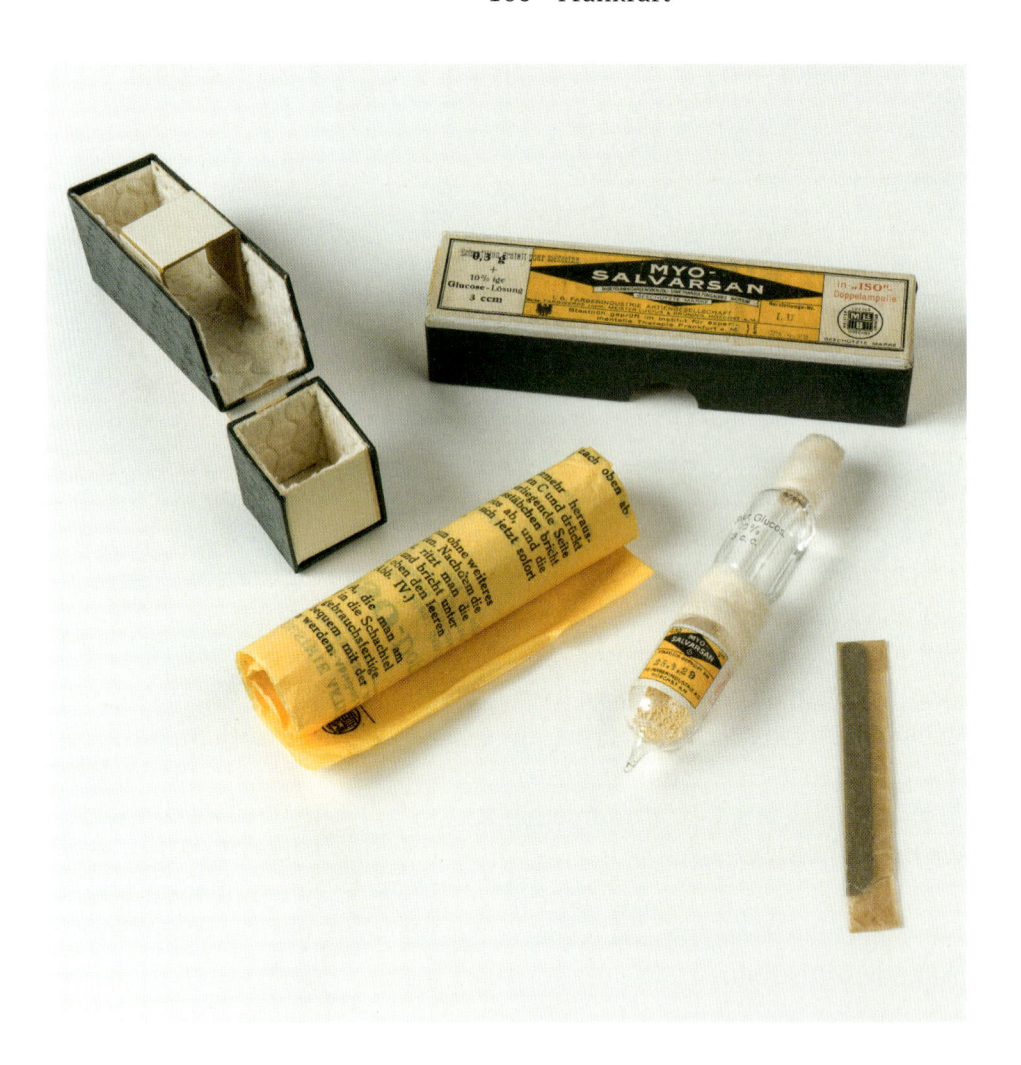

Impfstoff Salvarsan von 1929

rochäten wirkte. Hiervon produzierte man Hunderte von modifizierten Varianten, um sie dann in seriellen Tierversuchen auf ihre erregertötende Wirkung und ihre Verträglichkeit hin zu testen. Das Ziel war, alle Syphilis-Erreger nach einmaliger Eingabe des Medikaments zu eliminieren. Auf der Basis von Arsen war es schließlich das Präparat Nr. 606, das hervorragende Resultate erzielte. Paul Ehrlich schickte Tausende von Proben des Präparats an Kollegen, die über die Anwendung überwiegend positiv in etwa 250 Publikationen berichteten.

62 Paul Ehrlichs Salvarsan

Salvarsan – heilendes Arsen – lautete der programmatische Name, unter dem das arsenhaltige Syphilismittel 1910 in den Handel kam. Dem waren intensive klinische Studien im Jahr zuvor vorausgegangen, die Paul Ehrlich mit großer Sorgfalt begleitete. Die industrielle Fertigung des Präparats fand bei den Farbwerken Hoechst statt. Da Salvarsan mit Luftsauerstoff giftige Reaktionsprodukte bildete, schmolz man das gelbliche Pulver in Glasampullen ein. Detaillierte Anwendungshinweise gab es auf dem Beipackzettel. Bei unsachgemäßer Anwendung oder falscher Dosierung drohten allerdings gesundheitsschädliche Nebenwirkungen. Doch die Behandlungserfolge waren höchst beeindruckend. Imposante Vorher-Nachher-Abbildungen belegten in vielen Fachpublikationen die positive Wirkung des neuen Syphilisheilmittels. Die Bildfolgen lassen ermessen, welche Erleichterung die Syphilistherapie für die Patienten erbrachte. Salvarsan war das erste systematisch entwickelte, synthetische Antibiotikum. *FB*

Der Impfstoff Salvarsan, Frankfurt (Farbwerke Hoechst), produziert 1947, Sammlung Christoph Rosak

Literatur: Kat. Berlin 2015

ALS HOCHBURG DES GEISTES
HAT DICH GESCHAFFEN
IN WEHR UND WAFFEN
EIN EISERN GESCHLECHT

IHR WAECHTER DES BAUS
NUN HÜTET DAS HAUS
ZU DEUTSCHLANDS EHRE
IN FORSCHUNG UND LEHRE
TREU WAHR UND GERECHT

DER UNIVERSITÆT
FRANKFURT A. MAIN
UND IHREN LEHRERN
ZUM 18. OKTOBER 1914
DAS KURATORIUM

63
Stiftungsuniversität

Am 18. Oktober 1914 wurde die Frankfurter Universität eröffnet. Für das erste Semester schrieben sich über 600 Studierende ein, darunter über 100 Frauen. Es war zugleich der Jahrestag der Völkerschlacht zu Leipzig 1813, an dem sich drei Jahre später die Freie Stadt Frankfurt ihre Verfassung gab. Die Gründung der ersten deutschen Stiftungsuniversität veranlasste das Kuratorium, eine Gedenkplakette herauszugeben, die von Rudolf Bosselt (1871–1938) gestaltet und gegossen worden war. Bosselt war nach Lehrjahren an der Städelschule einer der Mitgründer der Darmstädter Künstlerkolonie gewesen und leitete 1914 seit drei Jahren die Kunstgewerbe- und Handelsschule Magdeburg.

Das Kuratorium der neuen Universität war eine Besonderheit dieser ungewöhnlichen Universität. Denn hier saßen die Gründer und mehrheitlich jüdischen Stifter aus der Frankfurter Bürgerschaft und bestimmten das Geschick ihrer Stiftung, anders als in den sonst durchweg staatlichen deutschen Universitäten, in denen Ministerialbeamte den Ton angaben. Der 1912 aus gesundheitlichen Gründen zurückgetretene Oberbürgermeister Franz Adickes und der Gründer der Akademie für Handels- und Sozialwissenschaften, Unternehmer Wilhelm Merton, hatten im Kuratorium das Sagen. Auf Adickes soll die Inschrift auf der Rückseite der Bronzeplakette zurückgehen. Der im Sommer 1914 ausgebrochene Erste Weltkrieg hinterließ deutliche Spuren im Text: das „eiserne Geschlecht", „in Wehr

Die Frankfurter Stiftungsuniversität geriet durch den Ausbruch des Ersten Weltkriegs schon bei ihrer Eröffnung am 18. Oktober in eine Existenzkrise.

und Waffen", das „Deutschlands Ehre" behüten soll. Diese Zeilen lesen sich wie eine Reaktion auf die internationalen Proteste und Anfeindungen der Deutschen als „Hunnen" und „Barbaren", nachdem ihre Truppen Kriegsgräuel im überfallenen und besetzten Belgien verübt hatten, darunter die Zerstörung der Universitätsbibliothek von Leuven am 25./26. August 1914. Die junge, mit 14 Millionen Mark Stiftungskapital reich ausgestattete Frankfurter Universität geriet durch den Krieg sogleich in eine existenzbedrohende wirtschaftliche Krise, die 1923 fast zu ihrem Untergang führte.

Vorderseite: DER UNIVERSITAET / FRANKFURT A. MAIN. / UND IHREN LEHRERN / ZUM 18. OKTOBER 1914 / DAS KURATORIUM

Rückseite: ALS HOCHBURG DES GEISTES / HAT DICH GESCHAFFEN / IN WEHR UND WAFFEN / EIN EISERN GESCHLECHT / IHR WAECHTER DES BAUS / NUN HUETET DAS HAUS / ZU DEUTSCHLANDS EHRE / IN FORSCHUNG UND LEHRE / TREU WAHR UND GERECHT. *JG*

Erinnerungsplakette mit Lederetui, Rudolf Bosselt (1871 – 1938), Frankfurt (?), 1914, Bronzeguss, Leder, H. 8, B. 15 cm (Plakette), HMF.MDF7.73.2

Literatur: Hammerstein 1989; Kluke 1972; Losse 1995

64
Rot-Kreuz-Sammelbüchse

Als 1866 der Krieg zwischen Preußen und Österreich ausbrach, gründeten Bürger und Bürgerinnen Frankfurts den „Hülfsverein für kranke und verwundete Krieger", den Vorgängerverein des Roten Kreuzes. Der Verein wollte ein Sanitätskorps finanzieren, das sich um verletzte Soldaten kümmern sollte. Das 1863 in Genf gegründete Internationale Komitee vom Roten Kreuz stand dafür Pate. Nach der Eingliederung in das Preußi-

Viele Frauen sammelten schon vor Ausbruch des Ersten Weltkriegs Spenden zur Unterstützung von kranken und verwundeten Soldaten.

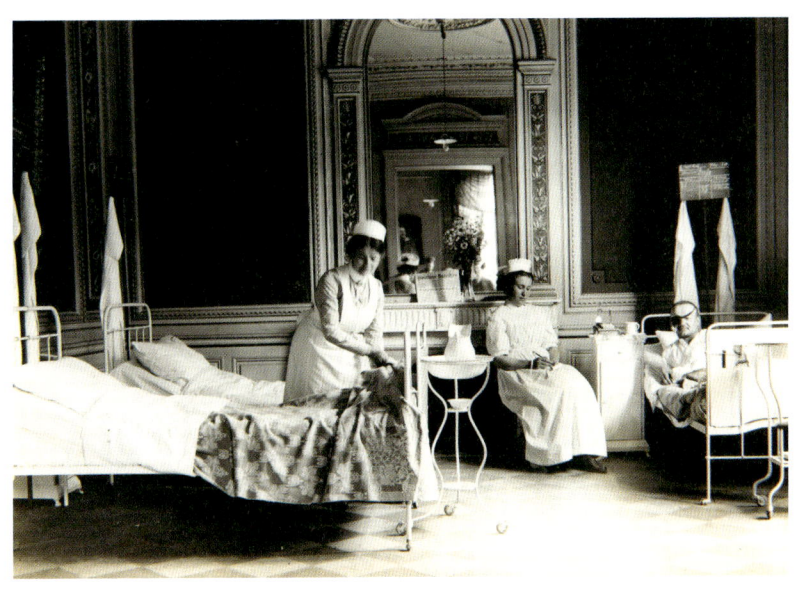

Carl H. Neithold: Privatlazarett von Kommerzienrat Bernhard Kahn, Frankfurt, 1914, Fotografie, HMF.Ph10414,3

Rote Kreuz-Sammlung
19 14
zugunsten
der freiwilligen Krankenpflege
im Kriege.

64 Rot-Kreuz-Sammelbüchse

Entwurf für ein Plakat der Kriegsausstellung Frankfurt am Main zugunsten des Roten Kreuzes 1916, Temperamalerei, HMF.C45817

sche Reich schloss sich Frankfurt dann an das Zentralkomitee des Berliner Vereines an und hieß nun „Verein zur Pflege im Felde verwundeter und erkrankter Krieger". Während des deutschfranzösischen Krieges 1870/71 waren der Verein und sein Sanitätskorps stark gefordert. Später setzte sich der Verein auch für zivile Angelegenheiten ein: Er sorgte für die Ausbildung von Krankenpflegerinnen und unterhielt ein Krankenhaus. Mehrere Frauenvereine engagierten sich hier.

Am 10. und 11. Mai 1914 riefen der Verein vom Roten Kreuz und der vaterländische Frauenverein vom Roten Kreuz die Bürgerschaft auf, die Organisation mit Spenden zu unterstützen.

Gleich nach der großen Sammelaktion von 1914 übergab Margot Isbert (1889–1979), damals als Sekretärin im Völkerkundlichen Museum tätig, dem Historischen Museum ein Abzeichen, eine Postkarte, eine Armbinde und die Sammelbüchse. Die Dose begründete die Museumssammlung zum Ersten Weltkrieg.

Bereits wenige Monate nach der deutschen Kriegserklärung am 1. August 1914 riefen das Museum und das Stadtarchiv im November 1914 dazu auf, Fotos, Medaillen, Druckwerke, Erinnerungs- und Beutestücke vom Krieg zu bringen. Die Objekte wurden im Museum ausgestellt. Das nationale Rote Kreuz veranstaltete gemeinsam mit dem Kriegsministerium parallel dazu eine Kriegsausstellung im Holzhausenpark. Das Rote Kreuz stellte sich damit in den Dienst politischer Propaganda. *NG*

Rot-Kreuz-Sammelbüchse, Frankfurt, 1914, Metall, Dm. 9 cm, H. 12,7 cm, HMF.X26765

Literatur: Kat. Frankfurt 1976a

65

Schreibmaschine

Die Adlerwerke in Frankfurt wurden 1880 von Heinrich Kleyer (1853–1932) als Maschinen- und Velociped-Handlung gegründet. Zunächst stellten sie ausschließlich Fahrräder her. 1896 erwarb Kleyer von der Firma Wellington P. Kidder die Patente für die Empire-Schreibmaschine. Es handelte sich um eine erstmals 1892 vorgestellte Typenstangenschreibmaschine unter dem Markennamen Wellington.

Die Adlerwerke setzten mit Fahrrädern und Automobilen Maßstäbe auf dem Weltmarkt. Besonders innovativ waren sie auch mit Bürotechnik.

Nach gründlicher Überarbeitung produzierten die Adlerwerke seit 1898 erstmals Schreibmaschinen nach diesem Patent. Sie trugen den Markennamen Empire und wurden von Fahrradhändlern vertrieben. Die erste Adler-Schreibmaschine mit eigenem Namen hieß Adler 7. Darunter wurde sie geradezu legendär. Sie kam 1900 mit dem beträchtlichen Preis von 300 Mark auf den Markt. Ihr besonderes Kennzeichen war die sofort sichtbare Schrift und die absolut gerade Ausrichtung von Buchstaben und Zeilen. Bei einem Gewicht von 10,8 Kilogramm zeichnete sie sich durch ihre unbedingte Zuverlässigkeit und Robustheit aus. Kleyer entwickelte die Adler 7 bis ca. 1922 kontinuierlich weiter. Aus Aluminium wog sie drei Kilogramm weniger.

Ab 1900 bauten die Adlerwerke auch Automobile und Motorräder. 1914 trugen 20 Prozent aller zugelassenen Autos im Deutschen Reich den Namen Adler. 1944 befand sich ein Außenlager des KZ Natzweiler-Struthof (Elsass) mit dem Decknamen

ADLER
Adlerwerke vorm. Heinrich Kleyer Aktiengesellschaft
Frankfurt a/M.
Mod. № 7.

65 Schreibmaschine

„Katzbach" auf dem Firmengelände, dessen Häftlinge dort Fahrgestelle für Schützenpanzer herstellten. Die Produktion der Autos endete 1948 und ab 1954 wurden auch keine Fahrräder mehr hergestellt. 1956 kaufte Max Grundig die Adlerwerke und schloss sie mit dem Büromaschinen- und Motorradhersteller Triumph zusammen. Büromaschinen unter dem Namen Triumph-Adler wurden bis 1992 in Frankfurt produziert. Das Stammhaus der Adlerwerke im Gallusviertel ist heute ein Industriedenkmal. FB

J. C. Metz (Lithographische Kunstanstalt): Plakat „Heinrich Kleyer Adler Fahrrad-Werke Frankfurt a/M Gutleutstraße 9 und Höchsterstraße 17", Frankfurt, 1891, Chromolithographie, HMF.C07949

Schreibmaschine Adler 7, Adlerwerke vorm. Heinrich Kleyer Aktiengesellschaft, Frankfurt 1924/1925, lackiertes Metall, Gummi, Kunststoff, Textil, H. 15,5 cm, B. 38 cm, T. 39 cm, HMF.X.1971.038

Literatur: Schneider 1970

STADTVERWALTUNG
FRANKFURT AM M
STADTVERWALTUNG
FRANKFURT A M
3497 b
MAGISTRAT DER STADT
FRANKFURT AM MAIN
3485 b

66
Leistikow-Adler

Der Frankfurter Adler hat im Lauf der Jahrhunderte häufig sein Aussehen geändert, aber nie so radikal wie in den Entwürfen des Grafikers Hans Leistikow. Er gehörte zum Team um Stadtbaurat Ernst May und leitete von 1925 bis 1930 das städtische Drucksachenbüro. Dort überarbeitete er alle Geschäftspapiere und sonstigen Drucksachen der Stadt im Stil der „Neuen Sachlichkeit". Dies bedeutete einen Verzicht auf allen Schmuck und Schnörkel. Die Gestaltungselemente bestanden aus klaren, geometrischen Formen, waagrechten und senkrechten Linien, kontrastreichen Farben und „im Geist der Zeit" konstruierten Schriftarten wie der Futura. Diese strenge, „nüchterne" Strukturierung sollte nicht nur das Schriftbild, sondern das gesamte Bild der Neubauten wie der Großmarkthalle, der Schulen oder der Siedlungshäuser bestimmen. Hier trat sie in Gestalt von kubischen Baukörpern und der Betonung der funktionalen Elemente auf. Die Gebäude wurden lediglich durch einheitliche, sich wiederholende horizontale und vertikale Fensterbänder, Türen, Vordächer, Geländer und Handläufe gegliedert. Sie erhielten so ihre charakteristische, „moderne" Wirkung, die durch ihre Farbigkeit verstärkt wurde.

Alles neu und sachlich – auch das Stadtwappen, der Frankfurter Adler, sollte den Aufbruch in die Moderne markieren.

Da der Aufbruch in die Moderne auf verschiedensten Ebenen sichtbar werden sollte, war es auch nicht weiter verwunderlich, dass Leistikow sich nicht nur um die Grafik kümmerte, sondern beispielsweise auch das Farbkonzept für die Hausfassaden der

Briefumschlagrückseite mit dem Adler von H. Leistikow und rotem Lacksiegel mit dem alten städtischen Adler, Frankfurt um 1930, HMF.C47414

gerade entstehenden Siedlung in Praunheim erstellte. Dieses Zusammendenken aller öffentlichen Präsentation und ihre Homogenität wurden von den Architekten des „Neuen Frankfurt" als ästhetischer Ausdruck der republikanischen Gleichheit aller Bewohner/innen der Stadt verstanden. Gleichzeitig wurden sie als „Erziehungsbeitrag" zu dieser egalitären Grundhaltung angesehen.

Die Konfrontation mit den völlig ungewohnten – städtebaulichen sowie grafischen – Erscheinungsformen und den Entwürfen gesellschaftlichen Zusammenlebens, die sie verkörpern sollten, waren jedoch eine Herausforderung für viele Bürger/innen. Entsprechend aufgeregt waren die Reaktionen, besonders auch wegen des neuen Adlers. Seines Federschmucks, seiner Krallen, Zunge und monarchistischen Krone beraubt, sah man das Hoheitszeichen, das die Stadt würdevoll darstellen sollte, beschädigt. Die Auseinandersetzung zwischen den Vertretern des Fortschritts und den Traditionalisten – ein nicht untypischer Frankfurter Konflikt – wurde im Stadtparlament, in der Presse und in der Bevölkerung geführt. Bezeichnungen wie „Stadtmaikäfer", „gerupfter Spatz" oder „verkümmerte Eintagsfliege" machten die Runde. Wegen der Proteste wurde der Leistikow-Adler, auch nach mehreren Überarbeitungen, nicht als offizielles Stadtwappen verwendet. Aber er verschwand auch nicht in der Versenkung. So ließ ihn Oberbürgermeister Ludwig Landmann an der Tür seines Büros anbringen. Er erhielt ihn zudem in dreidimensionaler Ausführung als Geschenk zu seiner Hochzeit, gearbeitet in Kupfer, Silber, Bergkristall und Messing. Und der Adler blieb auch kein Unikat, denn, ungeachtet aller Debatten, wurden die Geschäftspapiere der Stadtverwaltung damit bedruckt.

Briefkopf des Frankfurter Magistrats mit dem Adler von Hans Leistikow, Frankfurt um 1928, Druck auf Papier, HMF.C47414

Dafür waren diese Druckformen wohl bestimmt, die aber unbenutzt in der Verpackung des Herstellers blieben. Ab 1930 sollte der Adler überhaupt nicht mehr zum Einsatz kommen. Noch vorhandenes Briefpapier durfte aber, ganz praktisch, aufgebraucht werden.

Erleichtert stellte die Frankfurter Zeitung vom 24. April 1930 fest: „Dem Frankfurter Wappentier, dem Adler, ist wieder zu seinem Recht verholfen worden. Der Usurpator, der sich eine Zeitlang eingenistet hatte, ist offiziell abgesetzt worden, die Dynastie des alten Frankfurter Adlers ist gerettet."

Trotz alledem – der Leistikow-Adler „lebt" bis heute – er ziert die Rückseite der Ehrenplakette der Stadt. Sie wird an Persönlichkeiten verliehen, die sich durch ihr besonderes Engagement für Frankfurt verdient gemacht haben. *MLS*

Originalverpackte Klischees (Druckformen) mit verschiedenen Versionen des Frankfurter Adlers, Hans Leistikow (1892–1962), Frankfurt, 1925, Holz, Zink, Papier, von H. 0,6 cm, B. 0,6 cm, T. 2,5 cm bis H. 5,5 cm, B. 4,8 cm, T. 2,5 cm, HMF.X.2008.111,01–31

Literatur: Dreysse 1987; Kat. Stuttgart 2016; Schneider 2011

67
Barrenuhr der Arbeiter-Olympiade

Mit rund 450.000 Zuschauern und 3.000 Sportlerinnen und Sportlern brachten die Frankfurter Spiele nach dem Ersten Weltkrieg Hoffnungen und Forderungen nach Frieden, mehr Demokratie und Völkerverständigung zum Ausdruck.

Bei dem Sportereignis präsentierte sich die Arbeitersportbewegung, die im 19. Jahrhundert als Gegenbewegung zur bürgerlichen, oft nationalistisch und militaristisch ausgerichteten Turnerschaft entstanden war. Sie bot der wachsenden Arbeiterschaft Breitensport und Klassenkampf zugleich. Der „Internationale

Ganz ohne Medaillenspiegel, Nationalhymnen und -fahnen fand 1925 die erste Internationale Arbeiter-Olympiade im neu errichteten Stadion statt.

Erinnerungsschrift „I. Internationales Arbeiter-Olympia", Frankfurt, 14.–28. Juli 1925, Frankfurt 1925, Eintracht Frankfurt Museum

Arbeiterverband für Sport und Körperkultur" bestimmte Frankfurt zum Austragungsort. Die Stadt würde, so die Veranstalter, als internationale Metropole mit demokratischer und freiheitlicher Tradition die zahlreichen Gäste beherbergen können.

Zur Eröffnung der Wettkämpfe zogen am 24. Juli 1925 die Sportler/innen aus zwölf verschiedenen Ländern ohne Nationalfahnen und -trikots oder andere nationale Kennzeichnungen unter den Klängen der „Internationale" in das im Mai eingeweihte Stadion ein. Am vorletzten Tag gab es einen Festzug durch die Stadt, an dem etwa 100.000 Personen teilnahmen. Die Spiele wurden am 28. Juli mit dem Fußballfinalspiel und Wassersport im Main sowie einem großen Feuerwerk abgeschlossen. Zur Erinnerung

67 Barrenuhr der Arbeiter-Olympiade

konnten die Teilnehmer/innen außergewöhnliche Souvenirs kaufen wie diese Uhr mit Miniatur-Barren.

Dass die Internationale Arbeiter-Olympiade in Frankfurt stattfand, lag auch im Interesse der Stadt. Die Frankfurter Bürgerschaft hatte bereits 1897 ganz im Interesse zahlreicher Vereine und Sportclubs über eine Bewerbung zu einer Internationalen Olympiade beraten. Durch die Olympischen Spiele in Athen 1896 motiviert, hatten sich rund 70 Persönlichkeiten der Stadt über Maßnahmen und Möglichkeiten verständigt, Frankfurt zu einer Olympia-Stadt zu formen. Bei dieser Idee blieb es vorerst. Und 1916 unterließ Frankfurt eine Bewerbung, da diese in Konkurrenz zur sich ebenfalls interessierenden Reichshauptstadt Berlin kaum Aussichten auf Erfolg hatte. Größtes Bewerbungshemmnis waren dabei ein olympiataugliches Stadion und Sportanlagen.

Klapppostkarte „Stadion im Stadtwald zu Frankfurt", Frankfurt 1925 – 1930

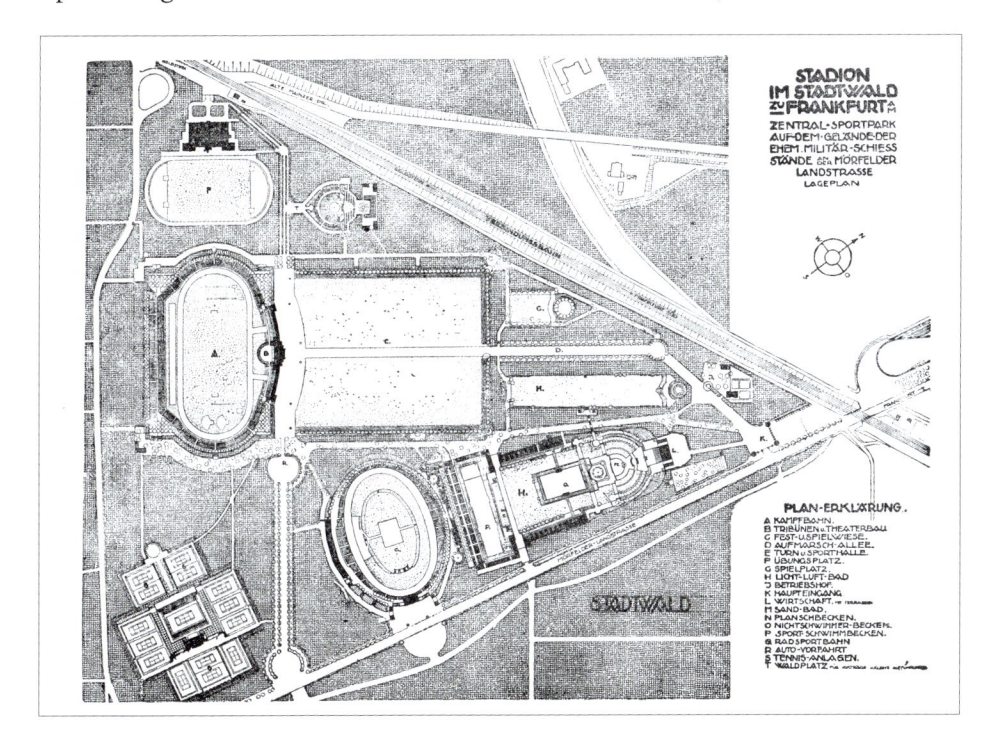

Für die Arbeiter-Olympiade trieb die Frankfurter Stadtregierung unter Oberbürgermeister Ludwig Landmann in den frühen 1920er Jahren den Bau des Stadions und den für die Zeit äußerst modernen Sportpark im Süden der Stadt schließlich voran. Dieser war mit Fußballfeld, zwei Laufbahnen und Sprunggruben in einer Arena, einer Fest- und Spielwiese, Stadionbad und Rennbahn für 40.000 Zuschauer/innen ausgelegt. Wie in der Weimarer Republik insgesamt stieg auch in Frankfurt das Interesse an Arbeitersportvereinen nach dem Ersten Weltkrieg noch einmal enorm. Auch wenn mit der ersten Internationalen Arbeiter-Olympiade in Frankfurt die Arbeitersportler/innen auf Konfrontationskurs mit dem Internationalen Olympischen Komitee gingen, also eine Gegen-Olympiade begründeten, empfing die Stadt die Arbeitersportler/innen zur Olympiade mit offenen Armen. Für die offizielle Eröffnungsfeier wurde die Festhalle an der Messe zur Verfügung gestellt. 103 Schulen fungierten als Massenunterkünfte und die Verpflegung der aktiven Sportlerinnen und Sportler wurde von der städtischen Schulkinderspeisung organisiert. Diese bot auch für Zuschauer/innen günstige Eintopfgerichte, täglich zwischen 15.000 und 25.000 zum Selbstkostenpreis. Die ehemaligen Sportstätten der Arbeiter-Olympiade im südlich gelegenen Stadtwald sind noch heute ein Frankfurter Freizeit- und Sporttreff. DL

Souvenir-Uhr mit Miniatur-Barren, 1925, verschiedene Laubhölzer, Metall, H. 13,5 cm, B. 20 cm, T. 8 cm, HMF.X.2009.3204.
Lg, Dr. Thomas Bauer, Frankfurt

Literatur: Bauer 2000; Kat. Frankfurt 1994; Schröder 1980

68
Frankfurter Küche

Bis zum Zweiten Weltkrieg war für viele Familien eine separate Küche mit normierten Schrankelementen, Wasseranschluss und Elektrogeräten noch unerreichbar. Einen immensen Fortschritt bedeutete daher die Entwicklung eines Wohnprinzips „funktional, raumsparend, hygienisch und möglichst preiswert", das ab 1925 im Rahmen des „Neuen Frankfurt" durch den Leiter des Städtebaudezernats Ernst May (1886–1970) realisiert wurde. Der Wohnungsnot in der Zeit nach dem Ersten Weltkrieg wollte man mit vielen, gut ausgestatteten Wohnungen in neu erschlossenen Siedlungen entgegentreten.

Die Wiener Architektin Margarete Schütte-Lihotzky entwickelte für das Neue Frankfurt die erste Einbauküche der Welt. Sie wurde über zehntausendmal eingesetzt.

Für die Aufgabe einer modernen Küchenplanung holte May 1926 die Wiener Architektin Margarete (Grete) Lihotzky nach Frankfurt. Sie verfügte über Erfahrungen im Bereich des normierten, in Serie produzierten Möbelbaus und war damit die beste Wahl, um standardisierte Kücheneinrichtungen für die neuen Siedlungen zu entwickeln.

Margarete Lihotzky hatte sich als Absolventin der Wiener Kunstgewerbeschule bereits früh mit dem sozialen Kontext des Bauens beschäftigt. Auch in Wien war die große Wohnungsnot nach dem Ersten Weltkrieg ein zentrales Problem, dem die erste sozialdemokratische Regierung Wiens mit umfangreichen Sozialprogrammen begegnete. Die Wohnbauinitiative wurde später zum Vorbild für die kommunalen Wohnbauprojekte des „Neu-

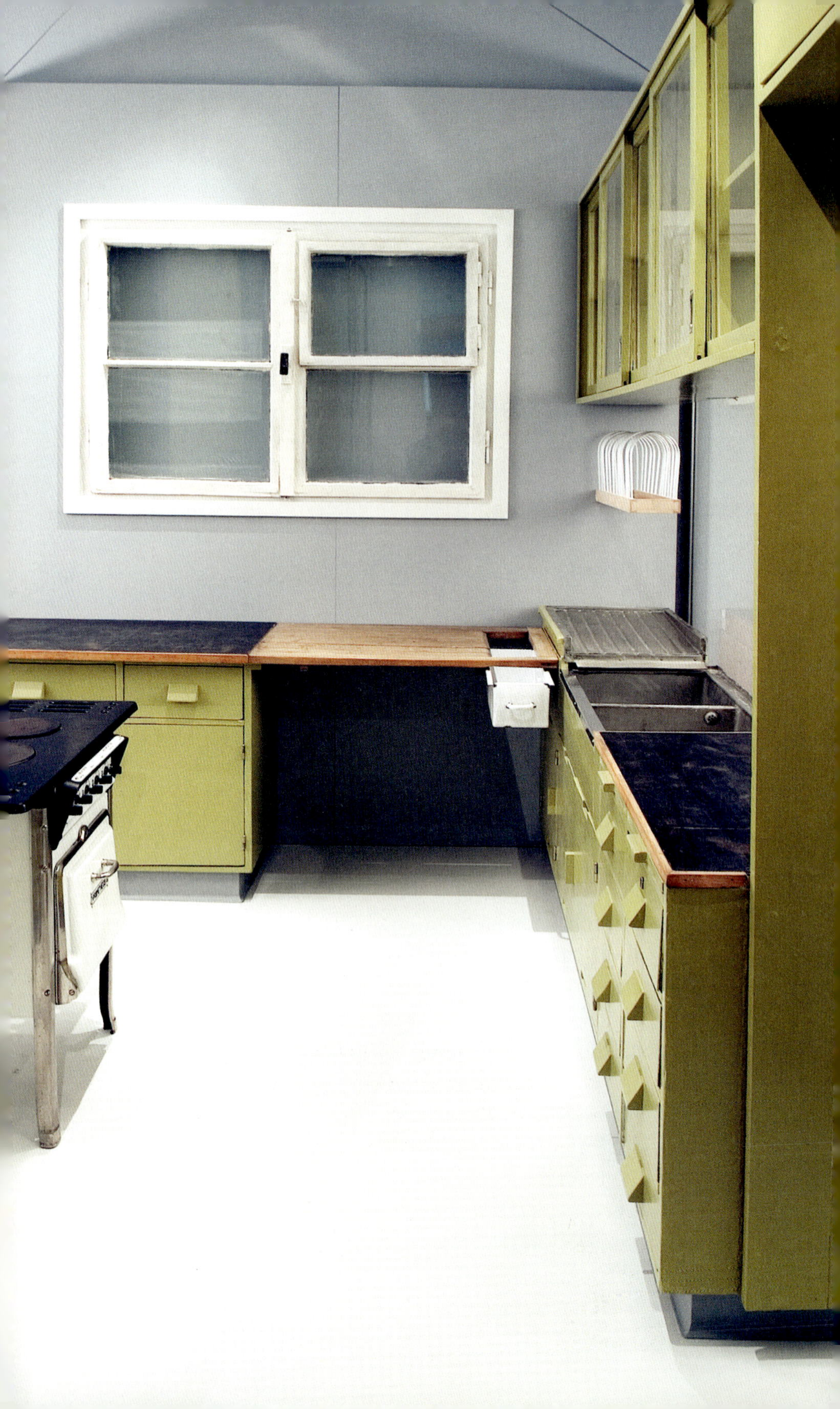

68 Frankfurter Küche

Lino Salini: Margarete Schütte-Lihotzky, „Die erste Architektin aus dem Hochbauamt" der Stadt Frankfurt, 1927, Feder in Schwarz, Buntstift, Bleistift, HMF.C29894

en Frankfurts". Als Mitarbeiterin von Adolf Loos, dem Chefarchitekten des Wiener Siedlungsbaus, entwickelte Margarete Lihotzky unterschiedliche Gestaltungsformen einer zeitgemäßen Küche. Zentral war hierbei die Entscheidung zwischen einer Wohnküche, wie sie in den Arbeiterwohnungen vorherrschte, und einer reinen Arbeitsküche, die auf einen bürgerlichen Haushalt mit gesondertem Wohn- und Speisezimmer ausgerichtet war. 1923 entwickelte Margarete Lihotzky für die Wiener Kleingarten-, Siedlungs- und Wohnbauausstellung Wohnräume mit typisierten und raumgenau angepassten Einbauschränken. Auf diesen Erfahrungen aufbauend plante sie für die Küchen in den neuen Frankfurter Wohnsiedlungen baufeste, raumangepasste Einrichtungsgegenstände.

Schütte aus einer Frankfurter Küche zur Aufbewahrung von Lebensmitteln, um 1928, Aluminium, HMF. X.1973.062,01

Dabei galt ihr Interesse nicht allein der Verbesserung der Wohnsituation, sondern war besonders auf die Rationalisierung der Hauswirtschaft und damit auf die Verbesserung der Lebenssituation der Frau gerichtet. Die Erkenntnis, dass beide Bereiche miteinander in Beziehung stehen, war nicht neu. Bereits Mitte des 19. Jahrhunderts hatte sich die Amerikanerin Catherine Beecher vor dem Hintergrund der sozialen Frage mit dem Aspekt ökonomischen Haushaltens auseinandergesetzt. Ein halbes Jahrhundert später stellten Studien zu Bewegungsabläufen bei industriellen Fertigungsprozessen diese Überlegungen auf eine neue Grundlage. Erst Margarete Schütte-Lihotzky entwickelte auf dieser Basis ein Raumkonzept mit Möbelelementen, das Wege und Arbeitsabläufe verkürzte und damit zu einer Zeitersparnis führte. Dies sollte die Frauen nachhaltig entlasten mit dem langfristigen Ziel, Frauen die Berufstätigkeit und damit letztlich die Unabhängigkeit vom „männlichen Einkommen" zu ermöglichen.

So entstand ein schmaler Küchenraum mit verschiedenen Arbeitsbereichen, die auf Betonsockeln aufgesetzt waren. Die Zubereitung der Speisen war einem Block mit belüftetem Vorratsschrank – ein Kühlschrank war damals noch Zukunftsmusik –, Schneidebrett und Abfallrinne zugeordnet. An den Spülkomplex mit innovativem Tellerabtropfgestell, das das manuelle Abtrocknen überflüssig machte, schlossen sich Geschirr- und Topfschränke an. Die Vorratsschütten aus Aluminium waren praktisch und hygienisch. Auf der gegenüberliegenden Seite befand sich die Kochzeile mit einem Gas- oder Elektroherd.

Bei der Gestaltung setzte Schütte-Lihotzky auf kubische Formen, die sich für eine Massenanfertigung eigneten. Ein besonderer Aspekt war die Farbgebung der Frankfurter Küche. Während die ersten normierten Küchenmöbel noch mehrheitlich weiß waren, bevorzugte man nun die kräftigen Farbtöne der expressionistischen Architektursprache. *MCH*

Frankfurter Küche (Typ D aus der Frankfurter Römerstadt-Wohnsiedlung) mit Herd Prometheus, Tellerabtropfgestell, rekonstruiert. Margarete Schütte-Lihotzky (1897–2000), Frankfurt, um 1927, Kiefer, Buche, Eisen, Zinkblech, Glas, Polyurethan-Anstrich (Farbfassung nach Befund), HMF.X.1979.272,01-10

Literatur: Brockhoff 2016; Kat. Wien 2015; Kramer 1986

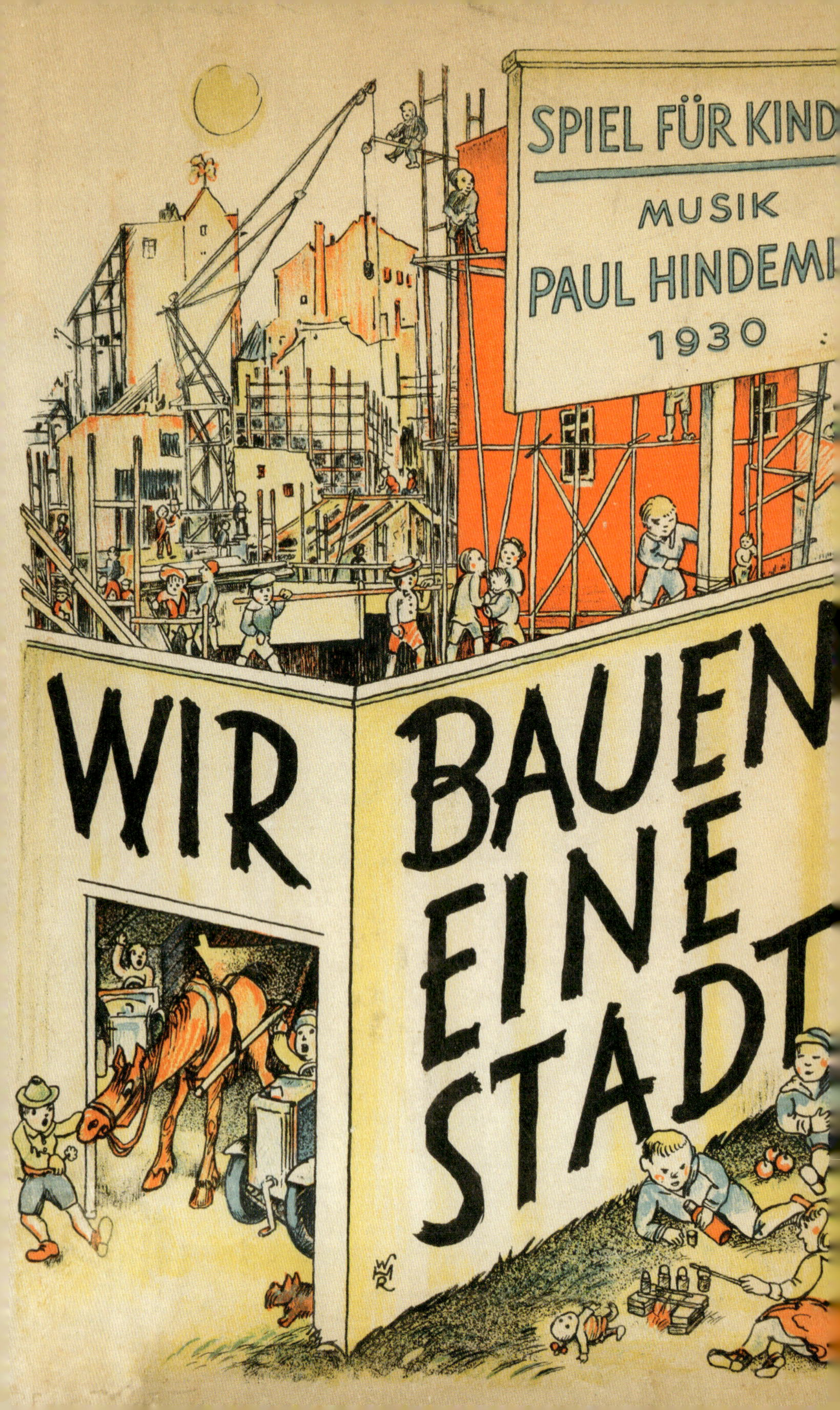
SPIEL FÜR KIND
MUSIK
PAUL HINDEMI
1930
WIR BAUEN EINE STADT

69
Paul Hindemiths Singspiel

Der Frankfurter Komponist Paul Hindemith, seit 1927 Professor für Komposition an der Berliner Hochschule für Musik, veröffentlichte 1930 unter dem Titel „Wir bauen eine Stadt" ein besonderes „Spiel für Kinder". Das Musikstück wurde während der Tagung „Neue Musik Berlin 1930" uraufgeführt. Hindemith schuf damit ein Werk „nicht für, sondern mit Kindern" (Robert Seitz), eine „Gebrauchsmusik", die Kinder aktiv zur modernen Musik hinführen sollte. Der Kritiker der Frankfurter Zeitung schrieb, die Musik sei „auf knappste, simpelste Formen gebracht, die wie Bauklötze nach Belieben verschoben, herausgenommen, durch andere ersetzt werden können".

> **„Ich habe mich [...] fast ganz von der Konzertmusik abgewandt und [...] Musik mit pädagogischen und sozialen Tendenzen geschrieben." (Paul Hindemith, 1930)**

Die Weimarer Republik war für den modernen Siedlungsbau eine überaus produktive Zeit, in der das Weimarer Bauhaus und das Neue Frankfurt einen neuen Wohn- und Lebensstil prägten, ein Thema, das bestens geeignet erschien für ein modernes Kinderstück „mit pädagogischen und sozialen Tendenzen". Im Mainzer Anzeiger konnte man dazu lesen: „Auch unsere Jugend lebt und spielt in der Zeit der Schnelligkeitsrekorde, der Betonhochhäuser und Verkehrspolizeivorschriften. Sie sprechen und singen Städtebau."

Hindemith gewann als Mitarbeiter den Schriftsteller Robert Seitz und den mit ihm eng befreundeten Frankfurter Maler und Graphiker Rudolf Heinisch, der sich wiederholt mit dem Thema der

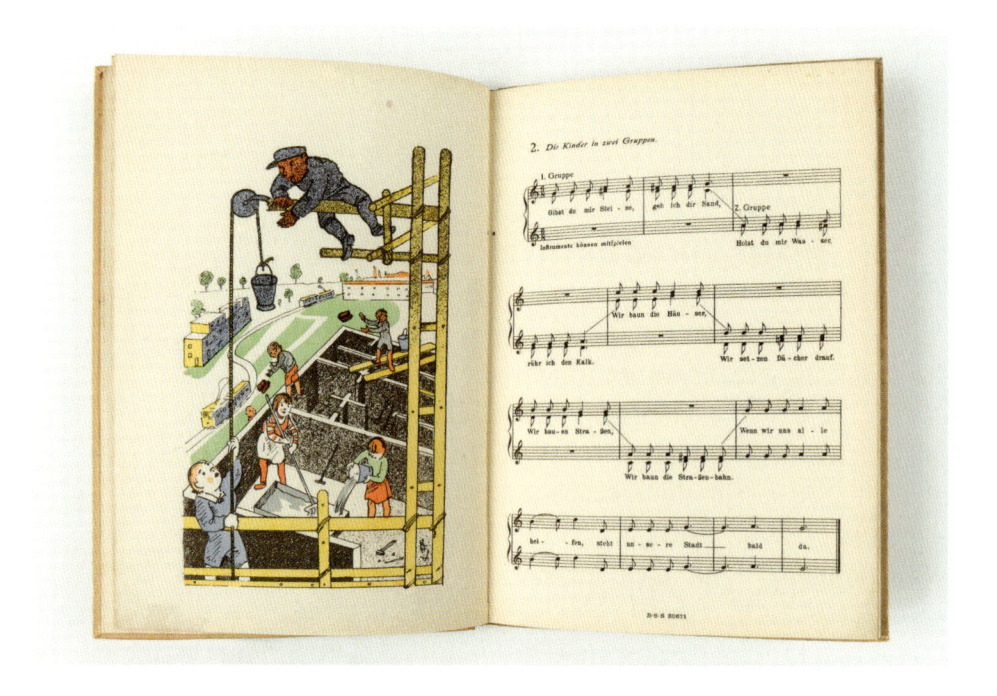

Wir bauen eine Stadt, Nr. 2: „Gibst du mir Steine, geb ich dir Sand ..."

modernen Stadt auseinandergesetzt hatte. Schott erhielt von dem Komponisten ein Modellheft mit dem Seitenumbruch, in dem er die Platzierung der einzelnen Bilder angab. Eine Sonderausgabe mit teils handkolorierten Farblithographien erschien in einer nummerierten und handsignierten Auflage von 200 Stück (das Exemplar des Historischen Museums hat die Nummer B9). Hindemiths Kinderstück wurde weltweit positiv besprochen, übersetzt, aufgeführt und im Rundfunk ausgestrahlt. *WPC*

Wir bauen eine Stadt, Spiel für Kinder, Musik: Paul Hindemith (1895–1963), Text: Robert Seitz (1891–1938), Bilder: Rudolf W. Heinisch (1896–1956), Verlag: B. Schott's Söhne, Mainz, 1930, Pappband, partiell handkolorierte Farblithographien, B. 19,9 cm, H. 28 cm, HMF.S.1998.K147

Literatur: Schader 2008

70
Römerbergring

Im Juli 1937 wurden zum fünfjährigen Jubiläum der Freilicht-Theaterfestspiele auf dem Römerberg zwei Lieblingsschauspieler/innen des Publikums ausgezeichnet. Ellen Daub und Robert Taube erhielten den Römerbergring und Ehrenurkunden aus den Händen des Oberbürgermeisters.

Die Römerbergfestspiele wurden bereits 1932 anlässlich des 100. Todestages von Johann Wolfgang Goethe als Freilichtschauspiel-Reihe auf dem Frankfurter Rathausplatz begründet. Das etwa achtwöchige Theaterspektakel bot 45 bis 50 Vorstellungen

Die Römerbergfestspiele boten Freilichttheater für 2.000 Zuschauer und machten Propaganda für die Nationalsozialisten.

Verkehrsamt der Stadt Frankfurt am Main, Römerbergfestspiele 1937, HMF.C59081

klassischer Stücke vor der historischen Altstadtkulisse. Innerhalb weniger Jahre entwickelten sich die Aufführungen zu einer international beachteten und besuchten Kulturveranstaltung. Schon ab 1933 aber wurde das außergewöhnliche Freilichtfestival im Sinne der nationalsozialistischen Ideologie vereinnahmt. Es sollte nun nationalsozialistische „Volksbelehrung" für die Massen bieten. Von 1933 bis zum Beginn des Zweiten Weltkriegs 1939 versuchten der Oberbürgermeister Friedrich Krebs und der 1933 eingesetzte Generalintendant Hans Meissner mit den Römerbergfestspielen Frankfurt zum „Bayreuth der deutschen Klassik" zu machen. Schließlich gelang es, für die Veranstaltung die Auszeichnung „Reichsfestspiele" zu erhalten und als „reichswichtig" eingestuft zu werden.

Politisch Andersdenkende, jüdische Regisseure und Schauspieler/innen wurden 1933 am Frankfurter Schauspiel entlassen. Davon profitierten viele ihrer Kolleg/innen, wie die Schauspielerin Ellen Daub. Sie avancierte in der NS-Diktatur zum weiblichen Hauptrollenstar der Römerbergfestspiele. Der ihr übergebene Ring ist in sechseckiger Form gehalten und mit Rechtecken versehen. In der Mitte ist eine Ansicht des Römers, die Kulisse der Festspiele zu sehen, flankiert zu beiden Seiten mit dem Frankfurter Wappen. *DL*

Römerbergring für die Schauspielerin Ellen Daub, Hans Warnecke (1900–1988), 1937; Gold, Metall, Dm. 2,8 cm, HMF.X.1971.056,1

Literatur: Lexikon Frankfurter Persönlichkeiten 1994, Bd. 1994/1, S. 145f.; Schültke 1997, S. 128, S. 295-300

71
Vogelkäfig

Yvonne Hackenbroch wurde am 27. April 1912 in Frankfurt geboren. Ihr Vater Zacharias Hackenbroch war ein bekannter Kunsthändler, der im Ersten Weltkrieg gekämpft hatte. Ihre Familie gehörte der von Rabbi Samson Raphael Hirsch gegründeten Israelitischen Religionsgesellschaft an, die das orthodoxe Judentum mit der deutschen Kultur zu verbinden suchte.

Der mit dem Frankfurter Adler verzierte Vogelkäfig begleitete die Frankfurter Jüdin Yvonne Hackenbroch in das Exil und erinnerte sie an ihre Vaterstadt.

Sie studierte Kunstgeschichte in Italien und München, wo sie im Dezember 1936 noch ihre Promotion abschließen konnte. 1937 floh sie nach dem Tod ihres Vaters gemeinsam mit ihrer Mutter und ihrer jüngeren Schwester nach London. Am Britischen Museum arbeitete sie als international anerkannte Kunstsachverständige. 1946 entsandte sie die Britische Regierung als Kunstexpertin zur Betreuung der Lee Collection nach Toronto. Seit 1949 war sie Kuratorin am Metropolitan Museum in New York und Spezialistin für Renaissanceschmuck. Sie veröffentlichte zahlreiche Bücher und Aufsätze. Nach ihrer Pensionierung 1987 zog sie nach London zurück, forschte, publizierte und war sozial engagiert.

Durch ihre Flucht verlor sie 1937 ihre deutsche Staatsbürgerschaft. Sie war lange staatenlos, bis sie amerikanische Staatsbürgerin wurde. 1990 besuchte sie erstmals wieder ihre Vaterstadt und hielt im Historischen Museum einen Vortrag. Seitdem war sie dem Hause sehr verbunden. Es war ihr ausdrücklicher

71 Vogelbauer

Wunsch, dass der Vogelkäfig als Zeichen der Verbundenheit und der Versöhnung nach ihrem Tod am 7. September 2012 nach Frankfurt zurückkehrt.

Das fein geschnitzte Stück ist an den Seiten mit zwei zu öffnenden Drahtbalkonen für einen Futternapf oder eine Vogeltränke versehen. Auf der Vorderseite prangt zwischen den vergoldeten Initialen „F" und „C" in einem grünen Lorbeerkranz gefasst ein weißer Adler mit einem roten „F" auf der Brust, das Wappen der Stadt Frankfurt. PS

Vogelkäfig, Frankfurt, 1757, geschnitztes, z. T. farbig gefasstes und vergoldetes Eichen-und Nadelholz, Metalldrahtbespannung, Blechwanne, H. 26,3 cm, B. 35,5 cm, T. 21,2 cm, HMF.X.2013.073

Literatur: Stahl 2013; Wendland 1999

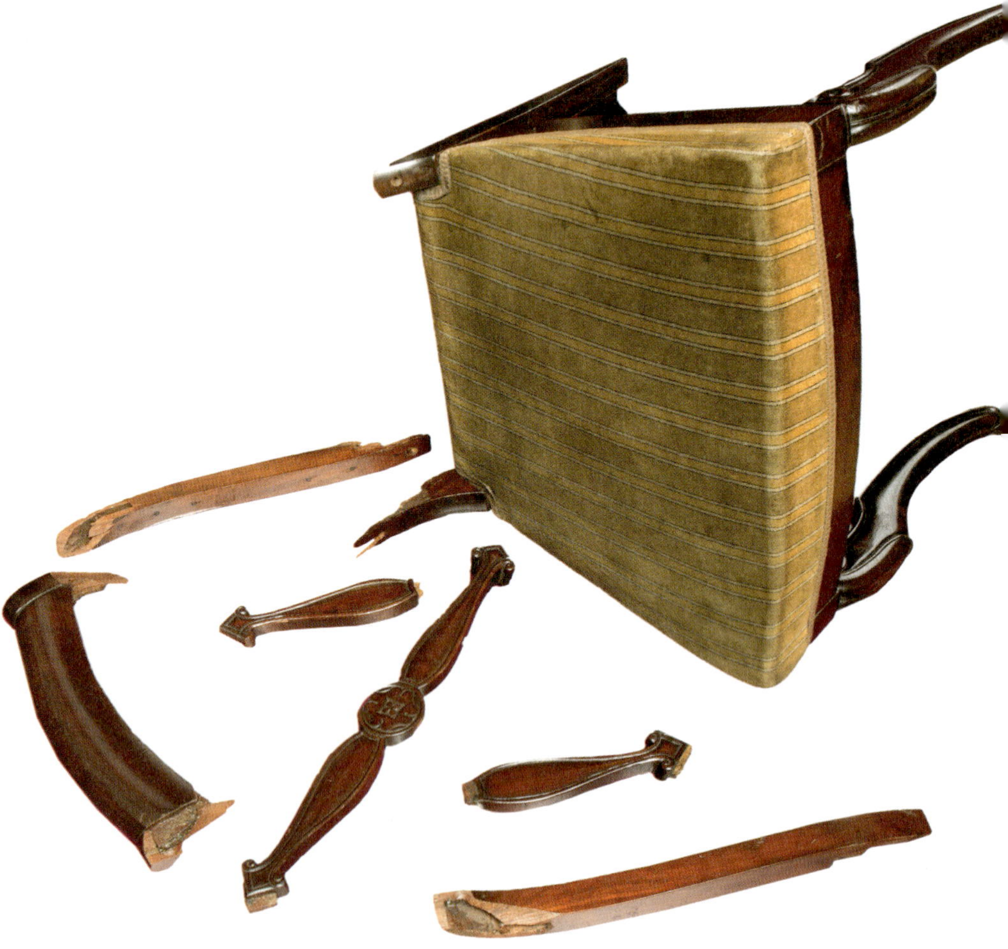

72
Rothschild-Stühle

Ende der 1950er Jahre wurden im Depot des Historischen Museums Frankfurt Möbel gefunden. Es stellte sich heraus, dass es sich um Stücke aus jüdischem Besitz handelte, die während des Nationalsozialismus teilweise beschädigt und geraubt worden waren.

Während der Pogromnacht vom 9. auf den 10. November 1938 wurden Frankfurter Synagogen zerstört, Menschen gequält, deportiert und ermordet. Systematische Raubzüge und Plünderungen fanden statt. Auch die Stadt raubte jüdisches Kulturgut, das in privaten und öffentlichen Sammlungen untergebracht war, wie zum Beispiel in den früheren Häusern und Stiftungen der Bankiersfamilie Rothschild.

Stadtverwaltung und Museen waren Profiteure und Mittäter, als in den Novemberpogromen 1938 jüdisches Kulturgut geraubt und zerstört wurde.

Davon besonders betroffen war das Museum Jüdischer Altertümer im ehemaligen Bankhaus Rothschild in der Fahrgasse. Das Museum wurde auf Betreiben der seit Frühjahr 1897 bestehenden Gesellschaft zur Erforschung jüdischer Kulturdenkmäler gegründet. Das Haus in der Fahrgasse 146, das bereits 1912 von der Bankiersfamilie Rothschild der Jüdischen Gemeinde geschenkt worden war, bot sich als repräsentatives Museumsgebäude in zentraler Lage an. Seit seiner Eröffnung 1922 verwahrte das Museum eine bemerkenswerte Sammlung jüdischer Kultgegenstände und Objekte jüdischer Geschichte in Frankfurt. Im ersten Stock waren diese Schätze zu sehen, ein Teil des Museums war den letzten Vertretern des Bankhauses Rothschild

Museum Jüdischer Altertümer, Fahrgasse 146, Frankfurt 1920er Jahre.

gewidmet. Diese letztgenannten Sammlungen waren in Räumlichkeiten des Museums untergebracht, die noch im Originalzustand belassen wurden. Der in der Eröffnung zuversichtlich geäußerte Wunsch, dass das Museum mit der Zeit eine Sehenswürdigkeit „unserer" Stadt werden würde, wie der Vorsitzende der Gesellschaft Julius Goldschmidt 1922 betonte, und dass es Anregungen für Künstler geben würde zur Erbauung von Synagogen und Fertigung jüdischen Kunsthandwerks, erfüllte sich schrecklicherweise nicht. Ganz im Gegenteil: Die Gesellschaft zur Erforschung jüdischer Altertümer wurde schließlich durch die Nationalsozialisten 1937 aufgelöst. Und das Museum als ein Wahrzeichen jüdischer Kultur und Geschichte in Frankfurt in der Pogromnacht 1938 stark verwüstet und geplündert. Aus den geplünderten Beständen nahmen Mitarbeiter/innen des Historischen Museums viele zum Teil beschädigte Gegenstände mit, retteten sie so vor weiterer Zerstörung, aber erweiterten damit vor allem die eigene Museumssammlung. Die Fragmente der Biedemeier-Stühle stammen wahrscheinlich von dort.

Aufgrund des Restitutionsgesetzes wurden seit 1947 in der US-amerikanischen Besatzungszone Gegenstände aus ehemaligem jüdischem Besitz gesichert. Die in das vor den Nationalsozialisten rettende Exil nach Amerika geflohene Philosophin Hannah Arendt, ab 1944 Forschungsleiterin und danach Geschäftsführerin der „Jewish Cultural Reconstruction", verzeichnete in einer 1946 veröffentlichten Liste über jüdische Kulturschätze europäischer Institutionen, dass sich im Museum jüdischer Altertümer und Rothschild Museum Frankfurt 18.000 Objekte befunden hatten. Ein Großteil der im Historischen Museum ermittelten Objekte wurde damals an außereuropäische, jüdische Kulturinstitutionen und Gemeinden übergeben. Ein kleiner Teil der wenigen Überreste verblieb in Frankfurt. Die jüdischen Kultgeräte aus diesem Bestand übergab das Historische Museum schließlich dem Jüdischen Museum der Stadt, das 1988 als erstes Jüdisches Museum in der Bundesrepublik gegründet worden war. *DL*

Fragmente zweier Biedermeier-Stühle, erste Hälfte 19. Jahrhundert, Mahagoni, Baumwolle, Roßhaar, Samt, H. 58 cm, B. 46 cm, T. 41 cm, HMF.X.2009.0772g,i

Literatur: Kat. Frankfurt 1989; Kat. Frankfurt 2008c

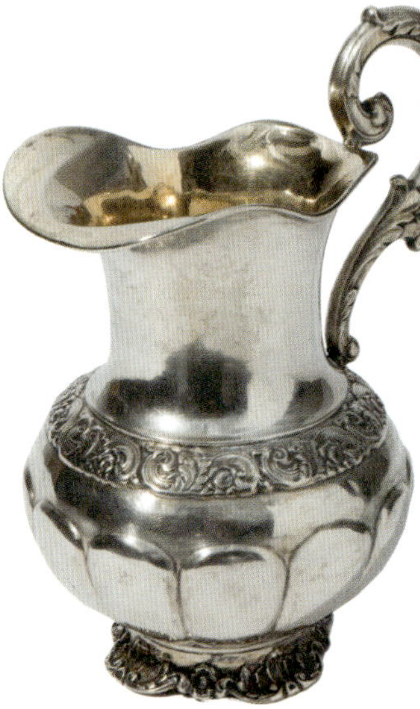
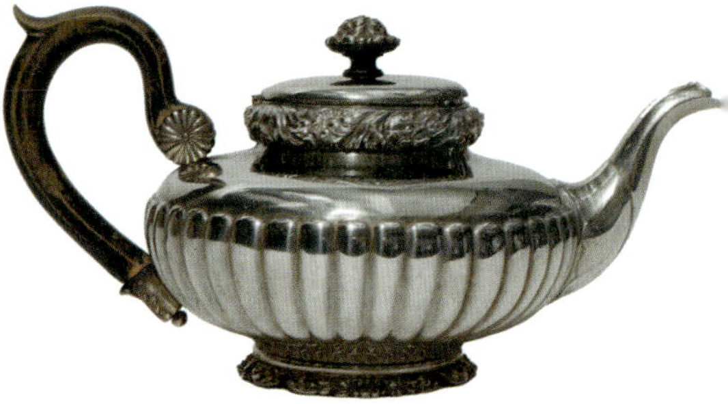
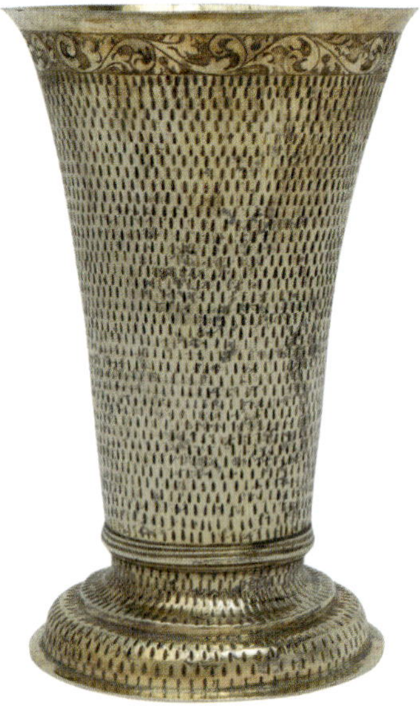
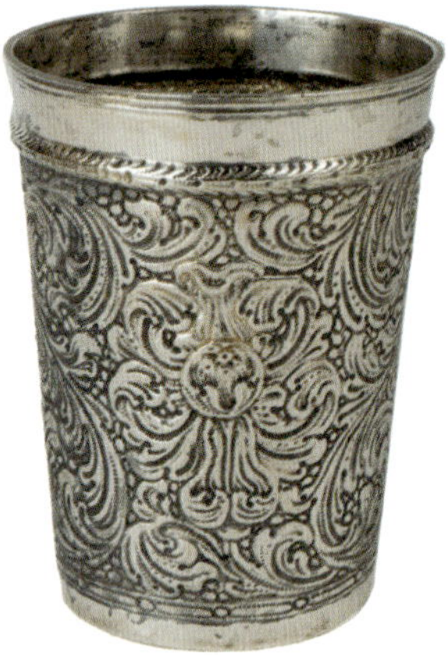
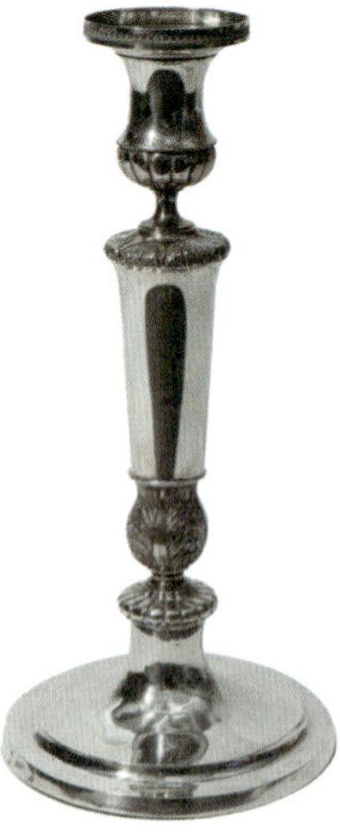
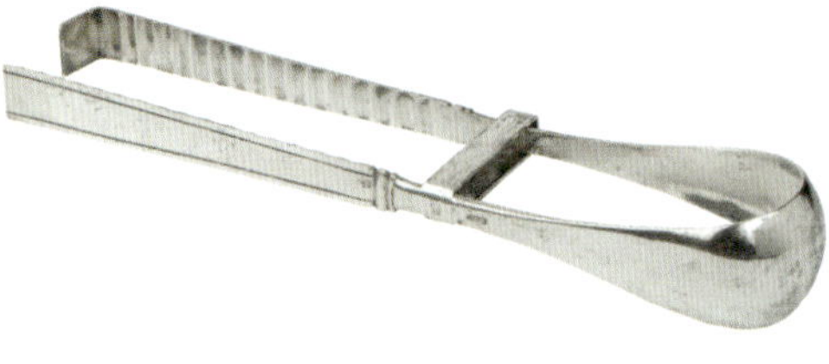
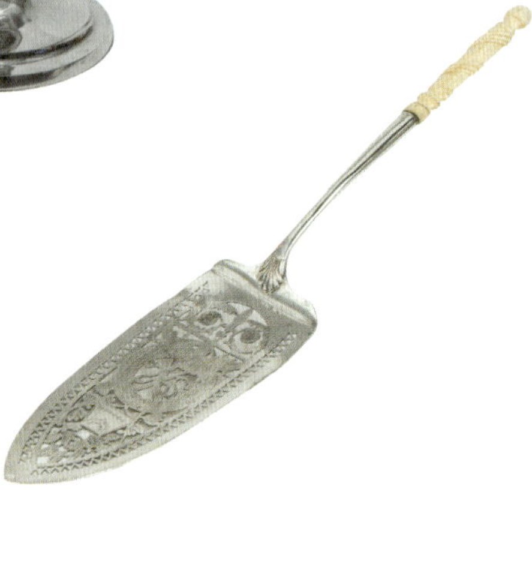

73
Raubsilber

Der nationalsozialistische Terror gegen die jüdische Bevölkerung ermöglichte dem Historischen Museum den umfangreichen „Erwerb" von Frankfurter Silber. Neben einigen auch über 300 Jahre alten Einzelstücken handelte es sich vor allem um Stücke aus der ersten Hälfte des 19. Jahrhunderts, die bis dahin in den Sammlungen des Museums kaum oder nicht vertreten waren. Darunter befanden sich vor allem qualitätsvolles Tafelsilber und etwa 80 Becher, die ihren Eigentümern für den „Kiddusch", den Segensspruch über einen Becher Wein, gedient hatten und 150 Leuchter für das Anzünden der Kerzen zu Beginn des Schabbat am Freitagabend. In den jüdischen Familien vererbt und bis 1938 genutzt, sah das Museum in der durch Antisemitismus und Verfolgung verursachten Zwangsabgabe des Silbers nur eine wohlfeile Chance zur Schließung einer Lücke in der Dokumentation des Frankfurter Gold- und Silberschmiedehandwerks. Die Darlehensanstalt verkaufte auch kunst- und kulturgeschichtlich interessantes Silber zu konkurrenzlosen „Schnäppchen-Preisen", nämlich nach Gewicht.

Nach dem Novemberpogrom 1938 wurde Juden der Besitz von Silber verboten. In Frankfurt mussten sie es bei der städtischen Darlehensanstalt abliefern.

Nach 1945 gab das Historische Museum nur etwa zwei Drittel des zwischen 1939 und 1941 bei der Darlehensanstalt „angekauften" Silbers zurück. 143 Objekte wurden 1952 mit dem Hinweis inventarisiert, sie seien „Im Museum vorgefunden" worden. Damit wurde die Erwerbsgeschichte verschleiert und die Erinnerung an die emigrierten oder im Holocaust ermordeten Besitzer beseitigt. Die Ausstellung „Bürgerliche Kultur im 19. Jahrhundert" des Historischen Museums präsentierte 1957 unter dem Titel „Silber als Tafelschmuck" 38 Exponate. 32 waren 1939/1941 „erworben", 28 erst 1952 inventarisiert worden. Die Behauptung, die Objekte seien erst 1952 in das Museum gelangt, beugte bereits dem Verdacht vor, der sich zwölf Jahre nach dem Ende des Holocaust bei der Angabe „Im Museum vorgefunden" hätte regen können. 2006 berichtete das Museum erstmals über die tatsächliche Herkunft. *JS*

Zwischen 1939 und 1941 aus jüdischem Besitz abgeliefertes Silber, Frankfurt, 1600–1850, Milchkännchen, H. 16,2 cm, B. 15 cm, HMF.X.1952.007m, Teekanne, H. 13 cm, HMF.X.1952.012d, Tortenheber, 30,5 cm, HMF.X.1952.012w; Tischleuchter H. 27,5 cm, B. 13 cm, T. 13 cm, HMF.X.1952.013f; Kleiner Becher, H. 10 cm, Dm. oben 7,7 cm, HMF.X.1952.015g; Spargelzange, L. 23,4 cm, HMF.X32031l; Großer Becher mit Kerbschnitt, Dm. oben 10,4 cm, H 16,4 cm, HMF.X30072

Literatur: Heuberger 2006; Kat. Frankfurt 1957; Kat. Frankfurt 2008c

74

Innungsembleme des Handwerkerbrunnens

Anlässlich des Ersten Reichshandwerkertags 1935 verlieh Adolf Hitler auf Antrag der Stadt die Bezeichnung „Stadt des Deutschen Handwerks". Mit dem Rückgriff auf das Handwerk sollte das bislang gepflegte Selbstverständnis der Handels- und Wirtschaftsstadt mit jüdisch-liberalen Strömungen verschwinden.

Oberbürgermeister Krebs nahm in der Folge das Angebot des Berliner Künstlers Max Esser an, ein passendes Werk für den öffentlichen Raum zu schaffen. Esser entwarf ab 1935 einen Brunnen. Sein Entwurf sah ein bronzenes Gestell vor, welches mit Lehrlings- und Meisterfiguren, Meisterzeichen, Wappen, Eichenblattmotiven ge-

Als „Stadt des deutschen Handwerks" sollte Frankfurt im Nationalsozialismus ein neues Image bekommen. Das setzte sich aber nicht durch.

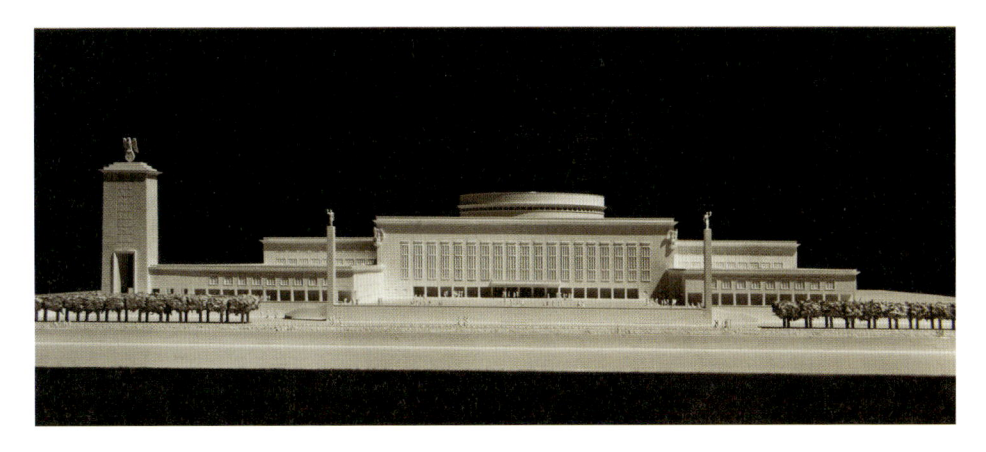

Hugo Schmölz: Modell des Hauses des Deutschen Handwerks in Frankfurt, 1937, HMF.C35090

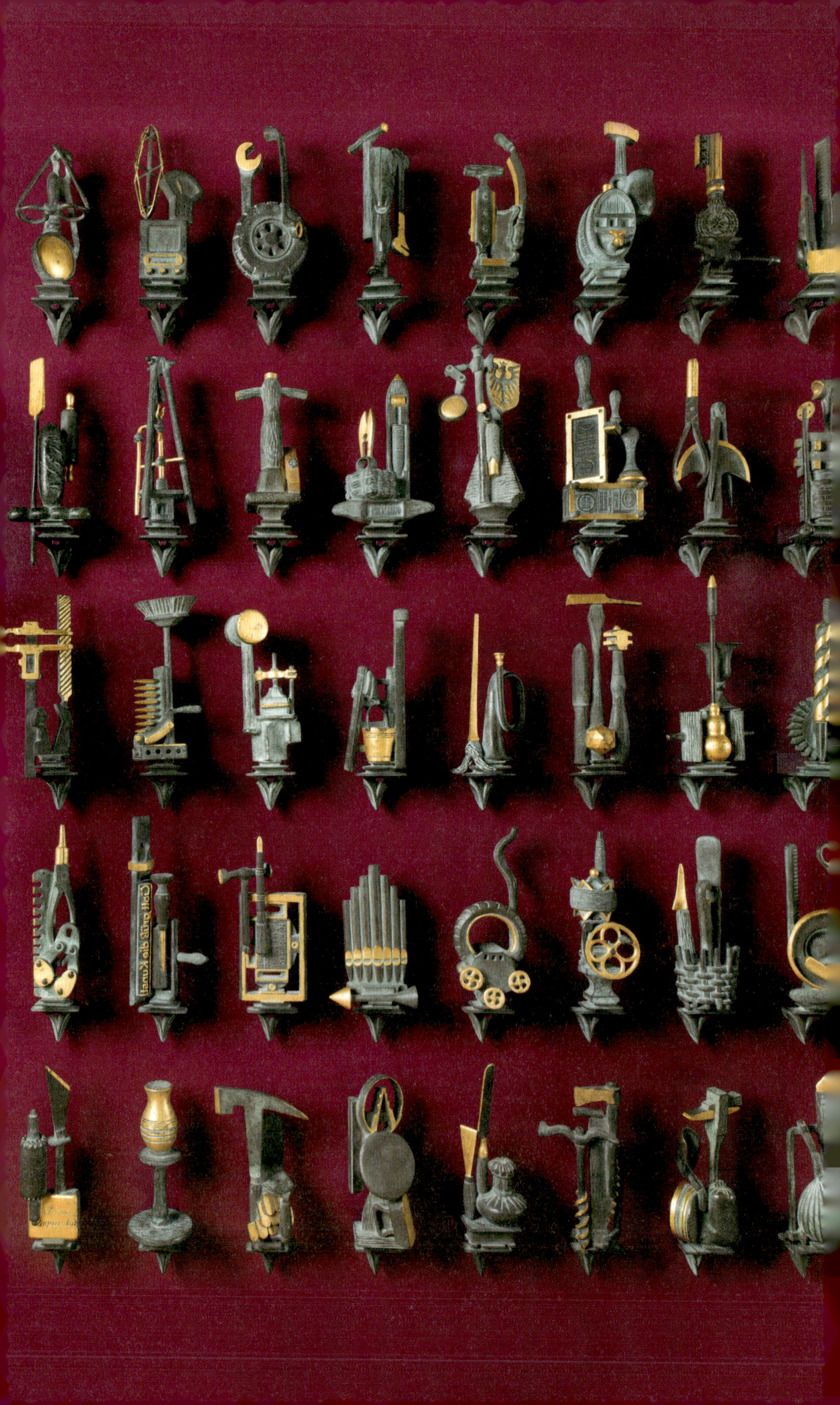
Gott grüß die Kunst

74 Innungsembleme des Handwerkerbrunnens

Abbildung von Max Esser und seinem Entwurf aus: „Die Kunst im Dritten Reich", 2. Jahrgang, Folge 5, Mai 1938

schmückt werden sollte. 126 Handwerkerzeichen sollten an alte und neuere Berufe erinnern. Die elf Meter hohe und acht Tonnen schwere Säule aus Bronze plante Esser zur Aufstellung in einem Steinbassin mit Wasserfontäne. Dafür erhielt er 330.000 Reichsmark. Die Frage, wo der Brunnen aufgestellt werden sollte, blieb lange offen. Essers Wunsch, den Gerechtigkeitsbrunnen mit der Justitia auf dem Römerberg mit dem Handwerkerbrunnen zu ersetzen, wurde abgelehnt. Schließlich wählte der Oberbürgermeister den Opernplatz aus. Dort wurde 1938 ein Gipsmodell in Originalgröße aufgebaut. Der Brunnen wurde aber letztendlich nie gebaut. Er war ästhetisch nicht überzeugend; zudem hatte sich herausgestellt, dass „Handwerk" nicht wirklich zu Frankfurt passte. Auch das von Krebs geplante „Haus des Deutschen Handwerks" wurde nie verwirklicht. Als Deutschland im September 1939 den Zweiten Weltkrieg begann, wurden viele der Planungen endgültig fallen gelassen.

Nach Ende des Krieges 1945 und dem Tod des Künstlers sollten die Brunnenteile, die Esser schon hatte anfertigen lassen von Berlin nach Frankfurt überführt werden. Bis auf die Innungsembleme blieb nichts erhalten. Unter den 92 Emblemen, die schließlich ins Museum kamen, sind Berufe wie Bäcker, Weber oder Radiomechaniker dargestellt. *NG*

Innungsembleme für den Brunnen des Deutschen Handwerks, Max Esser (1885–1945), Berlin, um 1939, vergoldete, patinierte Bronze, jeweils ca. H. 34 cm, B. 12 cm, T. 10 cm, HMF.X.2009.2955,01-92

Literatur: Kat. Frankfurt 1994; Drummer 1995

75
Hakenkreuz als Christbaumschmuck

Wie in vielen Familien in Frankfurt war auch der Alltag von Familie Schreiber ab 1933 von der nationalsozialistischen Ideologie durchdrungen. Die Verwendung nationalsozialistischer Symbole machte sogar vor dem christlichen Weihnachtsfest keinen Halt. Die nationalsozialistische Ideologie war im Kern gegenüber Religion und Menschen, die diese ausübten, feindlich gesinnt. Deshalb standen die christlichen Kirchen der Machtübergabe an die Nationalsozialistische Deutsche Arbeiterpartei (NSDAP) und Adolf Hitler ab 1933 kritisch gegenüber. Sie wurden zu Anpassungen und Zugeständnissen gezwungen, die dennoch vereinzelt Widerstand zuließen.

In Frankfurter Haushalten hingen ab 1933 die Hakenkreuze am Weihnachtsbaum.

Der Alltag vieler Menschen, auch in Frankfurt, war 1933 vom christlichen Bekenntnis geprägt. Deshalb sah die NS-Kirchenpolitik eine schrittweise Vereinnahmung der Kirchen vor, um ihren gesellschaftlichen Einfluss langfristig zu unterdrücken.

Wilhelm Schreiber war begeisterter Nationalsozialist und zugleich Kirchgänger in der Frankfurter Paulsgemeinde. Dort erschien er in SA-Uniform. Im Auftrag der NSDAP sollte er Versuche der Gemeinde verhindern, sich gegen die NS-Ideologie abzugrenzen und den opponierenden Pfarrer zu schützen.

Auch schon vor 1933 war in Frankfurt eine nationalsozialistische Bewegung aktiv und setzte sich mit Gewalt gegen politisch

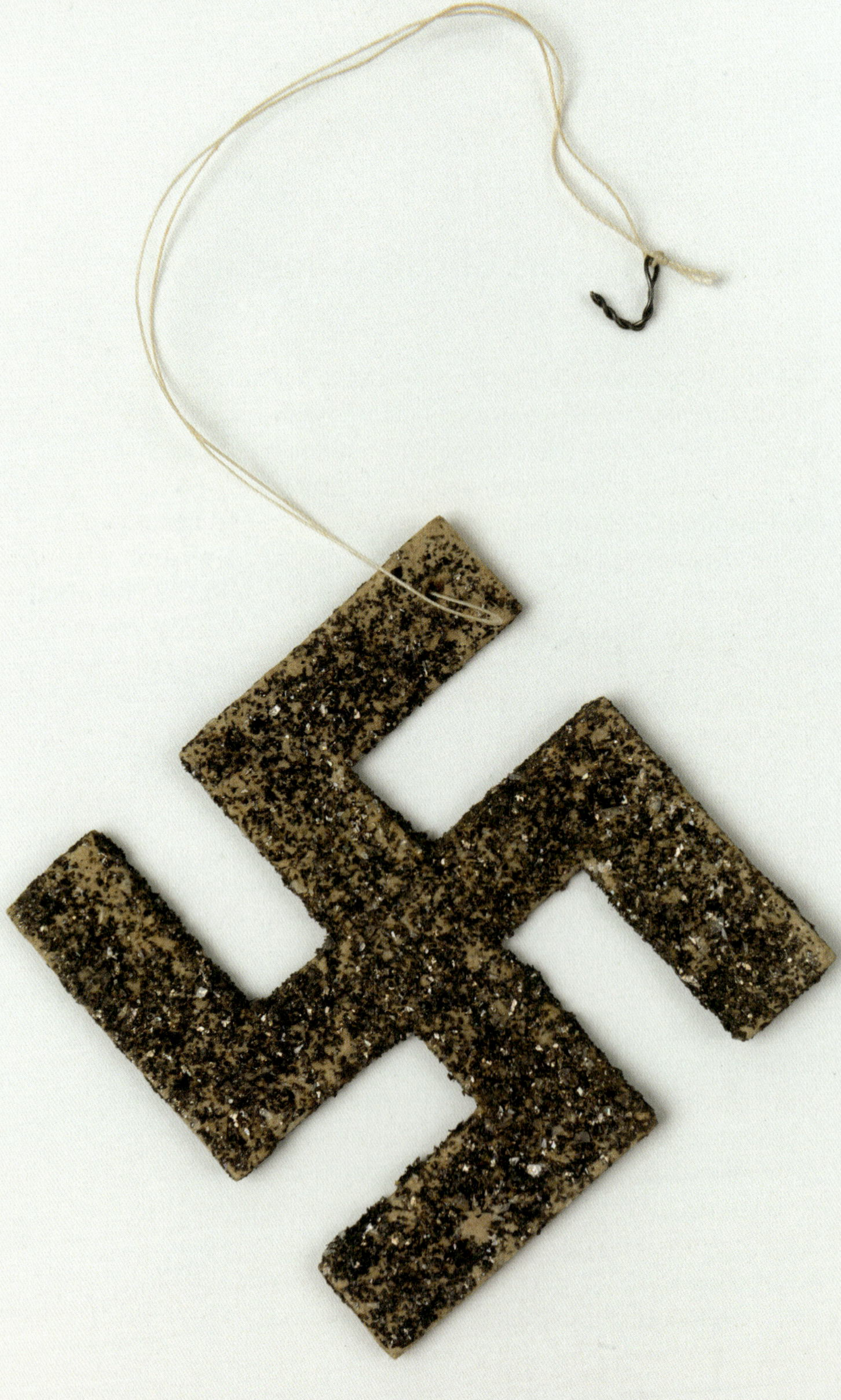

75 Hakenkreuz als Christbaumschmuck

Walter Schreiber mit Spielzeuggewehr vor dem geschmückten Weihnachtsbaum, Frankfurt, 1928, Fotografie, HMF.Ph25346,058

Andersdenkende und die demokratisch gewählte Stadtregierung ein. Die Frankfurter NSDAP hatte sich bereits 1922 gegründet und Wilhelm Schreiber trat sogleich ein. Nachdem diese 1923 zwischenzeitlich verboten worden war, trat Schreiber erst wieder 1933 in die NS-Partei ein. Den 1926 geborenen Sohn Walter erzogen die Eltern ganz im Sinne kaiserzeitlicher und nationalsozialistischer Ideale sowie mit militärischem Drill. Zu Weihnachten bekam das Kleinkind dementsprechend Kriegsspielzeug geschenkt, mit dem es vor dem Weihnachtsbaum für Fotografien posieren musste.

Der Weihnachtsbaum mit NS-Symbolik gehörte ab 1933 für die Eltern Schreiber wie für viele Eltern zum Festtag und zur Kindererziehung dazu. Verlage und Firmen machten damit Gewinn, indem sie Bastelbögen für NS-Baumschmuck herausgaben oder Serien von „Julschmuck", Kugeln mit nationalsozialistischen Emblemen, anboten. Auch das Winterhilfswerk des Deutschen Volkes profitierte vom Weihnachtsbaumgeschäft. Abzeichen und Figuren konnten durch Spenden erworben und an den Baum gehängt werden. Mithilfe der Spenden konnte das NS-Regime benachteiligte Bevölkerungsschichten unterstützen und für sich gewinnen. Zugleich sollte die Spendensammlung Zusammenhalt der „Volksgemeinschaft" bewirken. *DL*

Christbaumschmuck der Frankfurter Familie Schreiber, um 1940, Pappe, Glimmer, H. 6 cm, B. 6 cm, HMF.X.1999.441,01-07.

Literatur: Steen/Rühlig 1983; Stille 1993

76

Zyklon B

Das Schädlingsbekämpfungsmittel auf der Basis von Blausäure wurde 1922 vom Chemieunternehmen Degesch (Deutsche Gesellschaft für Schädlingsbekämpfung m.b.H) entwickelt. Es diente dazu, Gebäude und Kleidung von Insekten zu befreien. Die Degesch hatte seit 1920 ihren Stammsitz in Frankfurt. Ab 1922 gehörte das Unternehmen der Degussa (Deutsche Gold- und Silberscheideanstalt). Später übernahmen Degussa und I. G. Farben je 42,5 Prozent des Unternehmens; die Theo Goldschmidt AG Essen hielt 15 Prozent Anteile. 1920 meldete die Degesch ein erstes Patent für das Produkt aus Cyanwasserstoff an. 1924 kam Zyklon B auf den Markt – ein Gemisch aus Warnstoff, Trägerstoff und Stabilisator. Viele große Unternehmen und Institutionen wie Militär und Schulen verwendeten das Mittel.

Ab 1941 setzte die SS das Gift im Vernichtungslager Auschwitz-Birkenau zum systematischen Massenmord von Menschen ein, später auch in anderen Konzentrationslagern. In Auschwitz wurden über 1.1 Millionen Menschen, überwiegend Jüdinnen und Juden aus ganz Europa, ermordet. Zumeist wurden sie nach ihrer Ankunft in Gaskammern geführt, die zur Tarnung als Duschen eingerichtet waren. Das eingeleitete Gas führte innerhalb kurzer Zeit zum elenden Tod durch Erstickung. Normalerweise waren dem Gift Warn- und Reizstoffe zugesetzt und die Dose gekennzeichnet. Für den Einsatz in den Konzentrationslagern wurde auf diese Schutzmaßnahmen verzichtet.

Zyklon B wurde in deutschen Konzentrationslagern zur massenhaften Ermordung von Menschen eingesetzt. Eine Frankfurter Firma entwickelte das Gift.

DEGESCH
ZYKLON
CYANGEHALT 500 g
ERZEUGNIS DER DEUTSCHEN GESELLSCHAFT
FÜR SCHÄDLINGSBEKÄMPFUNG M. B. H.
FRANKFURT A. MAIN

Mein Bruder. meine Schwester. meine Verwandten ermordet mit dem Giftgas der IG-Farben

Der kommunistische Widerstandskämpfer Peter Gingold setzte sich vehement für die Aufarbeitung der NS-Verbrechen ein, Frankfurt, 1990–2005, Demonstrationskarton, HMF.S.2007.200

Zyklon B wurde in der Dessauer Zuckerraffinerie GmbH hergestellt und über die Tochterunternehmen „Tesch & Stabenow" (Testa) und „Heerdt-Lingler" (HeLi) auch an die SS vertrieben. Ab 1943 lieferte Degesch selbst direkt nach Auschwitz. Nach dem Zweiten Weltkrieg wurden der Inhaber und Geschäftsführer der Lieferfirma Tesch zum Tode verurteilt. Die Produzenten wurden später nicht zur Rechenschaft gezogen bzw. nur zu niedrigen Haftstrafen verurteilt. *NG*

Firma Degesch, Frankfurt, 1941–1944, Metall, Dm. 15,5 cm, H. 12,2 cm, Stiftung Gedenkstätten Buchenwald und Mittelbau-Dora, Weimar

Literatur: Kalthoff/Werner 1998

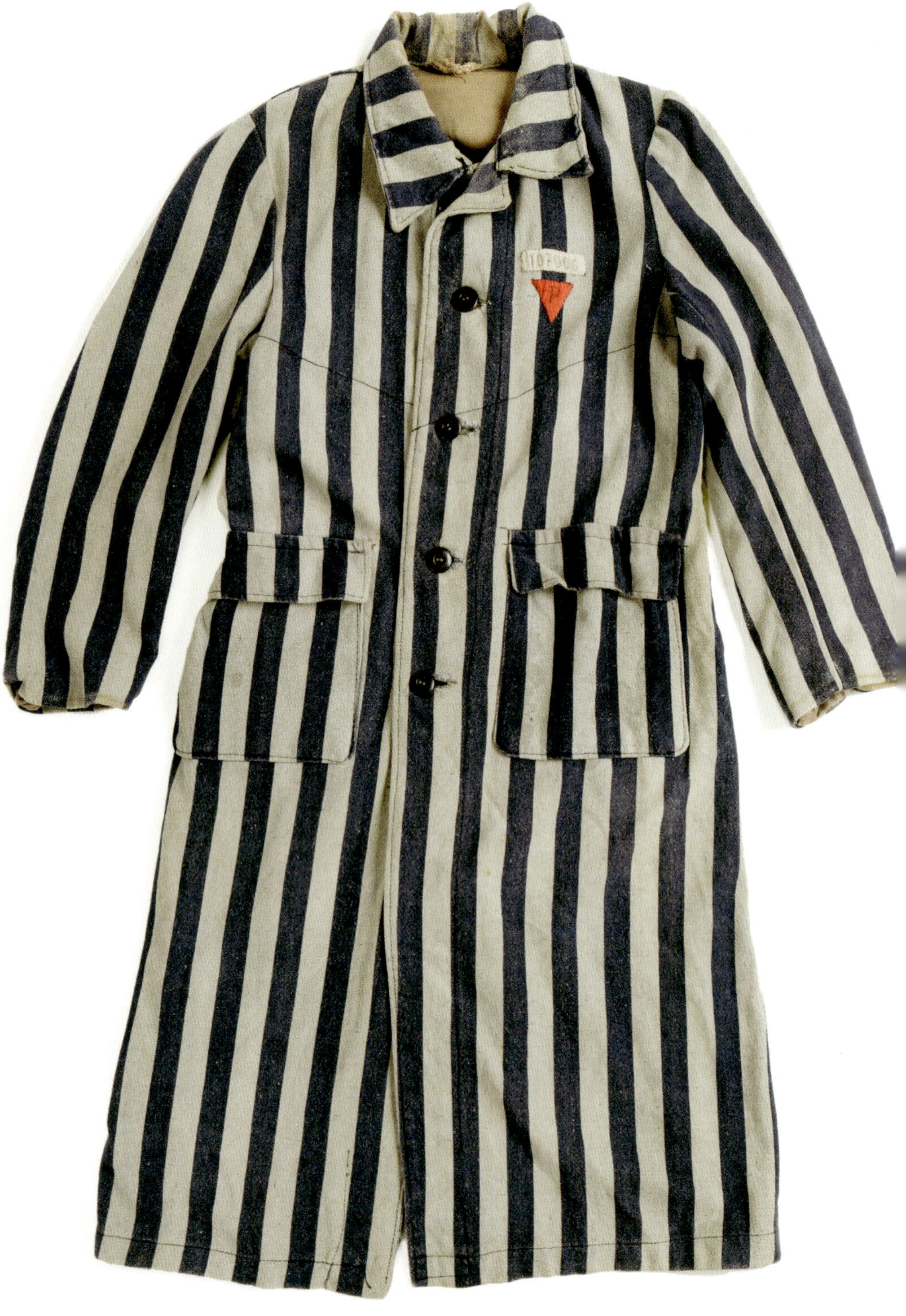

77
Kleidung aus dem KZ-„Katzbach"

„Vom Augenblick des Abbiegens von der Straße in das Fabrikgelände durch teilweise zerstörte oder ausgebrannte Gebäude und Hallen begann das Schlagen und Treten. Das war der Anfang." Zygmunt Kaczmarski und Ryszard Kojer schrieben als Überlebende 1985 ihre Erinnerungen an das Konzentrationslager in Frankfurt auf.

Dr. Ryszard Kojer wurde im September 1944 mit tausend anderen Menschen aus Warschau von der SS in das KZ „Katzbach" in den Adlerwerken verschleppt.

Die Adlerwerke im Gallusviertel waren der größte Rüstungsbetrieb in der Stadt, unter anderem wurden hier Fahrgestelle für Schützenpanzer hergestellt. Zwischen August 1944 und März 1945 richtete die SS hier auf Drängen der Werksleitung ein Außenlager des KZ Natzweiler-Struthof im Elsass mit dem Decknamen „Katzbach" ein. 1.600 Menschen waren im Gallus interniert. Die meisten waren im Zusammenhang mit dem Aufstand der polnischen Untergrundarmee in Warschau 1944 zunächst nach Dachau, dann weiter nach Frankfurt deportiert worden. Als „politische Schutzhäftlinge" mussten sie zur Kennzeichnung einen roten Winkel auf ihre Häftlingskleidung aufnähen. Unter Schikanen und menschenunwürdigen Bedingungen wurden die Häftlinge in den Fabrikhallen zur Arbeit für die Rüstungsindustrie gezwungen. 528 von ihnen überlebten die systematische Verelendung nicht. Ihre eingeäscherten Leichen wurden zunächst auf dem Gelände des von der Stadt beschlagnahmten jüdischen Friedhofs verscharrt. 1948 wurde für sie eine Grabstätte für „polnische Kriegsopfer" auf dem Hauptfriedhof angelegt. Eine große Zahl der Häftlinge kam um, während die SS die Häftlinge kurz vor Eintreffen der US-Armee in andere Konzentrationslager „evakuierte". Nur ein kleiner Teil von ihnen überlebte den Bahntransport nach Bergen-Belsen und den sogenannten „Todesmarsch" nach Buchenwald.

Der Warschauer Apotheker Dr. Ryszard Kojer hat seinen Häftlingsmantel 1991 dem Verein KZ-Gedenkstätte Sandhofen in Mannheim geschenkt. Der Verein hat den Mantel als Dauerleihgabe an das Historische Museum übergeben. *JG*

Häftlingsmantel, aufgenäht ein roter Winkel und Häftlings-Nr. 107 006, Frankfurt (?), 1944, Wollstoff, Länge: 114 cm, Verein KZ-Gedenkstätte Sandhofen, Stadtarchiv Mannheim

Literatur: Kaiser/Knorn 1994

78

Stoffherzen

Johanna Kirchner kämpfte seit 1933 im Widerstand gegen das NS-Regime. 1889 geboren, wurde Johanna im Elternhaus politisch erzogen und schloss sich als Jugendliche der Sozialistischen Arbeiterjugend an. 1908 trat sie dann, als es für Frauen möglich wurde, in die SPD ein. In der Weimarer Republik war sie im Frankfurter SPD-Vorstand und widmete sich der Sozialfürsorge. 1919 war sie Mitgründerin einer der ersten Ortsgruppen der Arbeiterwohlfahrt.

Die sozialdemokratische Politikerin Johanna Kirchner wurde zur Symbolfigur des Widerstands gegen die NS-Diktatur in Frankfurt.

Als bekannte Sozialdemokratin geriet Johanna Kirchner schnell ins Visier der Nationalsozialisten. Nachdem sie gleich nach der Machtübergabe 1933 Möglichkeiten der Flucht für Verhaftete organisiert hatte und sich einer öffentlichen Solidaritätsaktion für den inhaftierten SPD-Reichstagsabgeordneten Carlo Mierendorff angeschlossen hatte, war sie zur Emigration gezwungen, um einer drohenden Verhaftung zuvorzukommen. Sie floh in das damals zu Frankreich gehörende Saarland. In Saarbrücken war sie dann im Büro der Saar-SPD tätig, wo sie weiterhin Aufklärungsarbeit über das NS-Regime leistete, Nachrichten an den SPD-Parteivorstand in Prag übermittelte und vielen Flüchtlingen half, in das sichere Exil zu gelangen. Nach dem Übertritt des Saarlandes an Deutschland 1935 floh sie weiter nach Frankreich. Dort setzte sie ihre Arbeit fort.

1942 wurde sie als Widerstandskämpferin in Frankreich festgenommen und nach Deutschland ausgeliefert. Die Frankfurterin wurde zuerst zu zehn Jahren Haft und in einem zweiten Prozess vor dem Volksgerichtshof unter Vorsitz von Roland Freisler zum Tod verurteilt. Dieses Todesurteil steht ganz im Zeichen der mörderischen NS-Justiz: Die Zahl der Verhaftungen und Hinrichtungen schnellte mit drohender Kriegsniederlage der Nationalsozialisten 1944 sprunghaft an. Die Antwort der NS-Regierung und der SS auf die wachsende Unzufriedenheit der Bevölkerung mit dem Kriegsverlauf, auf Hunger und Ängste war die Verschärfung des Terrors. Während im Jahr 1939 die Zahl der Hinrichtungen 99 betrug, war diese 1943 auf 5.336 angewachsen, im ersten Halbjahr 1944 war die Zahl von 3.000 Hinrichtungen schon überschritten. Auch Johanna Kirchner war ein Opfer dieses Terrorregimes und wurde am 9. Juni 1944 in Berlin-Plötzensee hingerichtet.

Die Stoffherzen fertigte Johanna Kirchner im Gefängnis für ihre Töchter Lotte und Inge. Im letzten Brief kurz vor ihrem Tod schrieb Johanna Kirchner an ihre Töchter: „… Ich gehe tapfer und unverzagt meinen letzten Gang. Und meine letzte große Herzensbitte an Euch ist: Seid tapfer und unverzagt. Habt tausend Dank für alles, was ihr für mich getan habt, ich weiß, die Verhältnisse waren stärker als Eure Liebe. Bitte, bitte, klagt nicht und weint nicht. Eure Liebe und Eure Tapferkeit sind mein Trost und Beruhigung in meiner letzten Stunde ... Möge Euch ein baldiger Frieden wieder glücklich vereinen ... werdet glücklich und seid tapfer, es kommt eine bessere Zukunft für Euch [...]. Lebt wohl!"

Johanna Kirchners Widerstand und ihre Hinrichtung durch die Nationalsozialisten stehen stellvertretend für weitere mutige Frankfurterinnen und Frankfurter. Deshalb verlieh die Stadt von 1991 bis 1995 die Johanna-Kirchner-Medaille an 147 Menschen, die zwischen 1933 und 1945 Widerstand geleistet und Verfolgten geholfen hatten. *DL*

Stoffherzen, Johanna Kirchner (1889 – 1944), 1944, bestickter Filz, H. 5,5, cm, B. 6 cm, HMF.T.2009.0299. Lg, Arbeiterwohlfahrt e. V., Frankfurt

Literatur: Dertinger/von Trott 1985; Johanna Kirchner Bildungsstätte 1986; Oppenheimer 1974

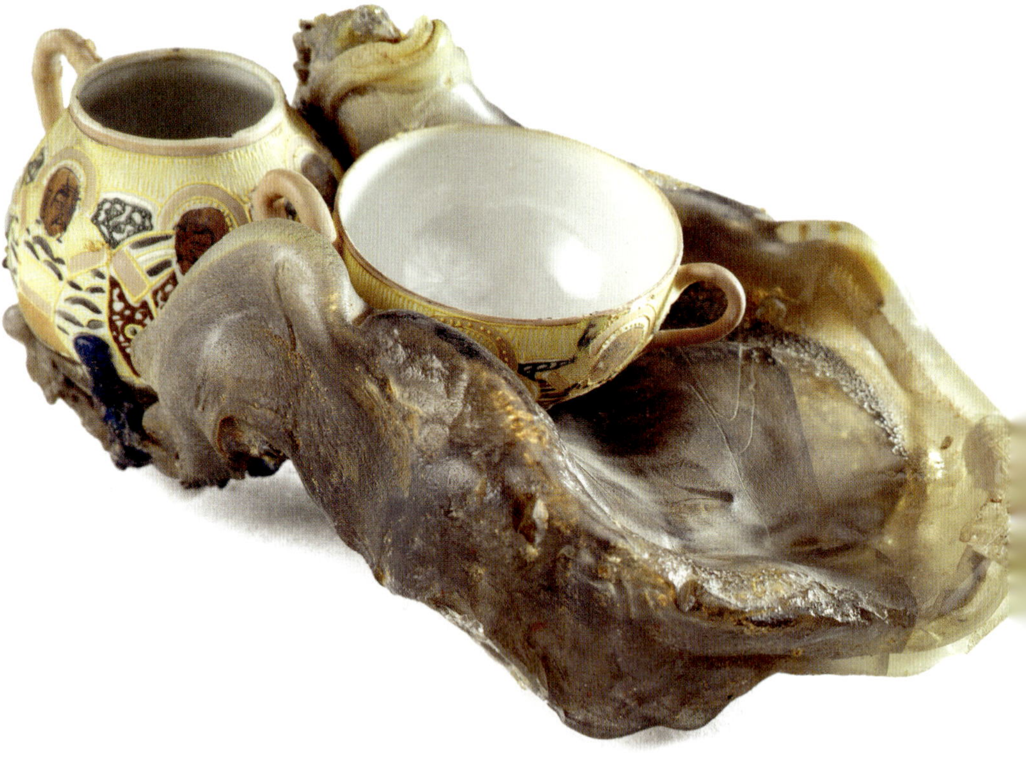

79

Glasklumpen

Um eine Zuckerschale und eine Tasse aus Porzellan ist Glas geflossen und hat sich mit dem Porzellan untrennbar verbunden. „Das ist der Rest unserer zerstörten Wohnung am 12.09.1944" ist handschriftlich auf einem Zettel dazu notiert. Der Glasklumpen ist ein Geschenk an das Museum und das Einzige, was von der elterlichen Wohnung des Schenkers nach dem Luftangriff am 12. September 1944 übrig blieb.

Was vom Zuhause bleibt: eine Schale, eine Tasse, geschmolzenes Glas. Während des Zweiten Weltkrieges wurden bei Luftangriffen viele Haushalte zerstört.

Während des Zweiten Weltkriegs gab es 14 Großangriffe, mehrere kleinere Bombardements sowie viele Tieffliegerangriffe und Störflüge auf Frankfurt. Dabei starben mehr als 6.000 Menschen. Der letzte Großangriff der britischen Royal Air Force auf Frankfurt fand am 12. September 1944 statt. Einen Tag zuvor hatte ein Großangriff Darmstadt getroffen, weshalb viele Hilfskräfte aus Frankfurt dorthin abgezogen worden waren. Der nächtliche Angriff auf Frankfurt dauerte eine halbe Stunde. Es wurden wichtige Industrieanlagen und die Infrastruktur getroffen, aber auch das Krankenhaus Sachsenhausen und das Elisabethenkrankenhaus in Bockenheim. Die Opferzahl betrug mehr als 400 Personen. Noch wochenlang wurde nach Vermissten gesucht.

Die ersten Bomben fielen am 4. Juni 1940 auf Frankfurt. Bis zum Ende des Krieges starben durch Luftangriffe 5.559 Frankfurter/innen und „Ortsfremde", dazu kamen noch Wehrmachtssoldaten, die zu den gefallenen Soldaten und nicht zu den Luftkriegstoten gezählt wurden. In anderen Städten fiel die Bilanz sogar noch verheerender aus: In Kassel starben allein am 22. Oktober 1943 etwa 10.000 Menschen. Dass Frankfurt die Opferzahl bei Luftangriffen so relativ niedrig halten konnte, lag vor allem an dem engmaschigen Netz von öffentlichen und privaten Luftschutzräumen und an den über die Stadt verteilten Bunkern. In der Stadt gab es für jede/n Frankfurter/in einen „Schutzplatz". Allerdings waren nicht alle diese Plätze bombensicher, wie auch der Angriff am 12. September 1944 zeigte. Zwar hatten sich die Bewohner/innen Frankfurts schon beim ersten Voralarm um 22.22 Uhr in die Bunker und Luftschutzräume geflüchtet, doch der Bunker in der Bockenheimer Mühlgasse schützte die Zuflucht Suchenden nicht. Eine Seitenwand wurde durch eine Mine zerstört. Der Bunker war ohne Eisenarmierung gebaut worden, da zur Bauzeit die Eisenkontingente gesperrt waren. Allein in diesem Bunker gab es 172 Tote und 90 Schwerverletzte. Die Verzweiflung der Frankfurter und Frankfurterinnen, dass sie selbst in den Luftschutzeinrichtungen nicht sicher waren, fand ihren Ausdruck in einer spontanen Versammlung am zerstörten Bunker, bei der Rufe wie „Nieder mit dem Krieg" und „Schluss mit dem Krieg" zu hören waren. Weder die Polizei noch die NS-Partei schritten ein.

Doch trotz dieses Vorfalls retteten die Maßnahmen Frankfurts vielen Menschen das Leben. Gerade in der dicht bebauten Frankfurter Altstadt mit den vielen Fachwerkhäusern drohte durch Bombardements ein Feuersturm. Viele Menschen hätte vor allem die Flucht durch die brennenden und verqualmten Straßen das Leben kosten können. Deshalb wurden unter der Altstadt die einzelnen Schutzkeller zu einem Netz unterirdischer Fluchtwege verbunden. So konnten die Bewohner/innen sich unter der brennenden Altstadt zu den Notausgängen auf dem Römerberg und am Mainkai durchschlagen. Der Ausgang am Römerberg führte die Frankfurter/innen auf dem Weg zum Main am Fahrtor vorbei, wo die Feuerwehr mit Wasser eine Gasse freihielt. Da-

79 Glasklumpen

Paul Wolff: Das zerstörte Frankfurt, Blick vom Dom, 1944, Fotografie, HMF.PhD.00024

durch überstand auch das Haus Wertheym fast unbeschadet die Angriffe auf Frankfurt, denn es befindet sich an eben dieser Engstelle am Fahrtor, die kontinuierlich vor dem Feuer geschützt werden musste. Die gegenüberliegenden Gebäude, in denen sich heute das Historische Museum befindet, hatten weniger Glück und erlitten erhebliche Schäden.

Vielen Frankfurter/innen retteten die frühzeitig getroffenen Maßnahmen der Stadt das Leben während des Luftkrieges, wahrscheinlich auch der Familie des Schenkers. *AMF*

Zerschmolzener Glasklumpen, Frankfurt, 12.9.1944, Porzellan, Glas, H. 14 cm, B. 22 cm, T. 32 cm, HMF.X.1972.016

Literatur: Fleiter 2013; Kat. Stuttgart 1994; Schmid 1965

GERMANY
8 MAY 1945

80

Gedenkteller I. G. Farben-Haus

Der Architekt Hans Poelzig (1869–1936) erbaute von 1928 bis 1931 das I. G. Farben-Haus als Sitz der Interessengemeinschaft Farben (I. G. Farben). Nach dem Zweiten Weltkrieg zerschlugen die Alliierten den Chemiekonzern, der auf vielfältige Weise eng mit dem nationalsozialistischen Regime kollaboriert hatte.

Das I. G. Farben-Haus ist nach 1945 eng mit der Geschichte der amerikanischen Armee in Frankfurt und Deutschland verbunden.

In das repräsentative Gebäude zogen die amerikanischen Streitkräfte ein. 50 Jahre lang diente es den Amerikanern als „Headquarter" mit unterschiedlichen Funktionen. Zunächst wurden hier richtungsweisende Entscheidungen für die Zukunft Deutschlands in der Nachkriegszeit getroffen, vor allem während Dwight D. Eisenhower Militärgouverneur der amerikanischen Besatzungszone war. Zur Zeit des Kalten Krieges diente das Hauptquartier vor allem der Sicherung eines möglichen Kriegsschauplatzes mit den Mächten des Ostblocks. Auf dem Gelände um das I. G. Farben-Haus entstanden neben Unterkünften für die Truppen auch eine High School und Sportflächen. Im Casino-Gebäude befand sich der auch unter Frankfurter/innen beliebte Jazzclub „Terrace Club". Das Gelände um das I. G. Farben-Haus war ab 1948 öffentlich zugänglich und wurde von den Frankfurter/innen in ihrer Freizeit genutzt. Dies änderte sich nach zwei Anschlägen 1972 und 1976 durch die Rote Armee Fraktion (RAF) mit insgesamt einem Toten und mehreren Verletzten: Das Gelände war bis zum Truppenabzug im Jahr 1995 ein stark gesichertes Sperrgebiet.

100 ∗ Frankfurt

Gedenkteller, Rückseite Der Gedenkteller der Firma Villeroy & Boch zum Kriegsende zeigt auf der Vorderseite das I. G. Farben-Haus. Davor ist ein amerikanischer Soldat mit dem Sternenbanner der USA zu sehen. Darunter befindet sich das Datum des Kriegsendes. Auf der Rückseite befindet sich der Hinweis „With the compliments of Military Government of Sarre". („Mit Empfehlung der Militärregierung des Saarlandes") *AMF*

Gedenkteller zum Kriegsende mit Motiv I. G. Farben-Haus, Villeroy & Boch, Mettlach, 1945, Porzellan, Dm. 28,5 cm, H. 5 cm, HMF.X.2011.182

Literatur: Borkin 1990; Drummer/Zwilling 2007

81
No parking-Schild

Das Schild stammt aus dem Höchster Schloss, in dem das Militärradio American Forces Network (AFN) untergebracht war. Es verbot, in der Nähe von Wasserhydranten zu parken. Am 4. Juli 1943 ging AFN zum ersten Mal auf Sendung. Während des Zweiten Weltkrieges unterhielt der Sender die amerikanischen Truppen mit Nachrichten, aktueller amerikanischer Musik und Unterhaltungssendungen. Mit Ende des Krieges wurden immer mehr stationäre Sender eingerichtet.

Höchst als Zentrum Europas: das amerikanische Militärradio hatte von 1946 bis 1966 seine Europazentrale im Höchster Schloss.

Die US-Streitkräfte bauten ab August 1945 AFN Frankfurt zum Mittelpunkt der Senderkette aus, da ihr Hauptquartier im I. G. Farben-Haus in Frankfurt untergebracht war. Die Wohnhäuser, die bisher als Sendehaus gedient hatten, wurden schnell zu klein. Bei der Suche nach einem neuen Standort fiel die Wahl schließlich auf das Höchster Schloss. Innerhalb weniger Wochen wurde das Schloss umgebaut. Im Ballsaal entstanden drei Studios, die behelfsmäßig mit Wehrmachtsuniformen und Wolldecken der US-Armee schallisoliert wurden. Trotz allem: Das Höchster Schloss war für den Sendebetrieb nicht ideal. Für einen Umzug in ein besseres Gebäude waren jedoch keine Mittel vorhanden. Die Höchster Einwohner/innen selbst hätten einen Abzug der Amerikaner/innen begrüßt, da das Schloss ein wichtiges Symbol ihres Bürgerstolzes war. Trotzdem war die Haltung der Bevölkerung gegenüber AFN überwiegend positiv, die Amerikaner/innen gaben das Schloss für das jährliche Schlossfest

NO PARKING NEAR HYDRANT

frei und beteiligten sich aktiv an den Feierlichkeiten. Zudem beschäftigen „die Amis" im Laufe der Zeit immer mehr deutsche Zivilangestellte: Diese Arbeitsplätze waren wegen der guten Bezahlung und der Privilegien beliebt. Ab 1960 aber forderten immer mehr Höchster/innen, den Sender zu verlegen. Dies wurde 1964 durch die Errichtung eines neuen Gebäudes neben dem Hessischen Rundfunk möglich. 1966 zog AFN um und gab das Schloss zurück an die Stadt. *AMF*

Holzschild des American Forces Network (AFN), Frankfurt-Höchst, nach 1945, bemaltes Sperrholz, H. 62,5 cm, B. 60,5 cm, T. 2 cm, HMF.X.2009.2424.HC

Literatur: Balser 1995; Bavendamm 2008; Schäfer 1987

BERLIN
HAMBURG
BREMEN
JELZEN
BRAUNSCHW
KÖLN
KASSEL
FRANKFURT
HEIDELB.
NÜRNBERG
MÜNCHEN
RHEIN-MAIN
OPERATION
VITTLES
1949

82
Zigaretten-Etui Operation Vittles

Die sogenannte Berlin-Blockade dauerte vom 24. Juni 1948 bis zum 12. Mai 1949. Die Sowjetunion sperrte die Straßen- und Eisenbahnverbindungen von den westlichen Besatzungszonen nach West-Berlin, womit eine Versorgung der Stadt nur noch über den Luftweg möglich war.

Das Etui erinnert an die Luftbrücke, bei der Berlin durch Flugzeuge der Westalliierten mit Lebensmitteln und anderen Gütern versorgt wurde.

Eine groß angelegte Hilfsaktion sollte die 2,5 Millionen Einwohner/innen und 6.000 Mann Besatzungstruppen in Berlin versorgen. Die Operation Vittles (Operation Proviant) durch die amerikanische Armee begann am 26. Juni 1948. Die amerikanischen Flugzeuge starteten unter anderem von der Rhein-Main Air Base bei Frankfurt. Die sogenannten Rosinenbomber brachten Lebensmittel und andere Güter nach West-Berlin. Auch die britische Luftwaffe beteiligte sich von Celle aus an der Luftbrücke. Die Blockade wurde von der Sowjetunion am 12. Mai 1949 wieder aufgehoben. Grund dafür war die weltpolitische Lage sowie die Sicherstellung der dauerhaften Versorgung West-Berlins durch die Luftbrücke. Die Luftbrücke wurde am 27. August 1949 offiziell beendet. Während der Luftbrücke kamen 83 Menschen durch Unfälle und Abstürze ums Leben. Ein Denkmal auf dem Flughafen Berlin-Tempelhof gedenkt der Toten und der Luftbrücke. Seit 1985 sowie 1988 stehen Kopien des Luftbrückendenkmals am Flughafen Frankfurt und am Heeresflugplatz Celle.

100 * Frankfurt

Das versilberte Zigarettenetui erinnert an die Luftbrücke. Die Fabrik Peter Schlesinger stellte in den Jahren 1948 und 1949 ungefähr 10.000 Exemplare her. Die Idee zu dem Etui hatte der Frankfurter Juwelier Christ. Die goldfarben unterlegten Gravuren auf dem Deckel zeigen unter anderem die Bundesrepublik Deutschland und das Brandenburger Tor. Die Stadt Frankfurt als Ausgangspunkt für die Luftbrücke wird unten links auf dem Etui symbolisch durch ein Denkmal dargestellt. Dieses entspricht nicht dem Aussehen des heutigen Luftbrückendenkmals. *AMF*

Zigarettenetui mit Motiv „Operation Vittles 1949", Fabrik Peter Schlesinger, Offenbach, 1949, Metall, versilbert, partiell vergoldet und graviert, H. 9 cm, B. 12 cm, T. 1 cm, HMF.X.2000.429

Literatur: Gerhardt 1984; Keiderling 1998; Wetzlaugk 1998

83

Trümmerstein

Nach dem Zweiten Weltkrieg lag Frankfurt in Trümmern. Der Luftkrieg hatte weite Teile der Stadt zerstört. Der Luftangriff vom 22. März 1944 zerstörte die Altstadt fast vollständig, auch große Teile der Museumsgebäude wurden getroffen. Nach dem Krieg herrschte akute Wohnungsnot. Um sie zu bekämpfen, wurde eine große Menge an Baumaterial benötigt. Auch mussten Schutt und Trümmer der zerstörten Altstadt beseitigt werden. Deshalb wurde 1945 von der Stadt Frankfurt und drei privaten Un-

Das Frankfurter Verfahren zum Wiederaufbau der Stadt nach dem Zweiten Weltkrieg war in seiner Form einzigartig.

Paul Wolff: Das zerstörte Frankfurt, Blick vom Dom auf den Römer, Frankfurt 1944, Fotografie HMF.PhD.00020

ternehmen die gemeinnützige Trümmerverwertungsgesellschaft (TVG) gegründet. Die TVG sollte die Trümmer beseitigen und die einsturzgefährdeten Gebäude abtragen. Das so gesammelte Material sollte dann wiederaufbereitet und für den Wiederaufbau Frankfurts genutzt werden. Das Zusammenführen der verschiedenen Aufgaben in einem Unternehmen war in dieser Form einzigartig. Das sogenannte Frankfurter Verfahren erfuhr national wie international viel Beachtung.

Die Trümmerbeschlagnahme-Anordnung vom 20. Dezember 1945 machte es möglich, alle Gebäudetrümmer und Gebäude, die zu mehr als 70 Prozent zerstört waren, zu beschlagnahmen. Gerade Letzteres war rechtlich umstritten und führte zu heftigen Auseinandersetzungen mit den betroffenen Eigentümer/innen. Die Trümmer wurden mithilfe einer Feldbahn abtransportiert: Der „Trümmerexpress" führte auf das Gelände der heutigen Eissporthalle und den Festplatz der Dippemess. Dort entstand ein Berg aus Schutt und Trümmern, von den Frankfurter/innen „Monte Scherbelino" genannt. Nach der Erfüllung ihres Zwecks wurde die TVG 1964 aufgelöst. Bis dahin hatte sie 10 Millionen Kubikmeter Trümmer beseitigt.

Auch beim Wiederaufbau des Historischen Museums wurden Trümmersteine der TVG benutzt: 2009 wurde bei Sanierungsarbeiten dieser Stein im Rententurm des Historischen Museums freigelegt. *AMF*

Stein der Trümmerverwertungsgesellschaft, Frankfurt, 1945 – 1948, Stein mit Putzresten, H. 11,5 cm, B. 24,4 cm, T. 11,6 cm, HMF.X.2010.040,03

Literatur: Blaum/Jordan 1946; Wolf 1988

THE
LEADER
FILE

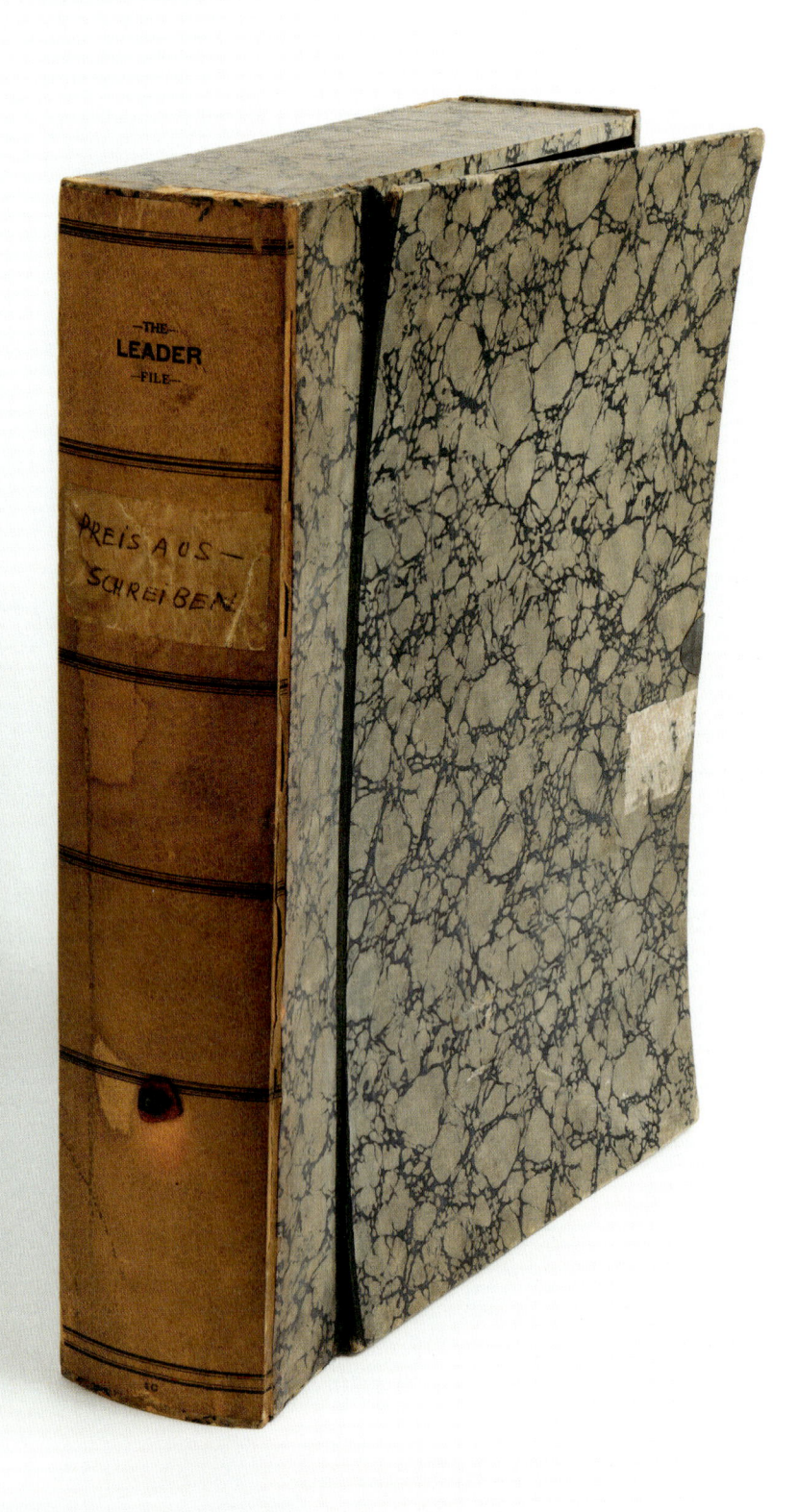

PREIS AUS-
SCHREIBEN

84
Horkheimers Schachtel

Die unscheinbare Archivschachtel wurde eher zufällig aufbewahrt – das Interesse galt vielmehr dem Inhalt. Hier sammelte Max Horkheimer (1895–1973) 115 Berichte von deutschen, in die USA emigrierten Juden. Er hatte im Oktober 1943 in der dort erscheinenden deutschsprachigen jüdischen Wochenzeitschrift „Aufbau" dazu aufgerufen, die „Haltung der deutschen Bevölkerung zur Judenfrage und zum Nazi-Antisemitismus" zu beschreiben. Eine Preisjury, in der u. a. Thomas Mann saß, vergab unter den eingesandten Berichten sechs Geld- und 20 Buchpreise. Eine Auswertung erfolgte später in der Publikation „Studies in Antisemitism".

Die Schachtel erinnert an das Institut für Sozialforschung im amerikanischen Exil und seine Auseinandersetzung mit dem Nationalsozialismus.

Max Horkheimer war seit 1930 Direktor des Instituts für Sozialforschung, das 1923 in Frankfurt gegründet worden war. Er begründete später zusammen mit Theodor W. Adorno die „Frankfurter Schule" mit ihrer „Kritischen Theorie", die weit über Frankfurt hinaus großen Einfluss auf die Gesellschafts- und Sozialwissenschaften hatte. Nach der Machtübernahme der Nationalsozialisten wurde das Institut 1933 geschlossen und die Bibliothek beschlagnahmt. Die Wissenschaftler emigrierten über Genf und Paris nach New York. Horkheimer konnte das Institut als „Institute of Social Research" an der New Yorker Columbia-Universität weiterführen. Die Zeitschrift für Sozialforschung erschien jedoch (bis 1938) in Paris. Nach dem Zweiten Weltkrieg kehrten Horkheimer, Adorno und Friedrich Pollock wieder nach Frank-

Wilhelm Gutmann, Institut für Sozialforschung in der Senckenberganlage, Frankfurt um 1925, Bleistiftzeichnung, HMF.C.35959

furt zurück. 1949 wurde Horkheimer auf den Lehrstuhl für Sozialphilosophie an der Universität Frankfurt berufen. 1951 konnte das Institut unter der erneuten Leitung von Horkheimer wieder eröffnet werden; Adorno wurde 1953 stellvertretender Direktor.

Auch die 115 Briefe kamen mit nach Frankfurt. Sie können heute noch im Original im Archiv des Instituts für Sozialforschung eingesehen werden. NG

Archivschachtel aus dem Institut für Sozialforschung von Max Horkheimer, 1944–1949, Papier, Pappe, H. 38,2 cm, B. 9,5 cm, T. 30,7 cm, Institut für Sozialforschung, Frankfurt

Literatur: Wiggershaus 2014

85
Carlo Bohländers Trompete

Der Trompeter Carlo (Karl) Bohländer (1919–2004) war ein prägender Musiker der Frankfurter Jazzszene. Am 17. Mai 1945, also gerade einmal neun Tage nach dem Ende des Zweiten Weltkriegs, bat er zusammen mit Willy Berk, Louis Freichel und Lothar Habermehl die amerikanische Militärregierung um eine Spielerlaubnis für „amerikanische Tanzmusik" im Tivoli-Casino.

Carlo Bohländer gründete 1952 den legendären Club „Domicile du Jazz" und machte Frankfurt zur Hauptstadt des Jazz.

Bereits 1941 hatte Bohländer zusammen mit Emil Mangelsdorff, Horst Lippmann, Charly Petri, Hans Podehl und Hans Otto Jung die Hotclub Combo gegründet. Die Proben und Konzerte fanden im Untergrund statt, da Jazz im Nationalsozialismus als „entartete" Musik galt und verboten war. Als die Nationalsozialisten 1933 an die Macht kamen, wurden auch die 1928 eingerichteten Jazzklassen im Dr. Hoch'schen Konservatorium geschlossen. Carlo Bohländer studierte dort von 1935 bis 1938 klassische Trompete. Seine Leidenschaft galt aber dem Jazz. Jazz war der Sound der Freiheit. „Wer nicht swingt, ist ein Arsch!", so formulierte es der bekannte Konzertveranstalter Fritz Rau in einem Film über Carlo Bohländer.

Nach dem Zweiten Weltkrieg war Bohländer eine der Schlüsselfiguren der Jazzszene. 1952 eröffnete er in der Kleinen Bockenheimer Straße das „Domicile du Jazz", das sich zu einer wichtigen Keimzelle des Jazz in Deutschland entwickelte. Der Club existiert bis heute unter dem Namen Jazzkeller. Im „Keller", wie Eingeweihte den Club nennen, trafen sich abends deutsche

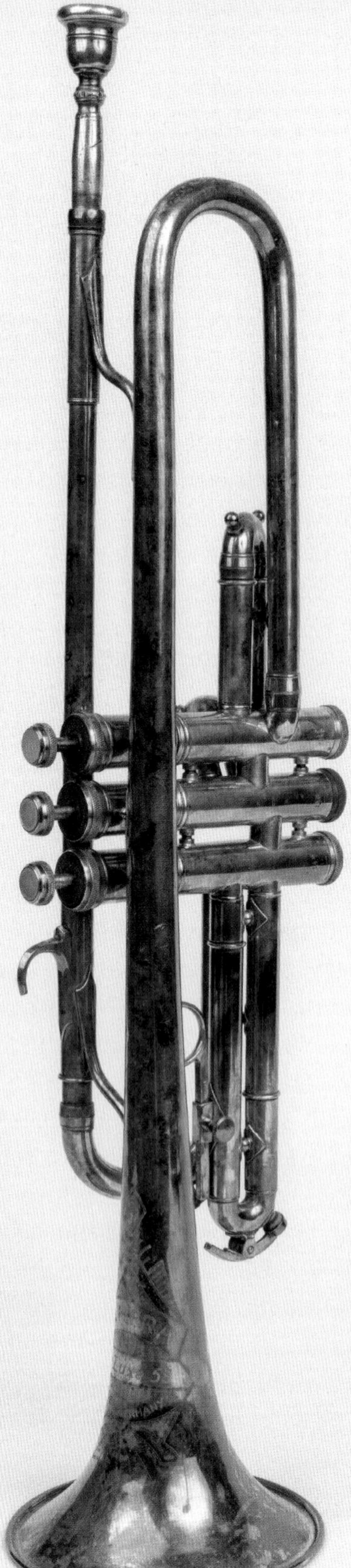

85 Carlo Bohländers Trompete

Carlo Bohländer (2. von links) stößt mit Albert Mangelsdorff und Attila Zoller an. Frankfurt, 1950er Jahre

und US-amerikanische Jazzer. Nach ihren Auftritten in den Soldatenclubs der US-Army kamen die amerikanischen Musiker in den Keller. Nachts war die kleine Bühne Schauplatz großer Jam Sessions, bei denen deutsche und amerikanische Musiker zusammen spielten. Hier traten weltberühmte Jazzgrößen wie Louis Armstrong, Duke Ellington, Dizzy Gillespie oder Ella Fitzgerald auf. Andere Jazzmusiker wie Don Ellis, Bill Ramsey, Cedar Walton, Eddie Harris, Gary Peacock oder Joe Henderson waren im Rhein-Main-Gebiet stationiert und spielten regelmäßig im Keller.

Der Keller war auch so etwas wie der Probenraum der Frankfurter Jazzmusiker, die sich hier oft zum Üben trafen. Joki Freund und die Brüder Albert und Emil Mangelsdorff entwickelten im „Keller" den international bekannten „Frankfurt Sound", eine Spielart des Cool Jazz. „Wir sind praktisch jeden Abend dorthin gegangen, um zu spielen", erinnert sich Albert Mangelsdorff. „Dadurch konnte man sich entwickeln, was wahrscheinlich ohne den Keller nie möglich gewesen wäre."

321

100 ∗ Frankfurt

Autogrammkarte von Carlo Bohländer, Frankfurt um 1955

Carlo Bohländer war einer der ersten, der sich auch theoretisch mit Jazz und Swing auseinandersetzte. Bereits 1947 veröffentlichte er im Selbstverlag die „Harmonie-Lehre für Jazz-Melodie-Improvisationen". Der Posaunist und Bandleader Willy Berking bescheinigt am 12. März 1947, die Lehre sei „neuartig, und die Praxis hat erwiesen, dass einige Mitglieder der Tanzkapelle, welche sich mit der Methode befasst haben, auf diesem Gebiet einen Schritt weiter gekommen sind." Carlo Bohländer war ein großer Kenner des Jazz. Seine Publikationen fanden bei Musikerkollegen, der Fachwelt und beim Publikum großen Zuspruch.

85 Carlo Bohländers Trompete

Carlo Bohländer (mit Trompete), umringt von anderen Jazzern, um 1955

2015 veröffentlichte Elizabeth Ok einen Dokumentarfilm über Carlo Bohländer. Der Film basiert auf Unterlagen, die Ok im Keller ihrer Wohnung gefunden hatte. Wie sich herausstellte, war dies der Nachlass von Carlo Bohländer. Für ihren Film führte Elizabeth Ok Interviews mit Zeitzeugen und Wegbegleitern von Carlo Bohländer, die alle auf ihre Weise Bohländers wichtige Rolle für die Entwicklung des Jazz nach dem Zweiten Weltkrieg betonten.

AJ

Trompete und Mundstück von Carlo Bohländer, Musikalienhandel Glier, Bergen-Enkheim, 1950er/60er Jahre, Messing, versilbert und vernickelt, H. 55 cm, T. 15 cm, (Trompete), Jazzinstitut Darmstadt (Trompete), Eckhardt Markmann (Mundstück)

Literatur: Haberkamp/Ok 2017; Ok 2015; Schwab 2005

BELLA MUSICA

Bestellnummer 601

TRAUMENDSPIEL

UM DIE
DEUTSCHE FUSSBALLMEISTERSCHAFT

Endspielmannschaft „Eintracht-Frankfurt"

DER MEISTER HEISST „EINTRACHT" AUS FRANKFURT

86
Single „Traumendspiel"

„Der Meister/ heißt Eintracht/ aus Frankfurt/ am Main.
Und wir sind/ so stolz hier/ auf unsern/ Verein."

So lauten die Titelzeilen des Meisterliedes von 1959, gesungen von einem Männerchor mit Orchester. Die B-Seite der Single ist den Offenbacher Kickers gewidmet. Deren Titelzeile lautet: „Schuss und Tor/ ruft Offenbach im Chor." Das vermutlich erste Eintracht-Lied, das auf Platte gepresst wurde, ist gelegentlich heute noch im Stadion zu hören. Die Platte entstand im Sommer 1959 vor dem Endspiel zur Deutschen Fußballmeisterschaft.

Eintracht Frankfurt gewann im Juni 1959 die Deutsche Fußballmeisterschaft im Endspiel gegen die Nachbarstadt Offenbach.

Die Endrunde der fünf deutschen Oberligen fand in zwei Gruppen zu je vier Mannschaften statt. Die Sieger der beiden Gruppen trugen das Endspiel um die deutsche Fußballmeisterschaft aus. In der Gruppe Eins der Oberliga-Endrunde 1959 setzte sich Eintracht Frankfurt als Meister der Oberliga Süd gegen den 1. FC Köln, Werder Bremen und FK Pirmasens durch. In der Gruppe Zwei gewann Kickers Offenbach als Vizemeister der Oberliga Süd gegen die Mannschaften von Westfalia Herne, den Hamburger SV und Tasmania Berlin. Endspielgegner waren damit ausgerechnet die Lokalrivalen vom Main.

Das Finale fand am 28. Juni 1959 vor 75.000 Zuschauern im Berliner Olympiastadion statt. Zum Abpfiff stand es 2:2 durch Tore von Istvan Szanti und Ekkehard Feigenspan für Frankfurt sowie von Berti Kraus und Helmut Preisendörfer für Offenbach. Es ging in die Verlängerung. Am Ende stand es 5:3 für Eintracht Frankfurt. Bald darauf hielt Eintracht-Kapitän Alfred Pfaff die Meisterschale in den Händen.

Die Mannschaft kehrte mit einer Propellermaschine nach Frankfurt zurück. Nach einer Zwischenstation am Stadion brachte sie eine Diesellok vom Bahnhof „Sportfeld" zum Hauptbahnhof. Von dort fuhren die Helden mit zwei sechsspännigen Brauereiwagen zum Römer. Tausende begeisterte Menschen begleiteten die Fahrt durch die Stadt. FB

Schallplatte in Hülle, Text und Musik: H. H. Henning, Frankfurt 1959, Vinyl, Papier, H. 18 cm, B. 18 cm, Eintracht Museum Frankfurt

Literatur: Matheja 1998; Tobien/Franzke 1981

87
Pardon 1

Die Pardon-Gründung fiel in die von vielen als verkrustet empfundene Adenauer-Ära. Die Bundesrepublik war jung, aber das Traditionssatireblatt „Simplizissimus" veraltet. Pardon erfand neue Formen sowie einen neuen frechen Ton.

Die Verleger Hans A. Nikel und Erich Bärmeier gründeten die Zeitschrift 1962. Hans Traxler und Chlodwig Poth, die für die vom Verlag herausgegebenen „Schmunzelbücher" zeichneten, waren von Anfang an dabei. Nikel gelang es, herausragende Satiriker für das Heft zu gewinnen, darunter F. W. Bernstein, Robert Gernhardt, F. K. Waechter, Pit Knorr, Eckhard Henscheid und Bernd Eilert, aus denen zusammen mit Traxler und Poth die „Neue Frankfurter Schule" hervorgehen sollte. Für die erste Ausgabe wurden jedoch damals bereits bekannte Personen herangezogen: Das Editorial schrieb Erich Kästner, das Titelbild zeichnete Loriot. Der Erstausgabe ging ein Jahr zuvor eine Nullnummer voraus, ebenfalls mit dem Titelbild von Loriot, um das Projekt Werbekunden und möglichen Mitarbeitern vorzustellen. Ein Vorausheft vom Juli 1962 hatte den, für die Zeitschrift zum Markenzeichen werdenden, hutlupfenden Teufel von F. K. Waechter als Titelbild. Waechter wurde Chef-Layouter und hat das Blatt entscheidend geprägt. Für die Erstausgabe entschied sich Nikel jedoch wieder für das harmlosere Loriot-Männchen mit Blumenbukett.

1962 erschien die erste Ausgabe von „Pardon". Die Zeitschrift prägte von Frankfurt aus die Satire in Deutschland und schuf ein neues Lebensgefühl.

pardon

die deutsche satirische monatsschrift

1

Erich Kästner:

ZWEI GROSSE BUKETTS

DM 1,50 · September 1962 · D 7020 E
Verlagspostamt Frankfurt am Main

87 Pardon 1

Pardon war von Beginn an erfolgreich und ergänzte mit der aufkommenden 1968er-Bewegung den Zeitgeist um die satirische Komponente. Das Heft verlor jedoch an Profil, als die Gründungsmitarbeiter mit Nikel, der Besitzer, Herausgeber und Chefredakteur in einer Person war, in Konflikt gerieten. Sie zogen sich aus dem Blatt zurück und brachten ab 1979 das Satiremagazin Titanic heraus. 1982 erschienen die letzten Ausgaben von Pardon. Spätere Wiederbelebungsversuche waren erfolglos. *TK*

Pardon Nr. 1 – die deutsche satirische Monatsschrift, Verlag Bärmeier & Nikel; Frankfurt, September 1962, Stich- und Rasterklischeedruck, H. 32 cm, B. 24 cm, HMF.S.2014.015

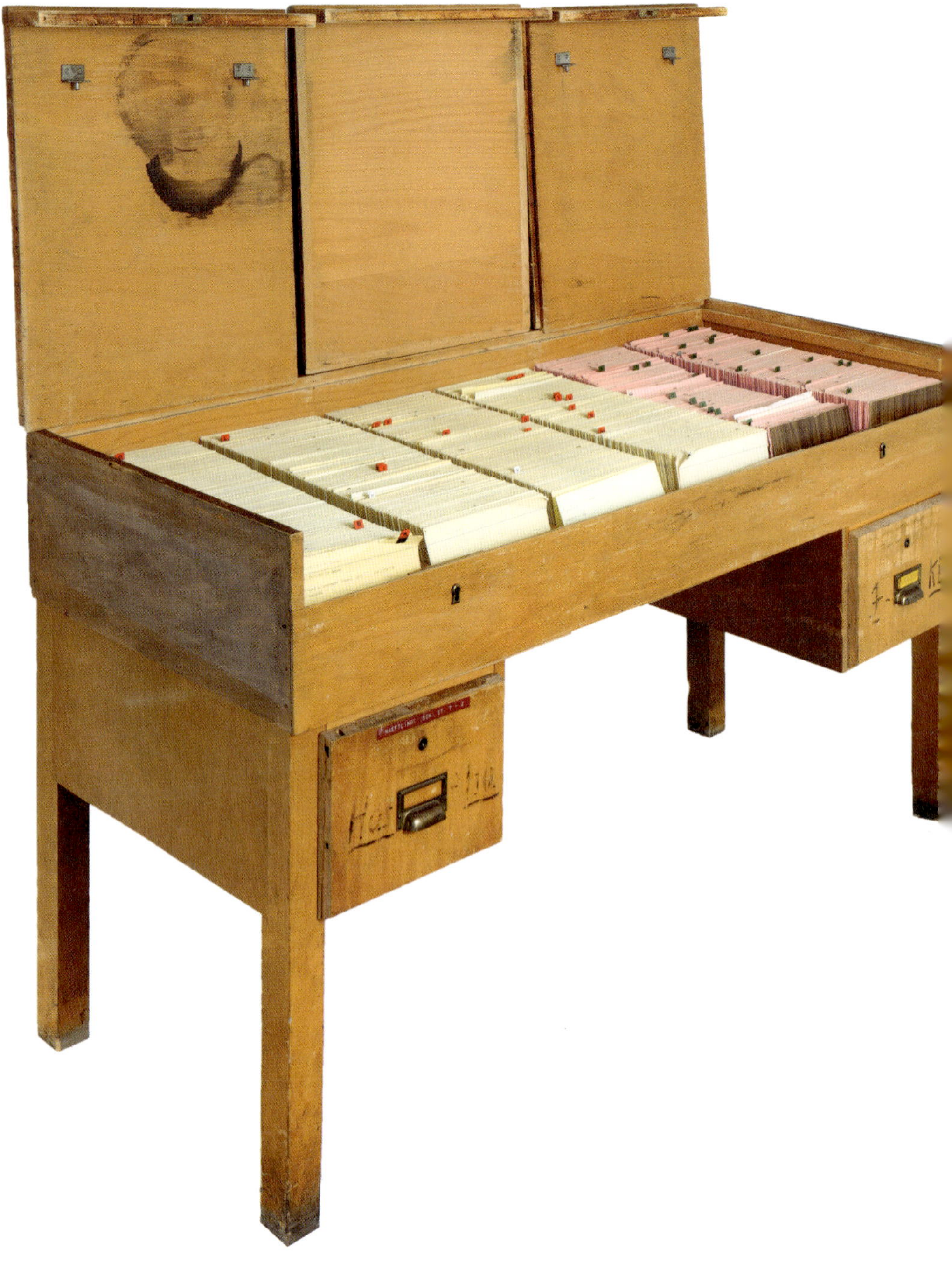

88

Karteitisch vom Auschwitz-Prozess

Ende der 1950er Jahre setzten erstmals umfassende Ermittlungen gegen die Täter/innen von Auschwitz ein. Etwa 8.000 SS-Männer und 200 SS-Frauen hatten im größten nationalsozialistischen Vernichtungslager ihren Dienst verrichtet. Alle waren am Massenmord an über einer Million Menschen, hauptsächlich Jüdinnen und Juden aus ganz Europa, beteiligt.

Verantwortlich für das Zustandekommen des Prozesses in Frankfurt war der hessische Generalstaatsanwalt Fritz Bauer. Sein Anliegen war die nachhaltige Aufklärung der deutschen Gesellschaft. Nach jahrelangen Ermittlungen seines Teams konnte im Oktober 1963 das Hauptverfahren gegen 22 Angeklagte eröffnet werden. Das Gericht tagte zunächst im Römer, ab 1964 im neuerbauten Haus Gallus. Nach 183 Verhandlungstagen und der Vernehmung von 360 Zeugen fiel das Urteil: Fast die Hälfte der Angeklagten erhielt als „Gehilfen" Gefängnisstrafen zwischen neun Monaten und 14 Jahren, drei Angeklagte mussten freigesprochen werden. Sechs Männer wurden als Mörder zu lebenslanger Haft verurteilt – darunter Wilhelm Boger (Nr. 90).

Der Frankfurter Auschwitz-Prozess von 1963 bis 1965 war eines der größten bundesdeutschen Verfahren gegen die Verbrechen des Nationalsozialismus.

Der Karteitisch beinhaltet alle von der Staatsanwaltschaft angelegten Karteikarten zum SS-Personal (rote Karten) und zu vernommenen Zeug/innen (gelbe Karten) – wie jene von Paul Leo Scheidel, dessen Aussagen mit zur Verurteilung Bogers führ-

100 * Frankfurt

ten. Eine rote Karteikarte wurde auch zu Josef Mengele angelegt. Dem gefürchteten Lager-Arzt von Auschwitz, der 1938 am „Institut für Erbbiologie und Rassenhygiene" an der Frankfurter Universität promoviert wurde, war jedoch bereits 1948 die Flucht nach Südamerika gelungen.

Neben dem Tisch wurden zahlreiche Originalakten zu den Prozessen an das 1995 gegründete Frankfurter Fritz Bauer Institut übergeben. Dort befassen sich Wissenschaftler/innen und Pädagog/inn/en mit der Geschichte und Wirkung des Holocausts. *AG*

Tisch mit Karteikarten zu den SS-Angehörigen und Zeugen, Frankfurt, 1960er Jahre, Holz, Papier, H. 80 cm, B. 144,5 cm, T. 55 cm, Fritz Bauer Institut, Frankfurt, Sammlung Frankfurter Auschwitz-Prozesse

Literatur: Gross/Renz 2013; Pendas 2013; Wojak 2016

89

Radio von Giuseppe Bruno

Im Juli 1962 verließ Giuseppe Bruno (1945–2014) seinen Heimatort Butera auf Sizilien. Er war damals 16 Jahre alt. Sein Ziel war Frankfurt, wo er wie sein Vater als „Gastarbeiter" beschäftigt werden wollte. Im Gepäck hatte Giuseppe Bruno Träume von einem besseren Leben, von Reichtum, Freiheit und von amourösen Abenteuern mit deutschen Mädchen. In Frankfurt fand er sofort Arbeit – er wurde Gleisarbeiter bei der Deutschen Bahn – mit Deutschen kam er aber nicht in Kontakt. Die Sprache war ein unüberwindbares Hindernis. Giuseppe Bruno wollte daher unbedingt Deutsch lernen, seiner Erinnerung nach wollte aber niemand mit ihm sprechen. Deshalb beschloss er, ein Radio zu kaufen. In seiner Biografie „Der Zug in die Fremde" schrieb er dazu:

Mit diesem Radio lernte der italienische „Gastarbeiter" Giuseppe Bruno Deutsch.

„Mein Gehalt musste ich immer bei meinem Vater abliefern[...]. Nach der dritten Abrechnung fragte ich, ob ich ein Radio kaufen dürfte. Und, oh Wunder, er erlaubte es mir! [In] einem Radio-Geschäft [...] kaufte ich mir mein erstes Radio – auf Raten. Das Gerät kostete 60 Mark. Ich machte den Kredit auf fünf Mark monatlich. Von da an hörte ich jeden Tag deutsche Sender: Wenn ich immer Deutsch reden hörte, würde ich es auch lernen!"

Deutsch lernte Bruno auch mit Radio-Sprachkursen des Bayerischen Rundfunks, die damals eigens für die „Gastarbeiter" angeboten wurden. Das Hören war für Giuseppe Bruno wichtig, da er nie richtig Schreiben gelernt hatte – sein Vater hatte ihn

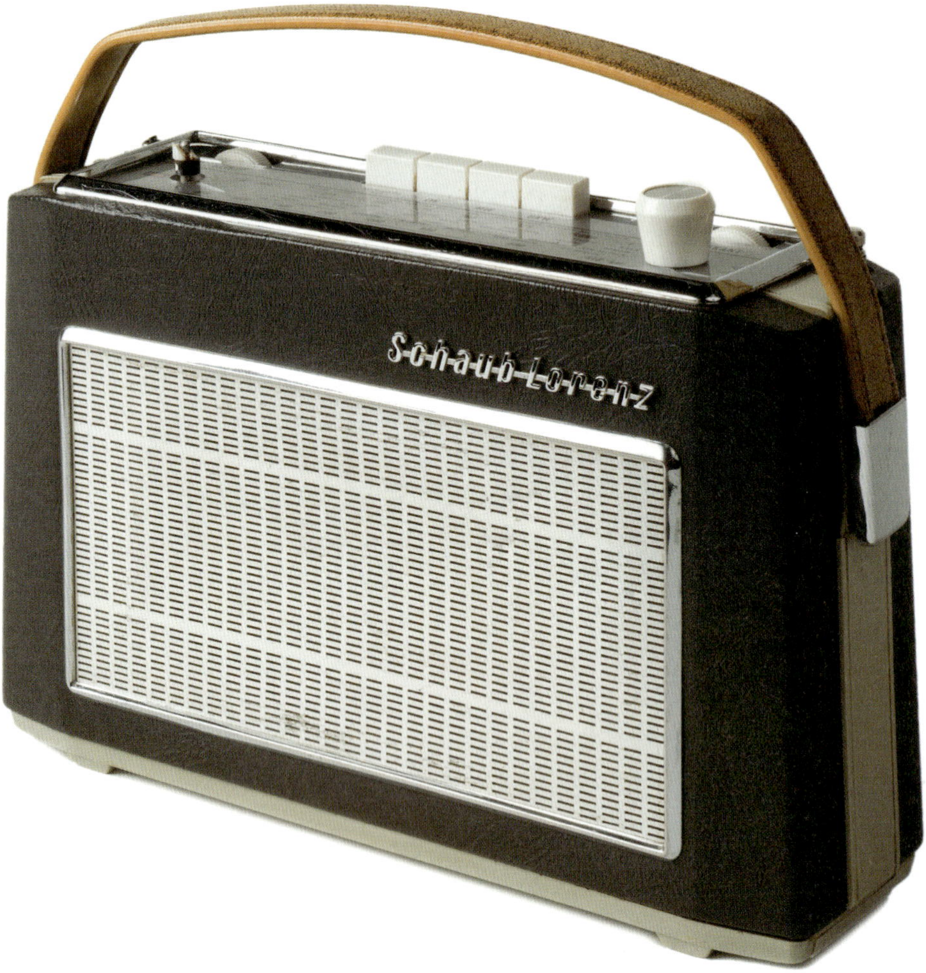
Schaub-Lorenz

89 Radio von Giuseppe Bruno

Porträt von Giuseppe Bruno für die Bibliothek der Generationen, aufgenommen am ehemaligen Standort der Gastarbeiterbarracken in Höchst

nur drei Jahre zur Schule gehen lassen. Umso bemerkenswerter ist, dass Giuseppe Bruno seine Erinnerungen niederschrieb, auf Deutsch!

Den Wunsch, seine Lebensgeschichte aufzuschreiben, trug er lange in sich. Als er wegen eines Rückenleidens mehrere Monate lang arbeitsunfähig war, fing er an. Das erste Manuskript schrieb er – wie er selbst sagt – in „Gastarbeiterdeutsch": Brunos Text war quasi in Lautsprache geschrieben, d. h., er schrieb so, wie sich Deutsch für ihn anhörte. Der Ursprungstext ist daher fast nur zu verstehen, wenn man ihn laut liest. Mehrere Jahre vergingen, bevor Giuseppe Bruno in der Wiesbadener Edition 6065 einen Verlag fand. Die Verlegerin erkannte die Qualität von Giuseppe Brunos eigenwilligem Text. In seinem Buch beschreibt

So stellte sich Giuseppe Bruno das Gastarbeiterdenkmal vor. Zeichnung aus dem Nachlass von Giuseppe Bruno

Bruno schonungslos seinen sizilianischen Heimatort und seine von Entbehrungen und Gewalt geprägte Kindheit. Ungeschönt berichtet er auch vom harten „Gastarbeiter"-Leben in Frankfurt, das Bruno mit Aufstiegswillen und einer ordentlichen Portion Schlitzohrigkeit meisterte. Nachdem der Text mehrfach lektoriert und sprachlich bearbeitet wurde, erschien 2005 Giuseppe Brunos erstes Buch „Der Zug in die Fremde".

Giuseppe Bruno war politisch engagiert. Er war SPD-Mitglied und wurde in den Ortsbeirat von Heddernheim und in die Kommunale Ausländervertretung gewählt. Auch in kirchlichen Organisationen war er aktiv, z. B. bei ACLI, einer Vereinigung italienischer, christlicher Arbeitnehmer, deren Präsident Bruno auch für einige Zeit war. Sein persönliches und politisches Engagement zielte darauf, eine öffentliche Anerkennung und Würdigung der „Gastarbeiter" und ihrer Leistungen zu erreichen, sowohl in Deutschland als auch in den Heimatländern. Sie hatten seiner Meinung nach ebenso von der Emigration profitiert, da die „Gastarbeiter" über Jahrzehnte ihre Ersparnisse nach Hause geschickt und damit zum Wohlstand beigetragen hätten. Giuseppe Bruno setzte sich zudem für kultursensible Altenpflege und Grabstätten ein. Und auch wenn seine Initiativen, Grabstätten nach italienischem Vorbild zu errichten, oder die „Gastarbeiterbarracken" in Höchst unter Denkmalschutz zu stellen, scheiterten, so konnte er doch 2008 den Grundstein für ein Altenheim für Senioren aus den Mittelmeerländern legen.

Giuseppe Brunos größtes Anliegen war aber die Errichtung eines Denkmals für die „Gastarbeiter". 2001 beschloss der Frankfurter Magistrat tatsächlich, ein Gastarbeiterdenkmal aufzustellen. Bis heute ist es nicht errichtet. In Butera erinnert seit 2012 ein Denkmal an die Emigrant/innen.

2013 übergab Giuseppe Bruno, der seit 2012 Autor der „Bibliothek der Generationen" ist, dem Museum das Radio, zusammen mit einer Garderobenleiste, die Bruno heimlich vor dem Abriss der Gastarbeiterbarracken dort abgeschraubt hatte.   *AJ*

Radio Schaub Lorenz , Stuttgart, 1964/65, Kunststoff, Textil, Metall, H. 22 cm, B. 27 cm, T. 7,5 cm, HMF.X.2014.134

Literatur: Bibliothek der Generationen 2016; Bruno 2005; Bruno 2012

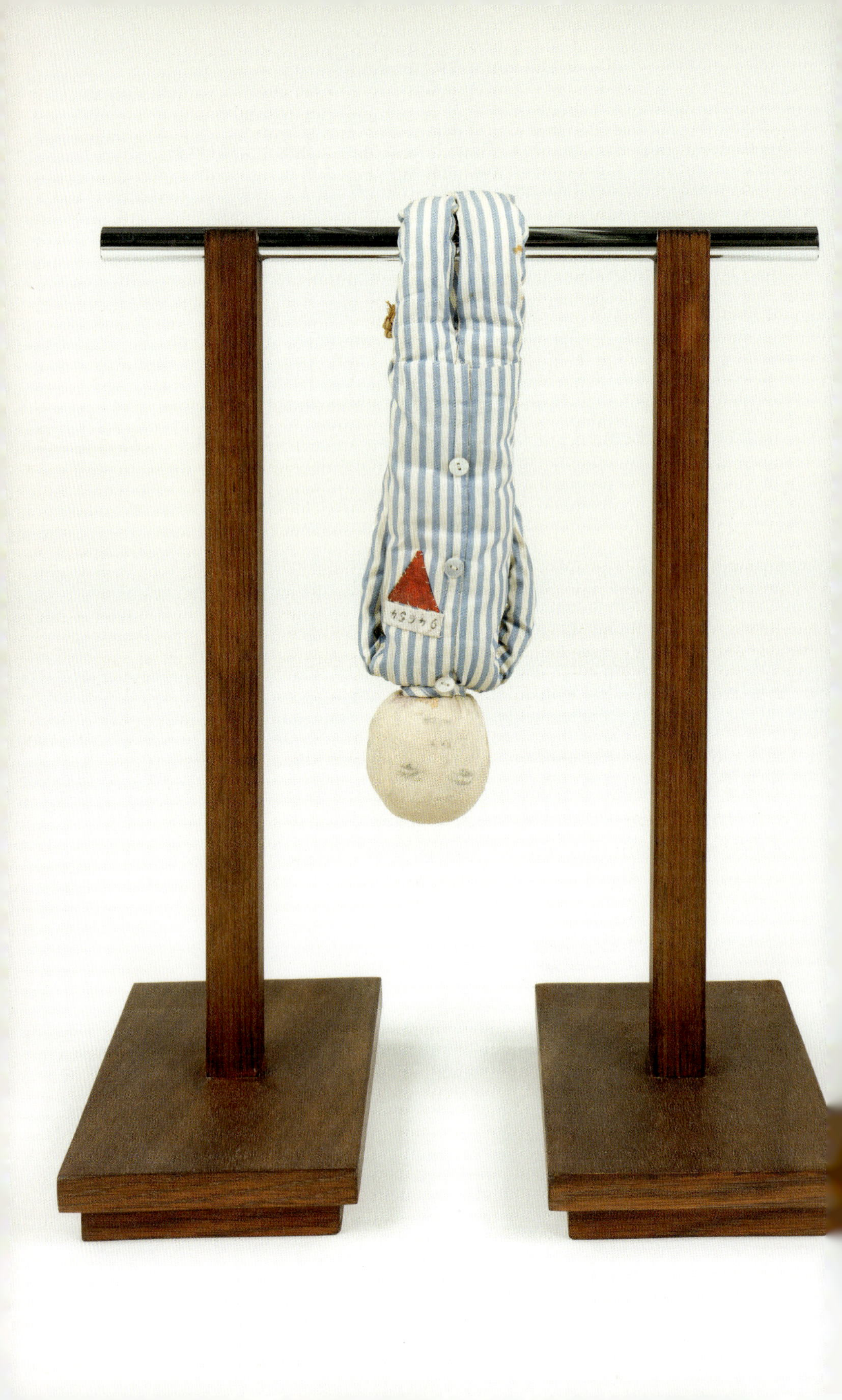

90
Boger-Schaukel

„Nun aber traten die Überlebenden der Hölle von Auschwitz in den Zeugenstand und entkleideten die Angeklagten ihres Biedermanngewandes." (Die Gemeinde, 31. März 1964)

Im ersten Frankfurter Auschwitz-Prozess von 1963 bis 1965 wurden 22 Angeklagten schwerste Verbrechen im Konzentrationslager Auschwitz zur Last gelegt. Es waren vor allem die Überlebenden, die mit ihren Aussagen eine Wahrnehmung der nationalsozialistischen Verbrechen und eine Diskussion über Verantwortung und Schuld in der deutschen Öffentlichkeit bewirkten.

Die Frankfurter Auschwitz-Prozesse brachen in der deutschen Nachkriegszeit das Schweigen über den Holocaust und die nationalsozialistischen Verbrechen.

211 Überlebende von Auschwitz sagten im Prozess als Zeuginnen und Zeugen aus und klärten über den systematischen Massenmord auf. Einer von ihnen war Paul Leo Scheidel, der am 20. März 1964 in den Zeugenstand trat. Im Prozess führte er anhand des Modells der gefürchteten „Boger-Schaukel" vor, wie der Angeklagte Wilhelm Boger ihn und andere Menschen gefoltert hatte, viele bis zum Tod. Dabei wurden dem Opfer die Hände an den Fußgelenken zusammengebunden, die Kniekehlen über eine Stange geschoben, die auf zwei Stützen stand. So hingen Gefolterte wehrlos, kopfüber und unbekleidet an dieser Stange, um von Boger mit Knüppeln geschlagen zu werden. Scheidel hatte das Modell selbst gebaut, um im Gerichtsprozess begreifbar zu machen, was in Auschwitz geschehen war.

Viele Zeuginnen und Zeugen hatten sich trotz der bevorstehenden psychischen Qualen entschieden, auszusagen. Oft war damit die Furcht verbunden, dass ihnen nicht geglaubt und sie erneut verhöhnt würden. Für viele Überlebende war die öffentliche Aussage eine Befreiung. Für die neue Generation der „1968er" in Deutschland war es der Anstoß, gegen die Elterngeneration zu opponieren, die bisher über ihre nationalsozialistische Vergangenheit geschwiegen hatte. Dass sich überhaupt diese 211 Auschwitz-Überlebenden zu der Reise in das Land der Täter bewegen ließen, ist der Zusammenarbeit der Staatsanwaltschaft unter Fritz Bauer als Initiator des Prozesses und dem Internationalen Auschwitz Komitee, das 1952 von Überlebenden des Konzentrations- und Vernichtungslagers Auschwitz-Birkenau gegründet worden war, zu verdanken. Da die aus dem Ausland anreisenden Zeugen und Zeuginnen meist völlig auf sich gestellt waren, gründete sich im April 1964 eine Frankfurter Gruppe von Betreuerinnen und Betreuern, um sich um diese zu kümmern. Fritz Bauer selbst hatte große Hoffnung, durch die Zeuginnen und Zeugen Aufklärung, Begreifen der Verbrechen und auch Einsicht der Täter hervorrufen zu können, auch wenn er in späteren Interviews resigniert feststellte, dass diese Hoffnung enttäuscht wurde. So hatte er gehofft, „daß früher oder später einer von den Angeklagten auftreten würde und sagen würde: Herr Zeuge, Frau Zeuge, was damals geschehen ist, war furchtbar, es tut mir leid. [...] Die Welt würde aufatmen und die gesamte Welt und die Hinterbliebenen derer, die in Auschwitz gefallen sind, und die Luft würde gereinigt werden, wenn endlich einmal ein menschliches Wort fiele. Es ist nicht gefallen und es wird auch nicht fallen."

Den Aussagen der Zeuginnen und Zeugen kommt bis heute eine wichtige Bedeutung zu in der Erinnerung und Aufklärung über die Verbrechen der Nationalsozialisten, das Terrorsystem der Konzentrationslager und das unfassbar brutale und sadistische Verhalten der Täter. Während des Auschwitz-Prozesses wurde in deutschen und internationalen Medien erstmals in solcher Breite und auch täglich darüber berichtet. Schulklassen und zahlreiche Besucher/innen nahmen den Prozess im städtischen Saalbau des Frankfurter Stadtteils Gallus wahr. In diesem gerade neu errichteten Bürgerhaus war im Saal Platz für 143 Zuhörer/innen und 124 Medienvertreter/innen. Am Prozess nahmen schätzungsweise 20.000 Personen teil. 1993 schließlich wurde anlässlich des 30. Prozess-Jahrestages am Saalbau Gallus eine vom Künstler Michael Sander gestaltete Gedenktafel angebracht und eine Gedenkinstallation mit Originaltönen der Zeugenaussagen eröffnet. Diese gibt heute die Möglichkeit, am Ort des Gerichtsprozesses den Zeuginnen und Zeugen des Frankfurter Auschwitz-Prozesses Gehör zu schenken. DL

Paul Leo Scheidel, Modell der sogenannten „Boger-Schaukel", Folterinstrument im KZ Auschwitz, 1964, Baumwolle, Holz, Metall, H. 54 cm, B. 40,5 cm, T. 23,5 cm, HMF.X.2009.1933.Lg, Staatsanwaltschaft Frankfurt

Literatur: Fritz Bauer Institut 2005; Langbein 1980 ; Wojak 2004

mai 68
le jeu
Police
manifestant
sous les pavés, la plage
JEUX REXTON

91
Brettspiel „Mai 68"

Daniel Cohn-Bendit (* 4. April 1945 in Montauban, Frankreich) war seit 1967 zuerst in Paris, danach in Berlin und Frankfurt in der Studentenbewegung aktiv. Er beteiligte sich nicht nur an Demonstrationen, sondern stieg rasch zum bekannten Sprecher verschiedener radikaler Gruppierungen auf (Liaison des Etudiants Anarchists, Bewegung 22. März, Sozialistischer Deutscher Studentenbund, darin die „Betriebsprojektgruppe"). Dem Soziologie-Studenten wurde im Mai 1968 die Rückreise von Berlin nach Frankreich verwehrt. „Dany-le-rouge" reiste stattdessen nach Frankfurt: Dort hatte er mehrere Jahre mit seiner Mutter gelebt und in der Nähe die Odenwaldschule besucht. Er wurde eine zentrale Figur der westdeutschen Studentenbewegung. Einer seiner ersten Auftritte in Frankfurt war die Demonstration gegen die Verleihung des Friedenspreises des deutschen Buchhandels an den Autor und senegalesischen Staatspräsidenten Leopold Senghor. Cohn-Bendit sprang am 22. September 1968 medienwirksam über die Absperrungen vor der Paulskirche, wofür er acht Monate Haft auf Bewährung „kassierte". Er gab in den 1970er Jahren das Stadtmagazin „Pflasterstrand" heraus und wurde schließlich einer der Mitgründer der Partei „Die Grünen". Nach den Frankfurter Kommunalwahlen 1989 amtierte Cohn-Bendit als bundesweit erster Stadtrat für Integration.

20 Jahre nach den Pariser Studentenunruhen im Mai 1968 spielte der ehemalige Aktivist Daniel Cohn-Bendit die Revolution als Brettspiel nach.

Zeitgleich zu Cohn-Bendits politischem Aufstieg erschien in Paris das Gesellschaftsspiel „Mai 68: Sous les pavés, la plage", für zwei bis vier Spieler. In einem Katz- und Mausspiel zwischen Studenten und Polizisten im Mai 1968 müssen die Studenten den „Strand unter dem Pflaster" (sous les pavés, la plage) aufdecken – während die Polizisten das zu verhindern versuchen. Der Spielplan zeigt Straßen des Pariser „Quartier Latin", die Rückseiten der Straßenkarten zitieren die Kampfsprüche der Studenten, z. B. „Il est interdit d'interdire" (es ist verboten zu verbieten). Neben der Spielanleitung enthält das Spiel ein Informationsblatt „Historique": Daniel Cohn-Bendit wird hier mehrfach namentlich erwähnt.

2012 schenkte Daniel Cohn-Bendit das Spiel dem Museum. Er hatte es bereits 2008 für die Ausstellung „Die 68er. Kurzer Sommer – lange Wirkung" als Leihgabe zur Verfügung gestellt.   *JG*

„Mai 68: Sous les pavés, la plage", Duccio Vitale (1954) und François Nedelec (1954 – 2009), Gestaltung: Gennaro Urso; Spielverlag Jeux Rexton 1988 (Erstauflage 1980), Karton mit Kunststoffeinsatz, zweiteiliger Spielplan auf Pappe, 145 Straßen-Puzzleteile, Spielkarten, Würfel, Aufsteller für Spielfiguren aus Pappe und Kunststoff, zwei Anleitungen auf Papier; 5 x 50,7 x 36 cm (Kistenmaß), 47 x 65 x 3,5 cm (Spielfeld), HMF.X.2012.005*

Literatur: Kat. Frankfurt 2008b

92

Brotkorb

Die Stadt wies in den 1960er Jahren das Westend als City-Erweiterungsgebiet für die Wirtschaft aus. Im ehemaligen großbürgerlichen Wohnviertel im Westen der Stadt, das im Zweiten Weltkrieg fast unzerstört geblieben war, sollten die Villen des 19. Jahrhunderts durch Bürogebäude ersetzt werden. Das Viertel bot damals günstigen Wohnraum für Studierende, junge Familien oder sogenannte „Gastarbeiter".

Zwischen 1970 und 1974 wurden durch den Häuserkampf im Westend viele historische Villen gerettet: Es war der Beginn der deutschen Hausbesetzungsbewegung.

Der „Fingerplan" von 1967/68, der Standorte für Hochhäuser auswies, sah hohe Bürogebäude für Banken und Versicherungen vor. An fünf Hauptachsen – den sogenannten Fingern – sollten die Hochhäuser entstehen. Die Taunusanlage/Mainzer Landstraße, der Kettenhofweg, die Bockenheimer Landstraße, die Oberlindau und der Reuterweg sollten bebaut werden. Die Stadt erteilte großzügig Genehmigungen für Abriss der Villen und Neubebauung der Grundstücke.

Zahlreiche Bodenspekulationen folgten, und in kurzer Zeit wurden Mieter/innen vertrieben und Villen abgerissen, um Hochhäuser bauen zu können. Nicht auszugswillige Mieter, vor allem Familien und Studierende, wurden durch Schikanen vertrieben. Der Widerstand gegen die Zerstörung nahm zu. Sowohl Bürger und Bürgerinnen als auch die starke Studentenbewegung wehrten sich gegen Spekulation, Leerstand und Zerstörung. 1969 gründete sich als frühe Form bürgerlichen Protests die „Aktionsgemeinschaft Westend" – eine der ersten Bürgerinitiativen der Bundesrepublik.

Die Besetzung von fünf Wohnungen im Haus der Eppsteiner Straße 47 am 18./19. September 1970 war die erste Hausbesetzung in der Bundesrepublik und der Auftakt für weitere Besetzungen im Westend. Es folgten Hausbesetzungen in der Liebigstraße 20 und der Corneliusstraße 24. In der Eppsteiner Straße wohnte eine studentische Wohngemeinschaft, die sich gegen die Entmietung wehrte und die anderen Wohnungen besetzte. Sie luden Arbeiter und Familien ein, das Haus herzurichten und zu bewohnen.

Aufgrund der Proteste und der breiten Unterstützung durch die Bevölkerung war die Stadt in Zugzwang. Trotzdem kam es zu Räumungen durch die Polizei, die zum Teil in Straßenschlachten ausarteten. Die „Hessische Verordnung gegen Wohnraum-

Rechte Seite: Inge Werth: Besetztes Haus Freiherr-vom-Stein-Straße, 1972, Fotografie, HMF.Ph11400,2

GEGEN die ZERSTÖRUNG von WOHNUNGEN
GEGEN MIETWUCHER und SPEKULATION
Weil die Wohnungen seit langem leerstanden
Weil die Wohnungen systematisch zerstört wurden
Questa casa è
Wir haben dieses Haus
besetzt,
um das zu verwirklichen, was

Erika Sulzer-Kleinemeier: Eppsteiner Str. 47. Das Hauskollektiv beim „Arbeits-Frühstück" mit dem Brotkorb. 22. September 1970, Fotografie, HMF.Ph16362

zweckentfremdung" 1972 und das zwei Jahre später verabschiedete Denkmalschutzgesetz verstärkten den Schutz. Doch es wurden weiterhin viele Häuser abgerissen. Von den erhaltenen Villen wurden viele entkernt und in Büros gewandelt. Die Mieten sind eklatant gestiegen.

Der Brotkorb gehörte einem Bewohner der WG, Til Schulz. Seine Familie hatte ihn wohl einmal während eines Urlaubs im ehemaligen Jugoslawien erstanden. Schulz und seine Mitbewohner/innen hatten es nach mehreren Prozessen dann geschafft, in der Eppsteiner Straße wohnen bleiben zu können.

NG

Brotkorb aus der Eppsteiner Str. 47, 1960er – 70er Jahre, gedrechseltes Laubholz, Dm. 26,5 cm, H. 6,5 cm, HMF.X.2014.151

Literatur: Brand 2012, Schulz 2001

93
Schalttableau AfE-Turm

Die Hochschule für Erziehungswissenschaften wurde 1961 der Goethe-Universität angegliedert. Die neue Abteilung für Erziehungswissenschaften (AfE) erhielt von 1966 bis 1973 ein Hochhaus. Die Bezeichnung AfE-Turm setzte sich durch, obwohl die Abteilung noch vor dem Einzug durch die Universitätsreform aufgelöst und im Fachbereich Erziehungswissenschaften aufging.

Der AfE-Turm der Goethe-Universität war mit 116 Metern einmal das höchste Gebäude Frankfurts und ein Wahrzeichen des Beton-Brutalismus.

Roland Meinecke: AfE-Turm, vom Messeturm gesehen, Mai 2013

M·A·N

18 Personen
Tragkraft 1350 kg

Aufzug mit Sammelsteuerung

●	29	●	33
●	21	●	25
●	13	●	17
●	5	●	9
●	2	●	3
●	E	●	1

Nothalt Notruf Lüfter

Außensteuerung

Baujahr 1970   Nr. 193387

93 Schalttableau AfE-Turm

Karsten Ratzke: AfE-Turm bei der Sprengung, 2. Februar 2014

Schon gleich nach dem Einzug im Oktober 1973 stellte sich heraus, dass der Turm für die 2.500 Studierenden und über 300 Universitätsangestellten zu klein war. Außerdem war die Orientierung innerhalb der 38 Stockwerke schwierig, da es Geschosse in einfacher und in anderthalbfacher Etagenhöhe gab. Heizung und Klimaanlage funktionierten oft nicht. Von den sieben Aufzügen fielen einige ständig aus, so dass sich gerade vor Seminarbeginn Warteschlangen bildeten. Die Treppen waren häufig überlastet.

Die Studierenden hatten ein zwiespältiges Verhältnis zum Turm. Das äußerte sich etwa in der Aneignung der Wände: Der Turm war von unten bis oben mit Graffiti, Slogans und Aushängen „gestaltet". Ganz oben hatte jemand „Elfenbein" auf die äußere

Gebäudehülle geschrieben. Beliebt war der Turm bei studentischen Protesten, da er sich gut besetzen und absperren ließ. Berühmt-berüchtigt war auch das selbstverwaltete Café.

Der Turm verdeutlichte durch die räumliche Nähe zum Institut für Sozialforschung – das auf der anderen Straßenseite schräg gegenüber liegt – die große Bedeutung der Gesellschaftswissenschaften in Frankfurt. Für den Erziehungswissenschaftler Dieter Nittel zeigte der Turm „die in Beton gegossene Form der Verzahnung zwischen kritischer Erziehungswissenschaft und Frankfurter Schule wie kaum ein anderes Gebäude in der Stadt".

Die Verzahnung wurde mit dem Umzug der Universität auf den Campus Westend 2013 gelöst. Am Morgen des 2. Februar 2014 wurde der Turm schließlich gesprengt, unter der Beteiligung von zahlreichen Schaulustigen. Vorher baute ein Sammler das Schalttableau aus, das aus einem Fahrstuhl der Fünfergruppe auf der Ostseite stammt. NG

Schalttableau aus dem Aufzug des AfE-Turms, Frankfurt, 1973, Metall, Kunststoff, H. 49,5 cm, B. 18 cm, T. 12 cm, Jan Dumno, Flörsheim-Weilbach

Literatur: Nittel 2013

94
Stuhl aus dem Hüttendorf

Als 1966 der Hessische Landtag beschloss, den Flughafen zu erweitern, ahnte niemand, dass dieser Beschluss einen überregionalen Protest auslösen sollte. Frankfurt wurde zum Zentrum bundesrepublikanischer Großdemonstrationen. Die formal-juristischen Weichen wurden 1973 mit der Eröffnung des Planfeststellungsverfahrens gestellt. Obwohl bei den hessischen Verwaltungsgerichten über 100 Klagen eingingen, gab der Hessische Verwaltungsgerichtshof 1980 die Zustimmung für den Bau.

Die ersten Bürgerinitiativen gegen den Ausbau gründeten sich 1978. Es folgten weitgehend gewaltfreie Massendemonstrationen in Frankfurt

Die erste Erweiterung des Frankfurter Flughafens löste in den 1980er Jahren eine der größten Protestbewegungen in der Bundesrepublik aus.

Matthias Feyerabend: Demonstrationsplakate und Besucher im Hüttendorf bei den Startbahn-West-Protesten am 7. Juni 1981, Fotografie HMF.Ph12893,5

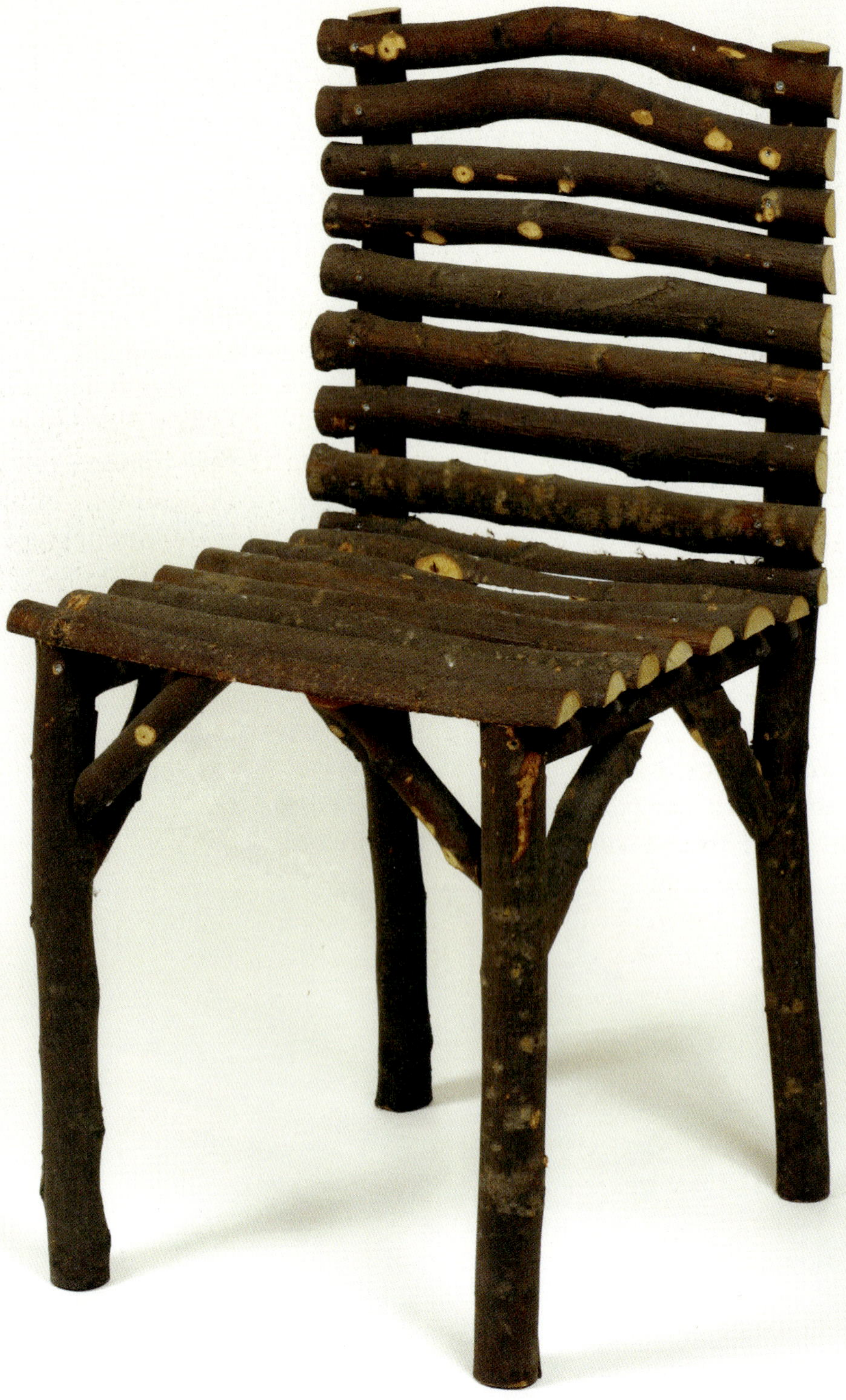

und im Rhein-Main-Gebiet. Die Bürgerinitiative Mörfelden-Walldorf errichtete ab Mai 1980 eine Hütte auf dem Gelände der geplanten Startbahn, in der sich Spaziergänger/innen informieren konnten. Daraus entwickelte sich ein Dorf mit über 40 Hütten, Baumhäusern und einer Kirche. Am Wochenende bewohnten Aktivisten aus der gesamten Bundesrepublik das Hüttendorf. Sie stellten zum Teil die Möbel selbst her, so auch den Stuhl, zu dem noch ein Tisch gehört; Frauen aus den umliegenden Gemeinden sorgten für die Verpflegung.

Barbara Klemm: Versuchte Räumung des Hüttendorfes im Oktober 1981 im Kontext der Startbahn-West-Proteste. Oktober 1981, Fotografie, HMF.Ph12897

Am 2. November 1981 wurde das Hüttendorf geräumt. Es kam zu umstrittenen Polizeieinsätzen, da die Polizei sehr heftig gegen die Demonstrierenden vorging. Nach der Räumung begannen unter Polizeischutz die Rodungs- und Bauarbeiten. Mehrere Versuche der Startbahngegner/innen, neue Hüttendörfer zu errichten, wurden von der Polizei verhindert. Die „Startbahn 18 West" eröffnete am 12. April 1984.

Während einer Demonstration zum Jahrestag der Räumung des Hüttendorfes im November 1987 wurden zwei Polizisten erschossen. Die Todesfälle markierten das Ende der Startbahn-West-Bewegung. Die Hüttenkirche steht seit 1986 am Vitrolles-Ring, der Verbindungsstraße zwischen Walldorf und Mörfelden. Der Flughafen wurde inzwischen nochmals erweitert, das Flug- und Passagieraufkommen vervielfacht. Die Proteste gegen einen erneuten Ausbau und für ein Nachtflugverbot halten an, sind aber nicht mehr so massiv wie in den 1980er Jahren. NG

Stuhl aus dem Hüttendorf Mörfelden-Walldorf, 1980/81, Hainbuchenstämme, Größe H. 90 cm, Br. 47 cm, T. 44 cm, HMF.X.2009.3220. Lg, Stadtarchiv Mörfelden-Walldorf

Literatur: Bürgerinitiative gegen die Flughafenerweiterung Frankfurt am Main 1981

95
Mosaikkacheln vom Börneplatz

Mitte der 1980er Jahre beschloss der Magistrat, einen sechsgeschossigen Neubau auf dem Börneplatz in der Nähe der Konstablerwache errichten zu lassen. Hier hatte die „Börneplatz-Synagoge" gestanden – eine der vier großen Synagogen Frankfurts, eingeweiht 1882. Während des Novemberpogroms 1938 wurde das Gebäude von antijüdischen Randalierern in Brand gesetzt und zerstört. Nach Kriegsende 1945 nutzte die Stadt das Gelände u. a. als Parkplatz und Blumengroßmarkt. Vereinzelte Vorstöße, hier eine Gedenkstätte zu errichten, verebbten.

Der Bau des Kundencenters der Stadtwerke sorgte für Proteste und stieß eine Auseinandersetzung über den Umgang mit der jüdischen Geschichte der Stadt an.

Die Börneplatz-Synagoge; Fotografie, Frankfurt um 1910

Im Sommer 1987 begannen die Bagger mit ihrer Arbeit. Sie stießen dabei nicht nur auf die Grundmauern der Synagoge, sondern auch auf Überreste der Frankfurter Judengasse. Dabei wurden auch mehrere rituelle Tauchbäder (Mikwen) freigelegt. Sie gehören zu den ältesten steinernen Zeugnissen der jüdischen Geschichte Frankfurts. Magistrat und Stadtwerke erklärten jedoch, dass kein Interesse am Erhalt bestünde. Es wurde weiter gebaggert. Nun regte sich öffentlicher Protest. Die Jüdische Gemeinde, Kirchen, Parteien und Einzelpersonen gründeten das Aktionsbündnis „Rettet den Börneplatz". Juden wie Nichtjuden erkannten die Bedeutung der Funde sowie der jüdischen Geschichte als Teil der Frankfurter Stadtgeschichte. Die Auseinandersetzung gipfelte in der Besetzung der Baustelle. Nach drei Tagen räumte die Polizei das Gelände und ein höherer Bauzaun wurde aufgestellt.

95 Mosaikkacheln vom Börneplatz

Am Ende des „Börneplatz-Konfliktes" stand ein Kompromiss: Im planmäßig errichteten Kundencenter wurden fünf der über 30 freigelegten Fundamente von Häusern des jüdischen Ghettos und zwei Mikwen als Teil des „Museums Judengasse" wiederaufgebaut. Hinter dem Neubau entstand der „Neue Börneplatz" mit einer Gedenkstätte. Die gezeigten Bodenkacheln aus der Börneplatz-Synagoge gehören zu den Fragmenten, die von den Archäologen im Sommer 1987 eilig ausgegraben werden konnten.

AG

Mosaikkacheln der Synagoge am Börneplatz, Frankfurt, um 1880, geprägte Keramikkachel, zweifarbig glasiert, jeweils H. 17 cm, Br. 17 cm, T. 2 cm, Lg. Archäologisches Museum Frankfurt

Literatur: Kat. Frankfurt 1992; Krohn 2011

Abisag Tüllmann: Börneplatz-Demo gegen die Erbauung des Kundenzentrums der Stadtwerke, Frankfurt, 1987, Fotografie

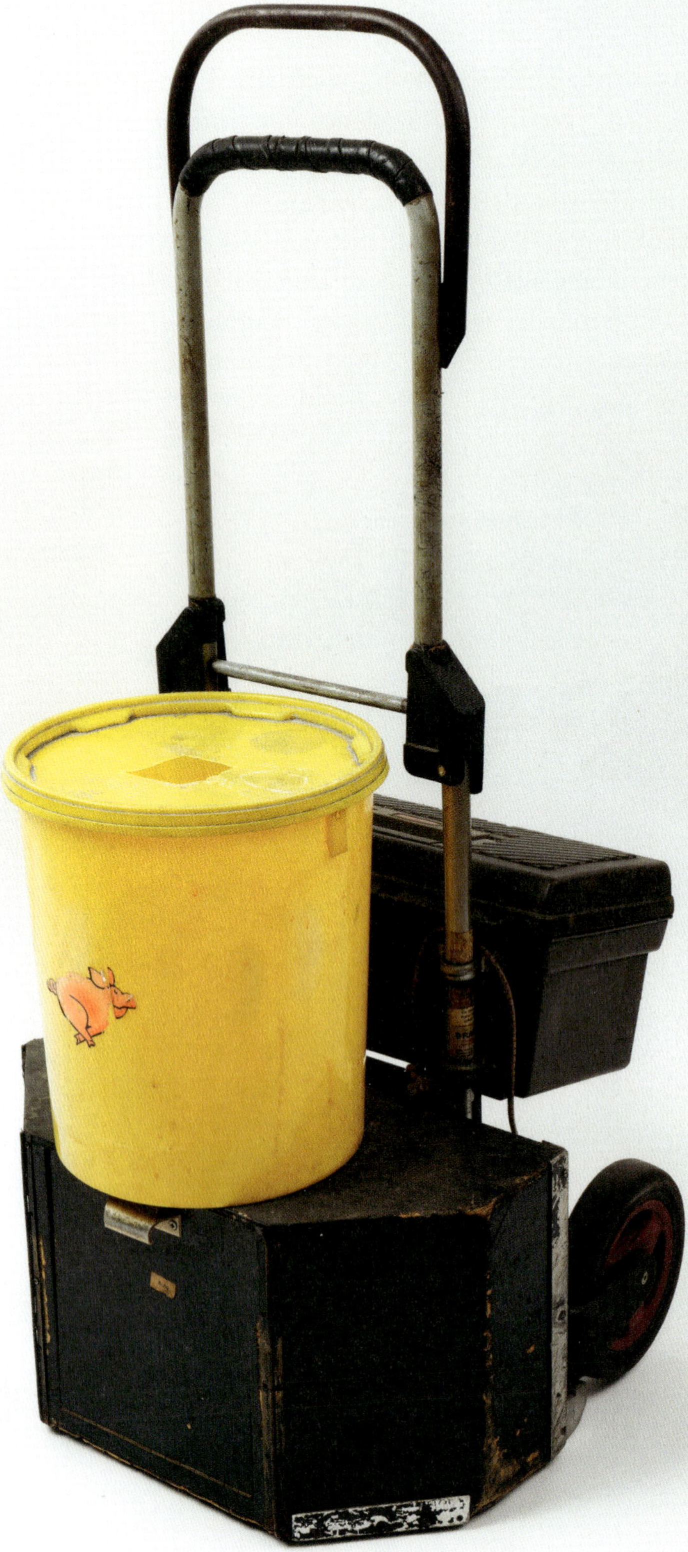

96
Spritzentauschwagen

Frankfurt war in den 1980er/90er Jahren eine der europäischen Drogenmetropolen. Täglich kamen über 600 bis 800 Drogenabhängige im Bahnhofsviertel und in der Taunusanlage zusammen, um offen Drogen zu konsumieren. Dies blieb nicht ohne Folgen: 1991 gab es knapp 150 Drogentote. Das Bahnhofsviertel wurde aufgrund der Beschaffungskriminalität und der Dealer zunehmend gemieden. Alle Versuche, Dealer und Konsumenten zu vertreiben bzw. strafrechtlich zu verfolgen, scheiterten. In der zugespitzten Situation gelang es dem Magistrat – zunächst geführt von SPD und Grünen, später dann von der CDU – ein Konzept

Die Stadt setzte in den 1990er Jahren mit der offenen Drogenszene national und international ein Zeichen für den Umgang mit Drogensucht und -kriminalität.

Rampe Poststrasse am Hauptbahnhof, Anfang 1990er Jahre

Fotografie vom Spritzentauschwagen im Einsatz, Anfang 1990er Jahre

zu entwickeln, das nicht nur Strafen vorsah, sondern auch auf Prävention, Beratung, Therapie und Überlebenshilfe setzte. Als „Frankfurter Weg" findet dieses Konzept bis heute national und international Anerkennung.

Eine wichtige Etappe war die „Frankfurter Resolution", die die Stadt mit anderen europäischen Städten 1990 initiierte. Der 1986 gegründete Verein für integrative Drogenhilfe (idh) spielte eine große Rolle im schwierigen Prozess, der Politik, Polizei und Sozialarbeit regelmäßig an einen Runden Tisch brachte. Ab 1991 organisierte der Verein einen Spritzentausch. Dadurch sollten durch Drogenkonsum verbreitete Krankheiten wie Aids und Hepatitis C eingedämmt werden. Zunächst waren angehende Sozialarbeiter/innen mit einem Bus unterwegs. 1992 kam die mit einem Werkzeugkasten umgebaute Sackkarre hinzu. Manchmal wurden pro Tag bis zu 1.000 alte Spritzen eingesammelt und neue verteilt. Die Drogenhilfe bewegte sich damit oft am Rande der Legalität.

1992 wurde die offene Szene in der Taunusanlage aufgelöst. Dies geschah auch im Hinblick auf die Ansiedlung der Europäischen Zentralbank EZB. Zugleich wurde mit dem „Eastside" im Ostend eine bis heute bestehende Drogenhilfe-Einrichtung geschaffen. Hier eröffnete 1994 der erste legale Konsumraum in Deutschland.

Heute gibt es in Frankfurt vier Konsumräume, die durch die Änderung des Betäubungsmittelgesetzes 2000 erlaubt sind. Heute ist das Bahnhofsviertel zum großen Teil gentrifiziert; Drogenprobleme bestehen aber weiterhin. *NG*

Mobiler Spritzentauschwagen der Integrativen Drogenhilfe e.V. Frankfurt, 1992, Kunststoff, Metall, H. 111,5 cm, B. 48 cm, T. 54 cm, HMF.X.2015.001

Literatur: idh Integrative Drogenhilfe Frankfurt am Main 2011

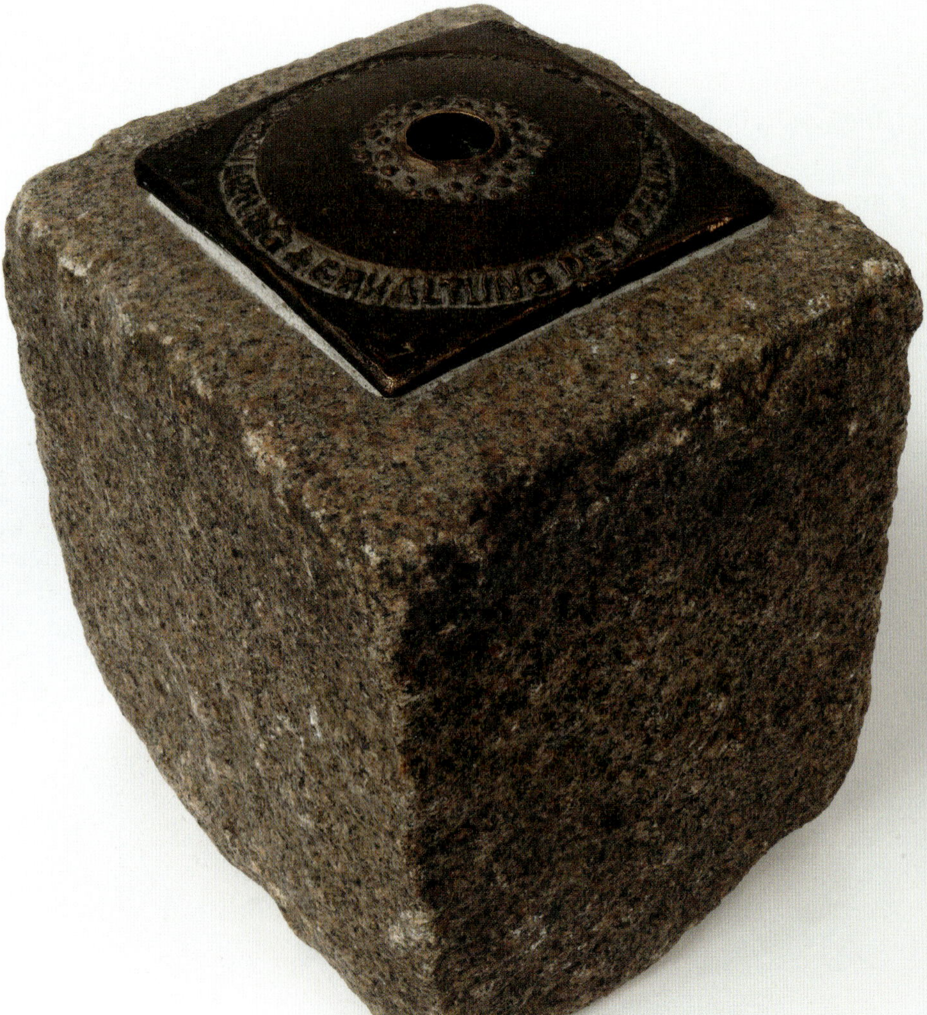

97
Pfennig-Denkmal

Die Deutsche Mark und der Pfennig wurden im Gebäude der „Bank deutscher Länder" in der Taunusanlage 5 in Frankfurt am Main eingeführt. In Sichtweite befindet sich das Frankfurter Pfennig-Denkmal. Die 1-Pfennig-Münze kam am 24. Januar 1949 in einer Menge von 240 Millionen Exemplaren in Umlauf. Am 1. Januar 2002 wurde sie aus dem Verkehr genommen. Das Rundbild des Pfennigs ist auf die 1-Euro-Cent-Münze übertragen worden.

Der Pfennig der Deutschen Mark war 53 Jahre alt, als er 2002 für den Euro-Cent abgeschafft wurde.

Das Pfennig-Denkmal ist eine flache Bronzetafel mit einer Kantenlänge von 9,8 x 9,8 x 1,5 cm. In der Mitte des Denkmals befindet sich eine Vertiefung. 24 eingelassene Pfennige bilden auf dem Quadrat einen Kreis von ca. 10 cm Durchmesser. Der darauf befindliche umlaufende Schriftzug lautet: „Denkmal der Gesellschaft zur Verwertung und Erhaltung der Pfennigidee". Eingraviert sind die Datierung „2002" und der Künstlername „KUTSCHER". Es gibt sieben Exemplare des Denkmals, für jeden Erdteil wurde eines hergestellt: Europa, Asien, Afrika, Australien, Nordamerika, Südamerika, Antarktis.

Vollrad Kutscher, geboren 1945 in Braunschweig, lebt und arbeitet als freier Künstler in Frankfurt. Das Geld spielte in seinem künstlerischen Werk schon vorher eine Rolle. 1970 gründete er im Rahmen einer Performance die „Gesellschaft zur Verwertung und Erhaltung der Idee des Pfennigs" (GVEIP).

100 * Frankfurt

Pfennig-Denkmal von unten mit Vertiefung für einen Pfennig

Das Frankfurter Pfennig-Denkmal wurde am 1. Januar 2002 im Beisein von zahlreichen Vertretern des Frankfurter Kulturlebens eingeweiht. Im gleichen Jahr fand es Eingang in die offizielle Liste Frankfurter Denkmäler. Der Standort des Urdenkmals befindet sich zwischen Pflastersteinen auf einer Wegpassage innerhalb der Taunusanlage, gegen Westen hin. In fast gleichem Winkel bezieht sich das Denkmal auf den ehemaligen Sitz der Bank Deutscher Länder und auf die Doppeltürme der Deutschen Bank.

FB

Pfennig-Denkmal von Vollrad Kutscher (*1945), Frankfurt 2002, gegossene Bronze, Stein, H. 9,8 cm, B. 9,8 cm, T. 1,5 cm, HMF.X.2014.119

98
Moderne Moschee

In Frankfurt leben rund 80.000 Musliminnen und Muslime. Etwa ein Zehntel von ihnen trifft sich regelmäßig zum Freitagsgebet in einem der 42 Gebetshäuser. Diese sind noch überwiegend in Gebäuden wie Autohäusern, leer stehenden Geschäftsräumen, in Gewerbegebieten oder Hinterhöfen untergebracht. In den letzten 20 Jahren hat sich der Islam als Religionsgemeinschaft in Deutschland so weit etabliert, dass sich immer mehr Gemeindemitglieder neue und repräsenta-

Neubauten Frankfurter Moscheen sind nicht nur von klassischen orientalischen Vorbildern geprägt, sondern auch von radikal modernen Konzepten.

tive Gemeindezentren wünschen. Viele, gerade ältere Musliminnen und Muslime, empfinden dabei eine traditionelle Gestaltung mit orientalischem Schmuck, eine prächtige Kuppel und ein Minarett als schön und angemessen. So schwebte auch der Pakistanisch-Islamischen Gemeinde zunächst ein eher klassisches Modell vor, als sie 1995 ein Grundstück in Frankfurt-Sachsenhausen für ihren Moschee-Neubau erwarb.

Der mit dem Bau beauftragte Architekt Shahid N. Sadiq, der selbst im Alter von sechs Jahren aus Pakistan nach Deutschland kam, gilt allerdings als Anhänger einer jungen Generation experimentierfreudiger muslimischer Architekten. Er plante die Pak Muhammadi Moschee als ein modernes Funktionsgebäude. Seiner Auffassung nach muss die moderne Sakralarchitektur mehr die menschlichen Bedürfnisse in den Mittelpunkt stellen. Das entspräche auch mehr dem Geschmack vieler junger Musliminnen und Muslime heute. Sadiq sah Beton für die Gebetsräume, Holz für die Wohnungen und Hartfaserplatten für die Übergangsbereiche vor, bei der Umsetzung wurde aber auf diese Materialien wie auch auf andere Details verzichtet. Geblieben ist der vollständige Verzicht auf religiöse Symbolik und typische Elemente des Moscheebaus. Orientalisch anmutende Baupläne stoßen bisweilen auf Ablehnung, wie im Frankfurter Stadtteil Hausen, wo sich gegen die Pläne zum Bau der Hazrat-Fatima-Moschee 2007 zunächst eine Bürgerinitiative zur Wehr setzte.

AG

Architekturmodell „Neubauprojekt Moschee", Shahid N. Sadiq (*1965); Frankfurt, 2003, OSB-Platte, Karton, Plexiglas, Leichtstoffplatte, Alublech, Äste, inkl. Grundplatte H. 29,5 cm, B. 97 cm, T. 29,5 cm (ohne Haube) HMF.X.2009.3421. Lg, Shahid N. Sadiq, Frankfurt

Literatur: Sadiq 2004

99
Betonklotz

Das Bruchstück zeigt ein besonderes Detail des „Betonbaus" für das Historische Museum: eine Art „Kragstein" oder Balkenende. Der Neubau war durch das städtische Hochbauamt von 1969 bis 1972 im Stil des Betonbrutalismus geplant und errichtet worden. Er bot 7.000 m² Nutzfläche und schuf damit erstmals seit der Gründung des Museums in den 1870er Jahren ausreichend Platz für eine zeitgemäße Museumskonzeption. Der Bau war mit einem Stützenraster von 8,60 Me-

Der „Betonbau" des Historischen Museums war schon bald nach der Eröffnung 1972 umstritten und überholt, das Leitbild „Museum für alle" besteht bis heute.

100 ✱ Frankfurt

Der Neubau des Historischen Museums von 1972, HMF.Ph09308

tern flexibel und multifunktional angelegt worden, das Raster der Träger und zugleich der Fassadenplatten im Abstand von 4,30 Metern wurde an den Fassaden mit solchen „Kragsteinen" sichtbar gemacht. Damit erwies der Bau sogar seine Reverenz an die Architektur der früher dort stehenden Altstadt.

Die markanten Fensterbänder ließen den Bau wie eine Schule – eine zeittypische Gesamtschule – erscheinen. Und diese Anknüpfung war für den modernen Museumbau revolutionär: Die Leitbauten der Nachkriegsmoderne, wie das Museum Folkwang von Horst Loy (1956–59) oder die Kunsthalle Bielefeld von Philip Johnson (1968), knüpften mit ihren wertigen Natursteinfassaden an die repräsentativen „Musentempel" der Vorkriegszeit an. Das neue Historische Museum aber wollte ein neuartiger Lernort für alle sein. Diesem Anspruch war auch die gänzlich unauratische Ausstellungsgestaltung verpflichtet.

Abgerissen wurde der Betonbau zwischen Mai und September 2011. Ausschlaggebend waren dafür nicht Brandschutzmängel oder Raummangel: Es gab diverse Konzepte für einen Umbau dieses „Plattenbaus". Vielmehr war es der bis dato letzte Akt einer über hundertjährigen Debatte um die „Reparatur" der Frankfurter Altstadt. Diese jüngste Altstadt-Debatte begann zeitgleich mit dem Umbauprojekt des Museums in 2005, und mit der politischen Durchsetzung des „Dom-Römer-Projekts" in 2007 schuf sie neue Fakten im unmittelbaren Umfeld des Museums. Die Stadtpolitik war nun bereit für große Investitionen in der Altstadt: Auch der Wettbewerb für den Neubau des Museums wurde in 2007 begonnen. Architektonisch war es allerdings schon der vorletzte Akt dieser Altstadt-Debatte gewesen, die Eröffnung von Ostzeile, Schirn und postmoderner Saalgasse in 1985, welche den Betonbau des Museums zum Fremdkörper am Römerberg gemacht hatten. So kurz also die Lebensdauer des zeichenhaften Betonbaus war – noch nicht einmal 40 Jahre hat er gestanden – so dauerhaft ist der didaktische Impetus der Ausstellung von 1972 gewesen. Lernorte für alle wollen heute alle Museen sein. *JG*

Abbruchstück vom „Betonbau" des Historischen Museums, Frankfurt, 1971/2011, Block aus Sichtbeton mit Eisenarmierung; H. 71 cm, B. 110 cm, T. 60 cm, HMF

Literatur: Rotermund/Jung 1972; Spickernagel/Walbe 1976

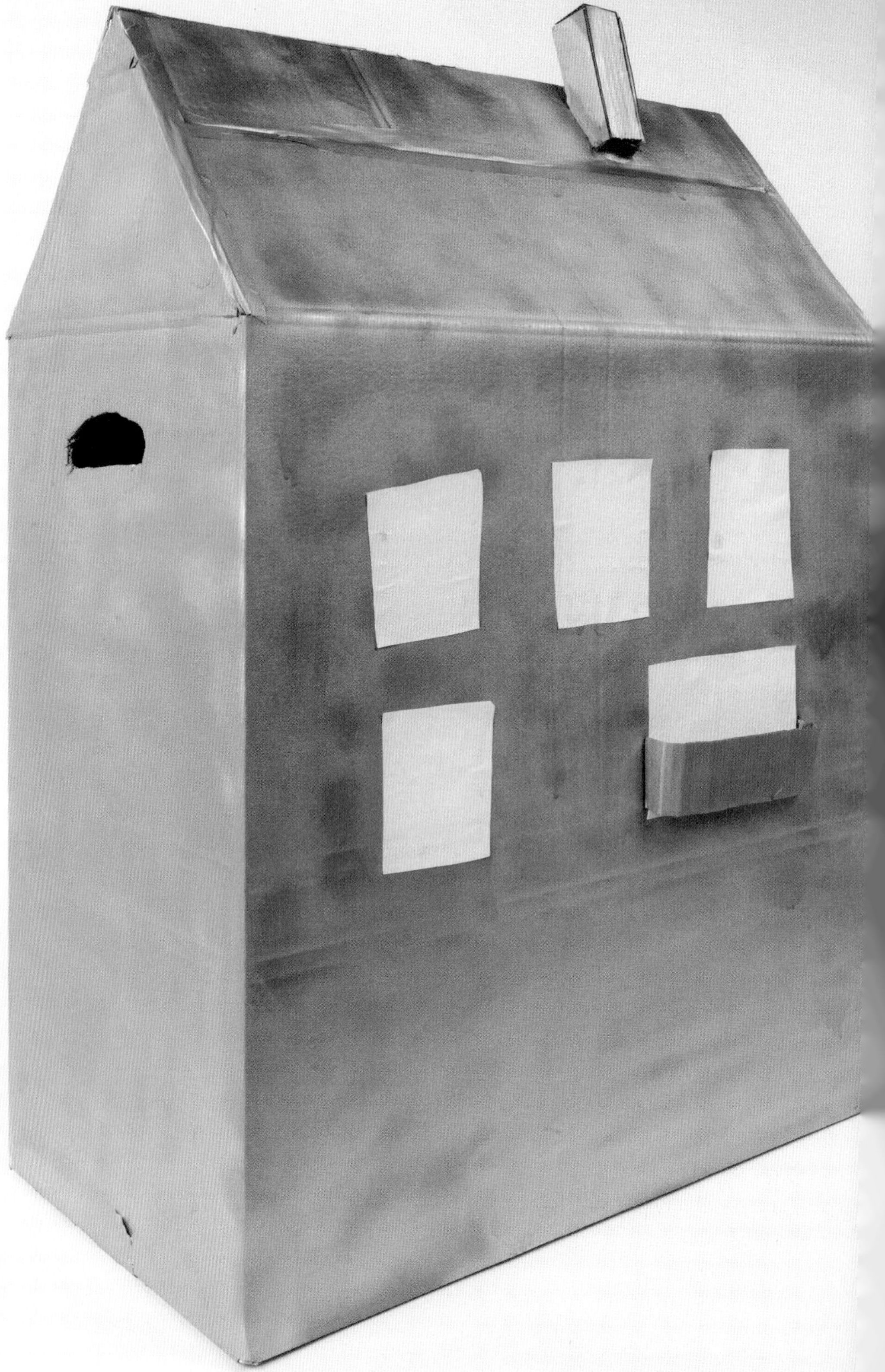

100
Betongold

In den letzten zehn Jahren ist die Einwohnerzahl der Stadt stetig angewachsen. Lebten im Jahr 2005 noch 630.000 Menschen in Frankfurt, waren es 2015 schon fast 100.000 mehr. Bis zum Jahr 2030 soll es voraussichtlich 810.000 Frankfurter/innen geben.

Deshalb ist Wohnraum sehr knapp geworden. Bis 2030 werden 90.000 zusätzliche Wohnungen benötigt. Bauland ist jedoch nur für weniger als die Hälfte ausgewiesen. Die Wohnungspreise steigen weiter und immer weniger bezahlbarer Wohnraum steht zur Verfügung. Der Wohnungsmarkt ist sehr umkämpft, das Thema steigende Mieten ist dominant und beschäftigt die Frankfurter/innen gegenwärtig stark.

Ein kleines Papphäuschen sorgte für große Aufregung.

Ein Bündnis aus stadtpolitischen Initiativen, Stadtteilgruppen und Mieterorganisationen hat sich 2015 zusammengefunden. Unter dem Namen „Eine Stadt für alle! Wem gehört die ABG?" organisieren sich Interessierte, planen Aktionen, mischen sich ein und machen auf Ungerechtigkeiten aufmerksam. Die städtische Wohnungsbaugesellschaft ABG (Aktienbaugesellschaft für kleine Wohnungen, gegründet 1890) ist Hauptziel ihrer Aktivitäten. Bei einem Mieterfest der ABG in Ginnheim sollte dem Geschäftsführer Frank Junker ein Preis mit dem Titel „Häuschen aus Betongold" verliehen werden. Es ist ein Negativpreis, mit dem das Bündnis Mieterhöhungen kritisiert. Frank Junker verweigerte die Annahme. Stattdessen nahm ihn der Oberbür-

STADT FÜR ALLE

Meike Fischer: Honsellbrücke/Mayfarthstraße, Frankfurt 2016, Fotografie, HMF.DPh.2016.00001

germeister Peter Feldmann entgegen und verlas die Preisrede, nachdem die Aktivisten daran gehindert wurden, dies selbst zu tun. Damit setzte sich der Oberbürgermeister dem Vorwurf aus, sich zum Sprachrohr von Aktivisten machen zu lassen.

In einer von kultureller Diversität, von Zu- und Abwanderung, von hochgradiger globaler Vernetzung geprägten Stadt wie Frankfurt ist die dauernde Verständigung über das „Eigene", über die „Eigenlogik" der Stadt, über Verbindendes und Trennendes, über Entwicklungen und Perspektiven besonders wichtig. Dafür bietet das Museum einen attraktiven Raum und ein Forum an, in dem möglichst viele Positionen und Stimmen zur Geltung kommen können. Das Betonhäuschen verweist auf diesen Ort, der sich auf Ebene 3 des neuen Ausstellungshauses befindet und spektakuläre Ausblicke bietet. In die Dauerausstellung „Frankfurt Jetzt!" sind alle Frankfurter/innen eingeladen – über kulturelle, soziale, religiöse, Bildungs- oder Altersunterschiede hinweg –, ins Gespräch zu kommen und sich über die Gegenwart und Zukunft ihrer Stadt auszutauschen. Dort haben sie die Möglichkeit, ihre individuelle und subjektive Sichtweise auf Frankfurt und das Leben beizutragen und im Museum zu hinterlassen. *SG*

Modellhaus aus Betongold, Frankfurt-Ginnheim, 2015, (Replik), Pappe, H. 78 cm, B. 56 cm, T. 30 cm; Verein „Eine Stadt für Alle! Wem gehört die ABG"

Literaturverzeichnis

Andrews 1985
Keith Andrews, Adam Elsheimer. Werkverzeichnis der Gemälde, Zeichnungen und Radierungen, München 1985.

Backhaus 2012
Fritz Backhaus, Mayer Amschel Rothschild. Ein biographisches Porträt, Freiburg 2012.

Backhaus u. a. 2016
Die Frankfurter Judengasse. Jüdisches Leben in der Frühen Neuzeit, hg. v. Fritz Backhaus u. a., Frankfurt/M. 2006.

Balser 1995
Frolinde Balser, Aus Trümmern zu einem europäischen Zentrum. Geschichte der Stadt Frankfurt am Main 1945 – 1989, Sigmaringen 1995.

de Bary 1935
August de Bary, Johann Christian Senckenberg und seine Stiftung, Frankfurt/M. 1935.

Bauer 1998
Thomas Bauer, Im Bauch der Stadt. Kanalisation und Hygiene in Frankfurt am Main, 16. bis 19. Jahrhundert, Frankfurt/M. 1998 (Studien zur Frankfurter Geschichte, 41).

Bauer 2000
Thomas Bauer, Frankfurter Waldstadion. 75 Jahre Sportgeschichte 1925 – 2000, Frankfurt/M. 2000.

Bauer 2007
Thomas Bauer, Johann Christian Senckenberg. Eine Frankfurter Biographie 1707 – 1772, Frankfurt/M. 2007.

Beeh-Lustenberger 1965
Suzanne Beeh-Lustenberger, Glasgemälde aus Frankfurter Sammlungen, Frankfurt/M. 1965.

Benz 2010
Handbuch des Antisemitismus. Judenfeindschaft in Geschichte und Gegenwart. Begriffe, Theorien, Ideologien, Band 3, hg. v. Wolfgang Benz, Berlin/New York 2010.

Berger 2014
Frank Berger, „Englisches Monument", in: Stätten der Reformation in Hessen und Thüringen, hg. v. Sparkassen – Kulturstiftung, Regensburg 2014, S. 50 – 51 (Kulturelle Entdeckungen).

Bibliothek der Generationen 2016
Kassette von Giuseppe Bruno für die Bibliothek der Generationen, Historisches Museum Frankfurt 2016.

Blaum/Jordan 1946
Kurt Blaum u. Paul Jordan, Trümmerbeseitigung, Trümmerverwertung in Frankfurt am Main, Frankfurt/M. 1946.

Blecken 1994
Frank Blecken, „Die Verpflanzung und Rettung der Frankfurter Eibe im Jahre 1907 – ein Rückblick im Jahr der Eibe 1994 Teil 1", in: Der Palmengarten 58 (2), S. 140 – 147.

Blecken 1995
Frank Blecken, „Die Verpflanzung und Rettung der Frankfurter Eibe im Jahre 1907 – ein Rückblick im Jahr der Eibe 1994 Teil 2", in: Der Palmengarten 59 (1), S. 17 – 29.

Bleibtreu 1861
Leopold Carl Bleibtreu, Handbuch der Münz- Maaß- und Gewichtskunde und des Wechsel- Staatspapier- Bank- und Actienwesens europäischer und außereuropäischer Länder und Städte, Stuttgart 1861.

Bode 1978
Helmut Bode, Frankfurter Sagenschatz. 100 Sagen und sagenhafte Geschichten nach den Quellen und älteren Sammlungen sowie der Lersner'schen Chronik neu erzählt von Helmut Bode, Frankfurt/M. 1978.

Böhmer 1840
Johann Friedrich Böhmer, Fürsprachen für die Halle des Heiligengeisthospitals zu Frankfurt am Main, Offenbach 1840.

Boockmann 1994
Hartmut Boockmann, „Belehrung durch Bilder? Ein unbekannter Typus spätmittelalterlicher Tafelbilder", in: Zeitschrift für Kunstgeschichte, 57, München/Berlin 1994, S. 1–22.

Borkin 1990
Joseph Borkin, Die unheilige Allianz der I. G. Farben. Eine Interessengemeinschaft im Dritten Reich, Frankfurt/M. 1990.

Bott 1960
Gerhard Bott, „Bilder aus einem Skizzenbuch. Hasselhorst, der Maler des Wäldchestages", in: Frankfurt Lebendige Stadt, 2, Frankfurt/M. 1960, S. 38–41.

Breuer/Graetz 2000
Mordechai Breuer u. Michael Graetz, Deutsch-jüdische Geschichte in der Neuzeit. Band 1. Tradition und Aufklärung 1600–1700, hg. v. Michael A. Meyer, München 2000.

Brockhoff 2016
Akteure des Neuen Frankfurt. Biographien aus Architektur, Politik und Kultur, hg. v. Evelyn Brockhoff, Frankfurt/M. 2016 (Archiv für Frankfurts Geschichte und Kunst, 75).

Bruno 2005
Giuseppe Bruno, Der Zug in die Fremde. Ein Leben als Bauernjunge und Gastarbeiter, Wiesbaden 2005.

Bruno 2012
Giuseppe Bruno, Wenn die Fremde zur Heimat wird. Ein Gastarbeiterschicksal, Wiesbaden 2012.

Bürgerinitiative gegen die Flughafenerweiterung Frankfurt am Main 1981
„Keine Startbahn West". Argumente, Bilder und Berichte, hg. v. Bürgerinitiative gegen die Flughafenerweiterung Frankfurt am Main, Offenbach 1981.

Carcenac-Lecomte 2001
Constanze Carcenac-Lecomte, „Der Struwwelpeter", in: Deutsche Erinnerungsorte. Band 3, hg. v. Étienne François u. Hagen Schulze, München 2001, S. 122–137.

Dertinger/von Trott 1985
Antje Dertinger u. Jan von Trott, „… und lebe immer in Eurer Erinnerung". Johanna Kirchner – Eine Frau im Widerstand, Berlin 1985.

De Weerth 1999
Die Ausstattung des Frankfurter Domes, hg. v. Bischöflichen Ordinariat des Bistums Limburg, bearb. von Elsbeth de Weerth, Frankfurt /M. 1999.

Dittmar 1867
Karl Dittmar, Einige Betrachtungen über den Gebrauch der Geburtszange, Würzburg 1867.

Dolle-Weinkauff/Ewers 2009
Bernd Dolle-Weinkauff u. Hans-Heino Ewers, „Heinrich Hoffmanns „Struwwelpeter" oder die Geburt des modernen Bilderbuchs für Kinder", in: Heinrich Hoffmann – Peter Struwwel. Ein Frankfurter Leben 1809–1894, hg. v. Wolfgang P. Cilleßen u. Jan Willem Huntebrinker, Historisches Museum Frankfurt, Frankfurt/M. 2009, S. 209 – 225.

Dreesbach 2005
Anne Dreesbach, Gezähmte Wilde. Die Zurschaustellung „exotischer" Menschen in Deutschland 1870 – 1940, Frankfurt/M. 2005.

Dreysse 1987
Dietrich-Wilhelm Dreysse, May-Siedlungen. Architekturführer durch acht Siedlungen des neuen Frankfurt 1926 – 1930, Frankfurt 1987.

Drummer 1995
Heike Drummer, „Der „Brunnen des deutschen Handwerks" – ein Beitrag zum Selbstverständnis der Stadt Frankfurt am Main im Nationalsozialismus", in: kritische berichte. Mitteilungsorgan des Ulmer Vereins – Verband für Kunst- und Kulturwissenschaften e.V., Marburg 1995, S. 58 – 65.

Drummer/Zwilling 2007
Heike Drummer u. Jutta Zwilling, Von der Grüneburg zum Campus Westend. Die Geschichte des IG Farben-Hauses, hg. v. Johann Wolfgang Goethe-Universität Frankfurt, Frankfurt/M. 2007.

Eberspächer/Glass 1992
Martina Eberspächer u. Christian Glass, „Schlüssel", in: 13 Dinge: Form, Funktion, Bedeutung. Katalog zur Ausstellung im Museum für Volkskultur in Württemberg, Stuttgart 1992, S. 37–49.

Eichstaedt 2011
Andreas Eichstaedt, Rabatz oder Rebellion, Frankfurt/M. 2011.

Fischer 2000
Von der Barfüßerkirche zur Paulskirche. Beiträge zur Frankfurter Stadt- und Kirchengeschichte, hg. v. Roman Fischer, Frankfurt/M. 2000 (Studien zur Frankfurter Geschichte, 44).

Fischer 2005
Roman Fischer, „Glaube", in: Glaube Macht Kunst. Antwerpen – Frankfurt um 1600, hg. v. Frank Berger, Katalog zur Ausstellung im Historischen Museum Frankfurt, Frankfurt/M. 2005, S. 50–63.

Fleiter 2013
HEIMAT/FRONT. Frankfurt am Main im Luftkrieg, hg. v. Michael Fleiter, Frankfurt/M. 2013.

Franke 2015
Andreas Franke, „Henriette Zobel, geb. Pfaff (1813–um 1865)", auf: Frankfurter Frauenzimmer, http://www.frankfurterfrauenzimmer.de (letzter Zugriff 1.5.2017).

Frankfurter Bürgerstiftung im Holzhausenschlösschen 2005
Drei Generationen Mozart in Frankfurt. Frankfurter Mozart-Stadtführer, hg. v. Frankfurter Bürgerstiftung im Holzhausenschlösschen, Frankfurt/M. 2006.

Fritz Bauer Institut 2005
Der Auschwitz-Prozess. Tonbandmitschnitte, Protokolle und Dokumente, hg. v. Fritz Bauer Institut und Staatliches Museum Auschwitz-Birkenau, Berlin 2005.

Fries 1952
Johann Heinrich Hermann Fries, Abhandlung vom sogenannten Pfeifergericht, Frankfurt 1952.

General-Anzeiger Frankfurt 1877
Auszug: „Wahrhaftiger und vollkommener Bericht, wie Ihro Keyserliche Majestät Herr Wilhelm I. erweiter Keyser der Teutschen die Stat Franckfurt an dem Mayn heimsuchet.", in: Frankfurter General-Anzeiger, Frankfurt/M. 1877.

Gerhardt 1984
Gunther Gerhardt, Das Krisenmanagement der Vereinigten Staaten während der Berliner Blockade (1948/1949). Intentionen, Strategien und Wirkungen, Berlin 1984.

Goethe 1812
Johann Wolfgang von Goethe, Dichtung und Wahrheit, Wien 1812.

Goethe 1827
Johann Wolfgang von Goethe, Gedichte. Ausgabe letzter Hand 1827, hg. v. Michael Holzinger, Berlin 2016.

Gross/Renz 2013
Der Frankfurter Auschwitz-Prozess (1963 – 1965). Kommentierte Quellenedition, hg. v. Raphael Gross u. Werner Renz, Frankfurt/M. 2013.

Haberkamp/Ok 2017
Ilona Haberkamp u. Elizabeth Ok, „Bohländer, Carlo", in: Frankfurter Personenlexikon (Online-Ausgabe), http://frankfurter-personenlexikon.de/node/3279 (letzter Zugriff: 12.6.2017).

Hammerstein 1989
Notker Hammerstein, Die Johann Wolfgang Goethe-Universität, Band 1. Von der Stiftungsuniversität zur staatlichen Hochschule 1914 – 1950, Frankfurt/M. 1989.

Hansert 2000
Andreas Hansert, „Patriziat im alten Frankfurt", in: Aus Auffrichtiger Lieb Vor Frankfurt. Patriziat im alten Frankfurt, hg. v. Cronstett- und Hynspergischen Evangelischen Stiftung u. Historischen Museum Frankfurt, Katalog zur Ausstellung im Historischen Museum Frankfurt, Frankfurt/M. 2000, S. 13 – 31

Hartmann & Braun 1929
50 Jahre elektrische Messgeräte 1879–1929, hg. v. Hartmann & Braun AG Frankfurt am Main, Frankfurt/M. 1929.

Hess 1998
Daniel Hess: „Barocke Spätromanik oder byzantinische Gotik? Der Zackenstil in den Bildkünsten von 1250 bis 1290", in: Himmelslicht. Europäische Glasmalerei im Jahrhundert des Kölner Dombaus (1248–1349), hg. v. Hiltrud Westermann-Angerhausen, eine Ausstellung des Museum Schnütgen, Köln 1998, S. 63–72.

Hess 1999
Daniel Hess, Die mittelalterlichen Glasmalereien in Frankfurt und im Rhein-Main-Gebiet, Berlin 1999, S. 144–152.

Heuberger 1994
Georg Heuberger, Die Rothschilds. Eine europäische Familie, Sigmaringen 1994.

Heuberger 2006
Georg Heuberger, Die Pracht der Gebote. Die Judaica-Sammlung des Jüdischen Museums Frankfurt am Main, Köln 2006.

Heuser 2004
August Heuser, Der Dombrand von 1867, Frankfurt/M. 2004.

Heym 1971
Stefan Heym, Frankfurts Pracht und Herrlichkeit. Kultur- und Sittenleben in vier Jahrhunderten, Frankfurt/M. 1971, S. 99–106.

Holst 1987
Christian von Holst, Johann Heinrich Dannecker. Der Bildhauer, Stuttgart 1987, S. 285–294.

Hüntelmann 2011
Axel C. Hüntelmann, Paul Ehrlich. Leben, Forschung, Ökonomien, Netzwerke, Göttingen 2011.

Huld-Zetsche 1994
Ingeborg Huld-Zetsche, Nida. Eine römische Stadt in Frankfurt am Main, Aalen 1994.

Hundeshagen 1811
Bernhard Hundeshagen, Artistisch-topographische Beschreibung des Panorama's der Stadt Frankfurt und der umliegenden Gegend, gemalt von dem Maler Morgenstern, junior, daselbst; nebst einer planimetrischen Abbildung dieses Gemäldes, Frankfurt/M. 1811.

idh Integrative Drogenhilfe Frankfurt am Main 2011
Die Legende lebt. 25 Jahre idh Integrative Drogenhilfe e. V. Frankfurt am Main, hg. v. idh Integrative Drogenhilfe Frankfurt am Main, Frankfurt/M. 2011.

Jansen 2005
Christian Jansen, „Frau und gleich", in: DIE ZEIT, 35, 25.08.2005.

Johanna Kirchner Bildungsstätte 1986
Johanna Kirchner, geboren 1889 – hingerichtet 1944. Berichte, Dokumente, Beiträge, hg. v. Johanna Kirchner Bildungsstätte, Marktbreit 1986.

Johnson 2013
Anna Johnson, Handtaschen. Die Geschichte eines Kultobjekts, Potsdam 2013.

Joseph/Fellner 1896
Paul Joseph u. Eduard Fellner, Die Münzen von Frankfurt am Main, Frankfurt/M. 1896.

Kaiser/Knorn 1994
Ernst Kaiser u. Michael Knorn, „Wir lebten und schliefen zwischen den Toten". Rüstungsproduktion, Zwangsarbeit und Vernichtung in den Frankfurter Adlerwerken, Frankfurt/M. 1994.

Kalthoff/Werner 1998
Jürgen Kalthoff u. Martin Werner, Die Händler des Zyklon B. Tesch & Stabenow. Eine Firmengeschichte zwischen Hamburg und Auschwitz, Hamburg 1998.

Kanngießer 1877
Otto Kanngießer, Geschichte der Eroberung der Freien Stadt Frankfurt durch die Preußen im Jahre 1866, Frankfurt/M. 1877.

Kat. Berlin 2015
Arsen und Spitzenforschung. Paul Ehrlich und die Anfänge einer neuen Medizin, hg. v. Kirsten Weining, eine Ausstellung des Berliner Medizinhistorischen Museums der Charité, Berlin 2015.

Kat. Frankfurt 1957
Bürgerliche Kultur im 19. Jahrhundert, eine Ausstellung des Historischen Museums Frankfurt, Frankfurt/M. 1957.

Kat. Frankfurt 1976a
Ein Krieg wird ausgestellt. Die Weltkriegssammlung des Historischen Museums (1914–1918), eine Ausstellung des Historischen Museums Frankfurt, Frankfurt/M. 1976 (Kleine Schriften des Historischen Museums Frankfurt, 8).

Kat. Frankfurt 1976b
Frankfurt um 1600. Alltagsleben in der Stadt, eine Ausstellung des Historischen Museums Frankfurt, Frankfurt/M. 1976 (Kleine Schriften des Historischen Museums Frankfurt, 7).

Kat. Frankfurt 1978
Trophäe oder Leichenstein? Kulturgeschichtliche Aspekte des Geschichtsbewußtseins in Frankfurt im 19. Jahrhundert, eine Ausstellung des Historischen Museums Frankfurt, Frankfurt/M. 1978.

Kat. Frankfurt 1979
Ariadne auf dem Panther, hg. v. Herbert Beck, eine Ausstellung im Liebighaus – Museum alter Plastik, Frankfurt/M. 1979.

Kat. Frankfurt 1984
Frankfurter Metzger – Handwerk mit Tradition. 100 Jahre Vieh- und Schlachthof, 100 Jahre Fleischerinnung, Ausstellungsführer von Hans-Peter de Longueville, Frankfurt/M. 1984.

Kat. Frankfurt 1986a
Ludwig Börne 1786–1837. Zum 200. Geburtstag des Frankfurter Schriftstellers. Freiheit, Recht und Menschenwürde, eine Ausstellung der Stadt- u. Universitätsbibliothek Frankfurt, Frankfurt/M. 1986.

Kat. Frankfurt 1986b
Plakate 1880–1914. Inventarkatalog der Plakatsammlung des Historischen Museums Frankfurt, hg. v. Viktoria Schmidt-Linsenhoff et al., Kat. zur Ausstellung „Reklame Reklame! Plakate in Frankfurt 1880–1914", eine Ausstellung des Historischen Museums Frankfurt, Frankfurt/M. 1986.

Kat. Frankfurt 1989
Was übrig blieb. Museum Jüdischer Altertümer in Frankfurt 1922–1938, hg. v. Jüdisches Museum Frankfurt, eine Ausstellung des Jüdischen Museums Frankfurt, Frankfurt/M. 1989.

Kat. Frankfurt 1991
„Eine neue Zeit ..." Die Internationale Elektrotechnische Ausstellung 1891, eine Ausstellung des Historischen Museums Frankfurt, Frankfurt/M. 1991.

Kat. Frankfurt 1991/1
Brücke zwischen den Völkern. Zur Geschichte der Frankfurter Messe, 3 Bände, eine Ausstellung des Historischen Museums Frankfurt, Frankfurt/M. 1991, Band 1.

Kat. Frankfurt 1992
Stationen des Vergessens. Der Börneplatz-Konflikt, Begleitbuch zur Eröffnungsausstellung, hg. v. Georg Heuberger u. Museum Judengasse, Frankfurt/M. 1992.

Kat. Frankfurt 1994
FFM 1200. Traditionen und Perspektiven einer Stadt, hg. v. Lothar Gall, eine Ausstellung der Stadt Frankfurt im Bockenheimer Depot, Sigmaringen 1994.

Kat. Frankfurt 1995
Die Kunst der Gold- und Silberschmiede von 16. bis 20. Jahrundert. Ein Handwerk stellt sich vor, eine Ausstellung des Historischen Museums Frankfurt und der Gold- und Silberschmiedeinnung Frankfurt, Frankfurt 1995.

Kat. Frankfurt 1999
„Franckfurt bleibt das Nest". Johann Wolfgang Goethe und seine Vaterstadt, eine Ausstellung des Historischen Museums Frankfurt, Frankfurt/M. 1999.

Kat. Frankfurt 2002
Frankfurt im Spätmittelalter. Kirche-Stifter-Frömmigkeit, Begleitmaterialien zur Ausstellung des Historischen Museums Frankfurt, Frankfurt/M. 2002.

Kat. Frankfurt 2007
Die Kaisermacher. Frankfurt am Main und die Goldene Bulle 1356–1806, 3 Bände, eine Ausstellung des Instituts für Stadtgeschichte, des Historischen Museums, des Dommuseums und des Museums Judengasse, Frankfurt/M. 2007.

Kat. Frankfurt 2008a
Doris Hopp und Wolfgang Bunzel, Catharina Elisabeth Goethe, eine Ausstellung im Freien Deutschen Hochstift – Frankfurter Goethe-Museum, Frankfurt/M. 2008.

Kat. Frankfurt 2008b
Die 68er. Kurzer Sommer – lange Wirkung, eine Ausstellung des Historischen Museums Frankfurt, Essen 2008 (Schriften des Historischen Museums, 27)

Kat. Frankfurt 2008c
Raub und Restitution. Kulturgut aus jüdischem Besitz von 1933 bis heute, hg. v. Inka Bertz u. Michael Dorrmann, eine Ausstellung des Jüdischen Museums Berlin und des Jüdischen Museums Frankfurt, Berlin/Frankfurt/M. 2008.

Kat. Frankfurt 2010
„Es führte über den Main…". Frankfurts Alte Brücke – gestern – heute – morgen, hg. v. Evelyn Brockhoff, Gabriele Dehmer und Björn Wissenbach, eine Ausstellung des Instituts für Stadtgeschichte und des Amts für Straßenbau und Erschließung Frankfurt am Main, Frankfurt/M. 2010.

Kat. Frankfurt 2012
Henrik Halbleib, „Die Konstellation war glücklich … Goethes Frankfurt 1749–1775", eine Ausstellung im Institut für Stadtgeschichte, Frankfurt/M. 2012.

Kat. Frankfurt 2016a
Die Frankfurter Judengasse, hg. v. Fritz Backhaus, Raphael Gross, Sabine Kößling, Mirjam Wenzel, eine Ausstellung des Jüdischen Museums Frankfurt, Frankfurt/M. 2016.

Kat. Frankfurt 2016b
Alles neu! 100 Jahre Neue Typografie und Neue Grafik in Frankfurt am Main, hg. v. Klaus Klemp u. Matthias Wagner, eine Ausstellung des Museums für Angewandte Kunst Frankfurt, Frankfurt/M. 2016.

Kat. Frankfurt 2017
Picknick-Zeit, hg. v. Charlotte Trümpler u. Matthias Wagner, eine Ausstellung des Museums für Angewandte Kunst, Frankfurt/M. 2017.

Kat. Hanau 2008
Amerikaner in Hessen. Eine besondere Beziehung im Wandel der Zeit, hg. v. Gundula Bavendamm, eine Ausstellung des Historischen Museums Hanau, Hanau 2008.

Kat. Heidelberg 2013
Alles hat seine Zeit. Rituale gegen das Vergessen, hg. v. Felicitas Heimann-Jelinek u. Bernhard Purin, eine Ausstellung des Jüdischen Museums München, Heidelberg 2013.

Kat. Köln 2004
Auschwitz-Prozess 4 Ks 2/63 Frankfurt am Main, hg. v. Irmtrud Wojak, eine Ausstellung des Fritz Bauer Instituts, Köln 2004.

Kat. Köln 2015
Achtung Preußen! Beziehungsstatus: kompliziert; Köln 1815–2015, hg. v. Stefan Lewejohann u. Sascha Pries, eine Ausstellung des Kölnischen Stadtmuseums, Mainz 2015.

Kat. Nürnberg 2014
Von oben gesehen. Die Vogelperspektive, hg. v. Yasmin Doosry, eine Ausstellung des Germanischen Nationalmuseums Nürnberg, Nürnberg 2014.

Kat. Weimar 2006
Johann Anton André (1775–1842) und der Mozart-Nachlaß. Ein Notenschatz in Offenbach am Main, hg. v. Jürgen Eichenauer, eine Ausstellung im Haus der Stadtgeschichte Offenbach, Weimar 2006.

Kat. Wien 2015
Küchen/Möbel. Design und Geschichte, hg. v. Eva B. Ottillinger, eine Ausstellung im Hofmobiliendepot – Möbelmuseum Wien, Wien/Köln/Weimar 2015.

Keiderling 1998
Gerhard Keiderling, „Rosinenbomber" über Berlin. Währungsreform, Blockade, Luftbrücke, Teilung, Berlin 1998.

Klessmann 2006
Rüdiger Klessmann, Im Detail die Welt entdecken. Adam Elsheimer 1578–1610, hg. v. Städelsches Kunstinstitut, Frankfurt/M. 2006, S. 152–153.

Klötzer 1966
Wolfgang Klötzer, Frankfurt 1866. Eine Dokumentation aus deutschen Zeitungen, Frankfurt 1966.

Kluke 1972
Paul Kluke, Die Stiftungsuniversität Frankfurt am Main 1914–1932, Frankfurt/M. 1972.

Knäusel 2002
Hans G. Knäusel, Zeppelin. Die Geschichte der Zeppelin-Luftschiffe. Konstrukteure – Technik – Unternehmen, Oberhaching 2002.

Köstlin 1853
Christian Reinhold Köstlin, Auerswald und Lychnowsky. Ein Zeitbild, nach den Akten des Appellations-Gerichts zu Frankfurt a. M., Tübingen, 1853.

Kramer 1986
Lore Kramer, „Rationalisierung des Haushalts und Frauenfrage – Die Frankfurter Küche und ihre zeitgenössische Kritik", in: Ernst May und das neue Frankfurt 1925–1930, hg. im Auftrag des Amts für Kultur und Wissenschaft der Stadt Frankfurt am Main, Berlin 1986, S. 77–84.

Kramer 1964
Waldemar Kramer, Frankfurt Chronik, Frankfurt 1964, S. 345, 350f.

Kreisel 1968
Heinrich Kreisel, Die Kunst des deutschen Möbels, Band 1, Von den Anfängen bis zum Hochbarock, München 1968.

Krohn 2011
Helga Krohn, „Es war wichtig wieder anzufangen". Juden in Frankfurt am Main seit 1945, Frankfurt/M. 2011.

Kühn 1969
Ulrich Kühn, Inschriften und Verzierungen auf Richtschwertern: ihre Deutung aus der Person des Scharfrichters, Erlangen-Nürnberg 1969.

Kutscher 1995
Markus Kutscher, Geschichte der Luftfahrt in Frankfurt am Main. Von Aeronauten und Jumbo-Jets, Frankfurt 1995.

Langbein 1980
Hermann Langbein, Menschen in Auschwitz, München/Frankfurt/M. 1980.

Lerner 1958
Franz Lerner, Frankfurt am Main und seine Wirtschaft, Frankfurt/M. 1958.

Lerner 1959
Franz Lerner, Geschichte des Frankfurter Metzger-Handwerks, Frankfurt/M. 1959

Lerner, Lohne und Krämer 1989
Das Hospital zum Heiligen Geist. Grundzüge seiner Entwicklung, hg. v. Franz Lerner, Hans Lohne und Leoni Krämer, Frankfurt/M. 1989.

Lexikon deutsch-jüdischer Autoren 2012
Art. „Schoenberger, Guido (Leopold)" in: Lexikon deutsch-jüdischer Autoren, Band 19, Sand-Stri, Berlin 2012.

Losse 1995
Vera Losse, Rudolf Bosselt. Erneuerer der deutschen Medaillenkunst. Bildhauer und Reformpädagoge, Köln 1995.

Ludwig 2007
Eva Ludwig, „Die viel beschrieene Furie – das Attentat mit dem Regenschirm", in: Hessen zornig – Orte spontaner Erregung, hg. v. Martin Maria Schwarz, Marburg 2007.

Lutz 2010
Sebastian Lutz, Frankfurter Schränke im Historischen Museum Frankfurt. Bestandserfassung und technologische Untersuchung, München 2010.

Matheja 1998
Ulrich Matheja, Eintracht Frankfurt. Schlappekicker und Himmelsstürmer, Göttingen 1998.

Mendelssohn 1986
Gabriele Mendelssohn, Der Frankfurter Maler Johann Heinrich Hasselhorst 1825–1904, Mainz 1986, S. 219–222, 464–467.

Michelke/Jeanmaire 1972
Horst Michelke u. Claude Jeanmaire, Hundert Jahre Frankfurter Strassenbahnen, 1872–1899–1972, hg. v. Villigen AG bei Brugg 1972.

Mohr 1968
Albert Richard Mohr, Das Frankfurter Mozart-Buch. Ein Beitrag zur Mozart-Forschung, Frankfurt/M. 1968.

Monnet 2015
Pierre Monnet, „Königs- und/oder Kaiserbilder – Reichssymbolik im mittelalterlichen Frankfurt", in: Reichszeichen. Darstellungen und Symbole des Reichs in Reichsstädten, Petersberg 2015, S. 31–54 (Studien zur Reichstagsgeschichte, 2).

Mori 2014
Takahito Mori, Elektrifizierung als Urbanisierungsprozess. Frankfurt am Main 1886–1933, Darmstadt 2014.

Morr/Neunteufel 2006
Oliver F. Morr u. Robert Neunteufel, „Das Mozartfenster. Materialanalyse und Überlegungen zu einer Leihanfrage", in: Restauro. Forum für Restauratoren, Konservatoren und Denkmalpfleger, 4, München 2006, S. 256–265.

Nagel 1993
Ivan Nagel, Johann Heinrich Dannecker. Ariadne auf dem Panther. Zur Lage der Frau um 1800, Frankfurt/M. 1993.

Nittel 2013
Dieter Nittel, „Tabus über den Pädagogenberuf. Adorno, die Beatles und der Turm. Der Umgang mit dem Abschied aus Sicht der komparitiven erziehungswissenschaftlichen Berufsgruppenforschung", in: Leben und Studieren am Fachbereich Erziehungswissenschaften. Abschied vom Campus Bockenheim, hg. v. Günter Burkart, Nikolaus Meyer, Frankfurt/M. 2013, S. 211 – 246 (Frankfurter Beiträge zur Erziehungswissenschaft. Reihe Forschungsberichte, 10).

Oettermann 1980
Stephan Oettermann, Das Panorama. Die Geschichte eines Massenmediums, Frankfurt/M. 1980, S. 160 – 163.

Ok 2015
Elizabeth Ok, Carlo Keep Swingin', Dokumentarfilm, Ok & Stock Filmproduktion UG 2015.

Oppenheimer 1974
Max Oppenheimer, Das kämpferische Leben der Johanna Kirchner. Porträt einer antifaschistischen Widerstandskämpferin, Frankfurt/M. 1974.

Ott 1999
Wolfgang Ott, „Baustellen. Fenster in die Erdgeschichte", in: Offenbacher Verein für Naturkunde, 99, Offenbach 1999, S. 16 – 24.

Pendas 2013
Devin O. Pendas, Der Auschwitz-Prozess. Völkermord vor Gericht, München 2013.

Pinkus 1920
Felix Pinkus, Die Behandlung der Syphilis mit Salvarsan, Berlin/Wien 1920.

Provinzial-Correspondenz 1877
Auszug aus: Provinzial-Correspondenz, 15. Jahrgang, 24.10.1877.

Reichel 1978a
Bernhard Reichel, „Die Schlacht von Kronberg", in: Frankfurt-Archiv, Band 1, Frankfurt/M. 1978.

Reichel 1978b
Bernhard Reichel, „Wappenscheibe des Jacob Heller und der Katharina von Melem, um 1505", in: Frankfurt-Archiv, Band 1, Frankfurt/M. 1978.

Reifenberg 1964
Benno Reifenberg, Johann Christian Senckenberg in seiner Zeit, Rede, gehalten am 16.11.1963 zur Feier des 200-jährigen Bestehens der Dr. Senckenbergischen Stiftung in der Aula der Johann Wolfgang Goethe-Universität Frankfurt, Frankfurt/M. 1964.

RGG 2001
Artikel „Kirchengestühl" in: Religion in Geschichte und Gegenwart. Handwörterbuch für Theologie und Religionswissenschaft, Band 4, Tübingen 2001, Sp. 1196–1197.

Ringshausen 2015
Gerhard Ringshausen, Madern Gerthener. Frankfurts großer Architekt und Bildhauer der Spätgotik, Frankfurt/M. 2015, S. 241–263.

Rippmann 2012
Ludwig Börne. Das große Lesebuch, hg. v. Inge Rippmann, Frankfurt/M. 2012.

Rödel 1983
Volker Rödel, Ingenieurbaukunst in Frankfurt am Main 1806–1914, Frankfurt/M. 1983, S. 78–85.

Röhler 1972
Walter Röhler, „Frankfurter Kinder- und Haustheater", in: Schriften des Historischen Museums Frankfurt am Main, Band 13, Frankfurt/M. 1972, S. 169–196.

Römer-Büchner 1853
Benedict Jacob Römer-Büchner, „Die Siegel der Stadt Frankfurt am Main", in: Archiv für Frankfurts Geschichte und Kunst, 5, Frankfurt/M. 1853, S. 138–190.

Rotermund/Jung 1972
Günther Rotermund u. Friedrich W. Jung, Das neue Historische Museum, hg. v. Hochbauamt Frankfurt am Main, Frankfurt/M. 1972.

Roth 2008
Ralf Roth, „Von der Zollvereinsgründung bis zur Annexion der Stadt 1834 – 1870", in: Dem Flor der hiesigen Handlung. 200 Jahre Industrie- und Handelskammer Frankfurt am Main, hg. v. Werner Plumpe u. Dieter Rebentisch, Frankfurt/M. 2008.

Sadiq 2004
Shahid N. Sadiq, „Wie schlägt sich Multireligiösität im Stadtbild nieder?" in: Die mulitreligiöse Stadt. Religion, Migration und urbane Identität, hg. v. Mechthild M. Jansen u. Susanne Keval, Wiesbaden 2004, S. 46 – 56.

Schader 2008
Luitgard Schader, Paul Hindemith. Sämtliche Werke, Serie 8, Sing- und Spielmusik, Mainz 2008, S. XVII-XXIX.

Schäfer 1987
Rudolf Schäfer, Chronik von Höchst am Main, Frankfurt/M. 1987.

Schild 1997
Wolfgang Schild, Die Geschichte der Gerichtsbarkeit. Vom Gottesurteil bis zum Beginn der modernen Rechtsprechung. 1000 Jahre Grausamkeit. Hintergründe, Urteile, Aberglaube, Hexen, Folter, Tod, Hamburg 1997.

Schilling 2015
Johannes Schilling, „Merck das du ware sagest". Johannes Lupi – Ein Frankfurter Lehrer der Kirche im späten Mittelalter, Regensburg 2015 (Forschungsbeiträge des Bischöflichen Dom- und Diözesanmuseums, 3).

Schmid 1965
Armin Schmid, Frankfurt im Feuersturm, Frankfurt/M. 1965.

Schmitt/Schubert 2015
Madern Gerthener und der Pfarrturm von St. Bartholomäus, hg. v. Bettina Schmidt u. Ulrike Schubert, Regensburg 2015.

Schneider 1970
Hermann Schneider, 75 Jahre Adler. 90 Jahre Tradition, Darmstadt 1970.

Schneider 2011
Konrad Schneider, Der Frankfurter Adler. Wappen, Siegel und Fahnen der Stadt Frankfurt am Main und ihrer Stadtteile, Frankfurt/M. 2011.

Schröder 1980
Bernd Ph. Schröder, „Arbeitersport, Waldstadion und Arbeiter-Olympiade in Frankfurt am Main," in: Archiv für Frankfurts Geschichte und Kunst, 57, Frankfurt/M. 1980, S. 209–218.

Schültke 1997
Bettina Schültke, Theater oder Propaganda? Die Städtischen Bühnen Frankfurt am Main 1933 bis 1945, Frankfurt/M. 1997.

Schulz 1999
Til Schulz, Materialien zum Bürgerkampf und die Hausbesetzerbewegung der 70er Jahre im Frankfurter Westen, Frankfurt/M. 1999.

Schwab 2005
Jürgen Schwab, Der Frankfurt-Sound. Eine Stadt und ihre Jazzgeschichte(n), Frankfurt/M. 2005.

Seifert 2012
Christian Tico Seifert, „Depicting Darkness: Hendrick Goudt. Printmaker in Rome and Utrecht", in: Ein priviligiertes Medium und die Bildkulturen Europas. Deutsche, französische und niederländische Kupferstecher und Graphikverleger in Rom von 1590 bis 1630, hg. v. Eckhard Leuschner, München 2012, S. 177–197 (Römische Studien der Bibliotheca Hertziana, 32).

Simon 1914
Karl Simon, „Zwei verschollene Bilder von Johann C. Wilck", in: Zeitschrift für bildende Kunst, 25, Leipzig 1914, S. 278–280.

Sölter 2011
Ulf Sölter, „Letzter Nazarener und eifriger Spätromantiker. Der Maler Leopold Bode (1831–1906)", in: Kunst in Hessen und am Mittelrhein, 6, Darmstadt 2011, S. 65–78.

Spickernagel/Walbe 1976
Das Museum. Lernort contra Musentempel, hg. v. Ellen Spickernagel u. Brigitte Walbe, Gießen 1976 (Sonderband „kritische berichte").

Stage 1971
Detlef Stage, „Frankfurt am Main im Zollverein. Die Handelspolitik und die öffentliche Meinung der Freien Stadt Frankfurt in den Jahren 1836 bis 1866", in: Studien zur Frankfurter Geschichte, 5, Frankfurt/M. 1971, S. 9 – 23.

Stahl 2004
Werner Helmut Stahl, Frankfurter Marken und Zeichen, Frankfurt/M. 2004.

Stahl 2013
Patricia Stahl, „Geschenk eines vergoldeten Vogelkäfigs von 1757", in: Aura 2013/14, Historisches Museum Frankfurt, Frankfurt/M. 2013, S. 45.

Steen 1978
Jürgen Steen, „Nationalfeste – Geschichte als reale Utopie (1838 – 1862)", in: Kat. Frankfurt 1978, S. 135 – 194.

Stehen/Rühlig 1983
Jürgen Steen u. Cornelia Rühlig, Walter. *1926 + 1945 an der Ostfront. Leben und Lebensbedingungen eines Frankfurter Jungen im 3. Reich, Frankfurt/M. 1983 (Kleine Schriften des Historischen Museums Frankfurt, 20).

Stille 1993
Eva Stille, Christbaumschmuck des 20. Jahrhunderts, München 1993, S. 43 – 50.

Suckale 1993
Robert Suckale, „Johannes von Metz, ein Altersgenosse Stefan Lochners. Der Oberrhein als Zentrum künstlerischer Innovation in der Konzilszeit", in: Stefan Lochner. Meister zu Köln. Herkunft, Werke, Wirkung, hg. v. Frank Günter Zehnder, Köln 1993, S. 35 – 46.

Tobien/Franzke 1981
Wolfgang Tobien u. Rainer Franzke, Immer oben dabei. Eintracht Frankfurt, Taunusstein 1981.

Verkehrsgesellschaft Frankfurt am Main 2012
Die Frankfurter Pferdebahn, hg. v. Verkehrsgesellschaft Frankfurt am Main (VGF), Mühlheim 2012.

Wagner/Failing 2010
Christiane Wagner u. Jutta Failing, Vielmals auf den Kopf gehacket. Galgen und Scharfrichter in Hessen, Hanau 2010.

Weber 2008
Matthias Weber, „Die Kontinentalsperre und ihr Einfluss auf die Frankfurter Handelswelt", in: Dem Flor der hiesigen Handlung. 200 Jahre Industrie- und Handelskammer Frankfurt am Main, hg. v. Werner Plumpe u. Dieter Rebentisch, Frankfurt/M. 2008, S. 66–72.

Wendland 1999
Ulrike Wendland, Biographisches Handbuch deutschsprachiger Kunsthistoriker im Exil. Leben und Werk der unter dem Nationalsozialismus verfolgten und vertriebenen Wissenschaftler, Band 1, München 1999, S. 257–60.

Wetzel/Wolf 2012
Häuserkampf I. Wir wollen alles – der Beginn einer Bewegung, Hamburg 2012 (Bibliothek des Widerstands, 21).

Wetzlaugk 1998
Udo Wetzlaugk, Berliner Blockade und Luftbrücke 1948/1949, Berlin 1998.

Wex 1984
Reinhold Wex, Ordnung und Unfriede. Raumprobleme des protestantischen Kirchenbaus im 17. und 18. Jahrhundert in Deutschland, Marburg 1984, S. 128–133.

Wiggershaus 2014
Rolf Wiggershaus, Max Horkheimer. Begründer der „Frankfurter Schule", Frankfurt/M. 2014.

Wojak 2016
Irmtrud Wojak, Fritz Bauer. 1903 – 1968: Eine Biographie, München 2016.

Wolf 1988
Werner Wolf, Trümmer, Tränen, Zuversicht: Alltag in Hessen 1945 – 1949, Frankfurt/M. 1988.

Zinnkann 1999
Heidrun Zinnkann, „Frankfurter Wellenschränke, Handwerkliche und sozialgeschichtliche Zeugnisse im 18. und 19. Jahrhundert", in: Weltkunst, 4, München 1999, S. 696 – 701.

Abbildungsverzeichnis

Bibliothek DAM Frankfurt / Horst Ziegenfusz, S. 285
bpk Berlin, Abisag Tüllmann, S. 359
British Museum London, Prints and Drawings, S. 85
Nachlass Carlo Bohländer, S. 321, 322, 323
Sammlung Dieter Church, S. 261
Eintracht Museum Frankfurt, S. 260
Jüdisches Museum Frankfurt / Dr. Hermann Gundersheimer, Philadelphia, S. 278
Barbara Klemm, S. 355
Eberhard Mayer Wegelin / Horst Ziegenfusz, S. 170
Roland Meinecke, Wikimedia Commons, S. 349
Karsten Ratzke, Wikimedia Commons, S. 351
Christoph Rosak / Horst Ziegenfusz, S. 242
Josch Steinmetz / Horst Ziegenfusz, S. 361, 362
Staatliche Schlösser und Gärten Hessen, S. 169

Alle weiteren Abbildungen:
Historisches Museum Frankfurt: Uwe Dettmar, Fred Kochmann, Stefanie Kösling, Frank Plate, Ursula Seitz-Gray, Horst Ziegenfusz

Wir haben uns bemüht, die Inhaber der Urheber- und Nutzungsrechte für die Abbildungen zu ermitteln und deren Veröffentlichungsgenehmigung einzuholen. Falls dies in einzelnen Fällen nicht gelungen sein sollte, bitten wir die Inhaber der Rechte, sich an den Verlag zu wenden. Berechtigte Ansprüche werden selbstverständlich abgegolten.

Die Herausgeber

Jan Gerchow, Historiker und Kurator, ist seit 2005 Direktor des Historischen Museums Frankfurt.

Nina Gorgus, Kulturwissenschaftlerin, ist seit 2010 Kuratorin am Historischen Museum Frankfurt.